Lulu loves the moon

DAS HÄKELBUCH

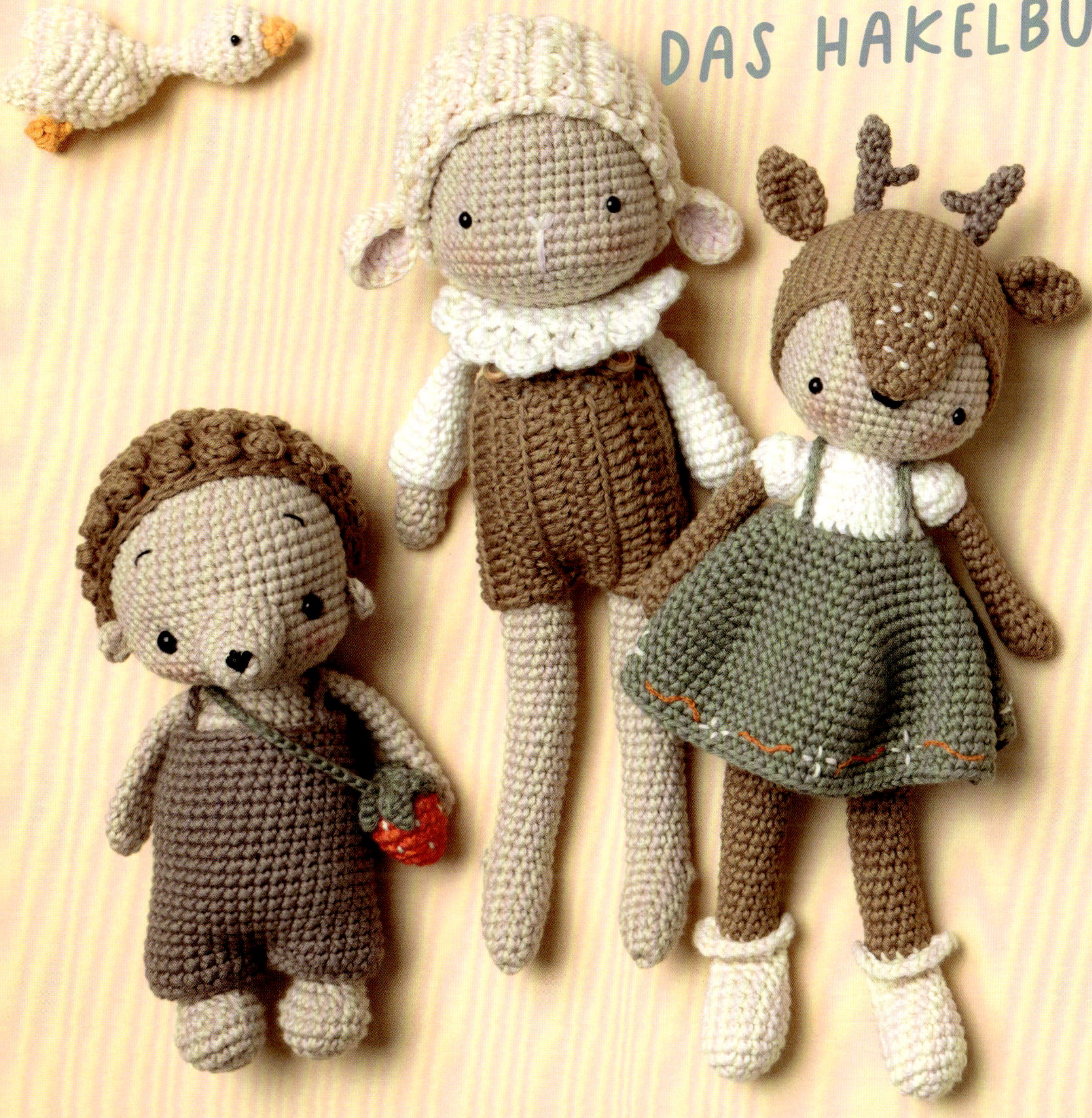

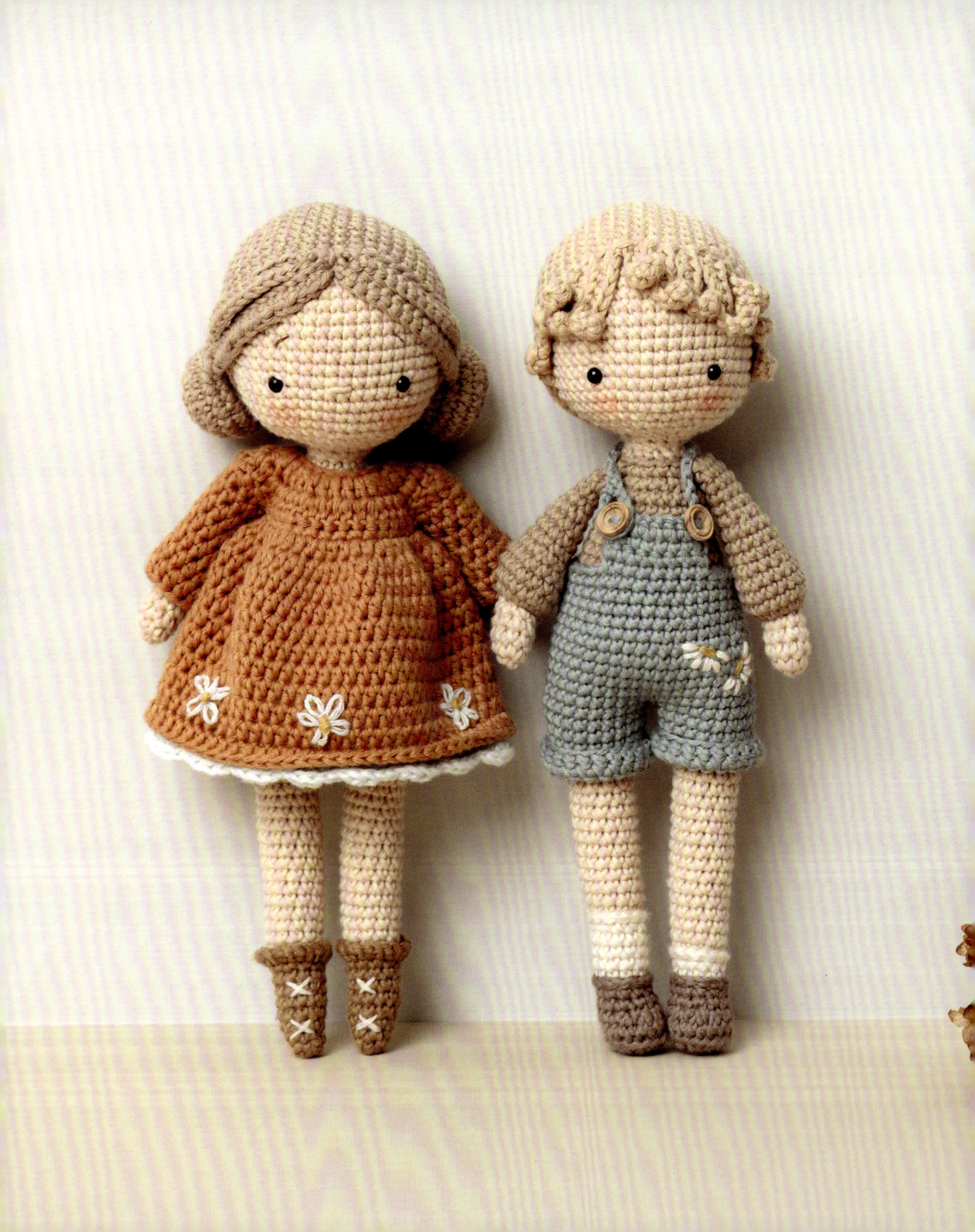

ELISA EMS-DOMENIG

Lulu loves the moon

DAS HÄKELBUCH

Lulu loves the moon

TRAUMHAFT SÜSSE AMIGURUMIS IM VINTAGESTIL

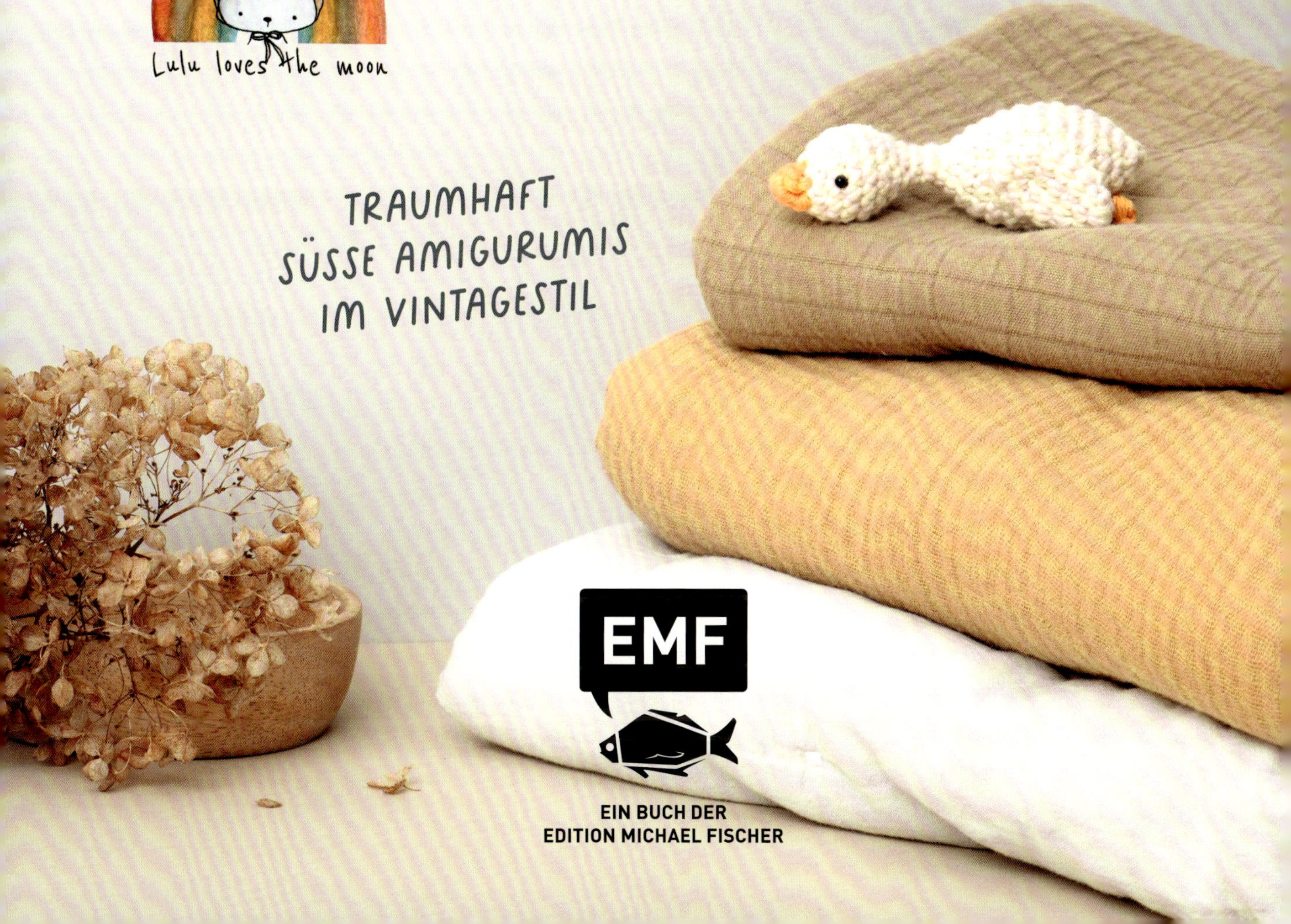

EMF

EIN BUCH DER EDITION MICHAEL FISCHER

VORWORT

Willkommen in der zauberhaften Welt der „Lulu loves the moon"-Häkelfiguren!

Erst mal vielen lieben Dank, dass du dich für den Kauf meines Buches entschieden hast! Hier findest du 16 traumhafte Häkelfiguren mit Vintage-Charakter, welche an Spielzeuge und Kuscheltiere aus alten Zeiten erinnern. Mit viel Liebe und Hingabe habe ich versucht, eine bunte Vielfalt an Tieren und Puppen zu kreieren, die nicht nur durch ihre Form, sondern auch durch ihre Kleidung und Accessoires eine ganz besondere Ausstrahlung haben.

Ob als Geschenk zur Geburt, für größere Kinder zum Spielen und Kuscheln oder für dich selbst zum Sammeln, jede Figur soll dir oder den Beschenkten dank der vielen liebevollen Details ein Lächeln ins Gesicht zaubern.

Triff zum Beispiel Emil, den charmanten Elefanten, mit seiner eleganten Pluderhose und der niedlichen Mütze, Konrad, den gutmütigen Bären, in Feierlaune mit seiner altmodischen Weste und dem Partyhut, den putzigen Igel namens Theo mit seiner feinen Erdbeertasche und das entzückende Rehmädchen Rosie, das ein bezauberndes Kleid trägt, sowie viele weitere Tiere und Püppchen. Jede dieser Figuren hat ihre eigene Persönlichkeit und Geschichte, die darauf wartet, von dir nachgehäkelt und erzählt zu werden.

Ich wünsche dir viel Freude beim Häkeln und hoffe, dass diese Figuren dich genauso begeistern werden wie mich. Möge dein Häkelabenteuer von Kreativität und Nostalgie erfüllt sein.

Mit herzlichen Grüßen,

Elisa

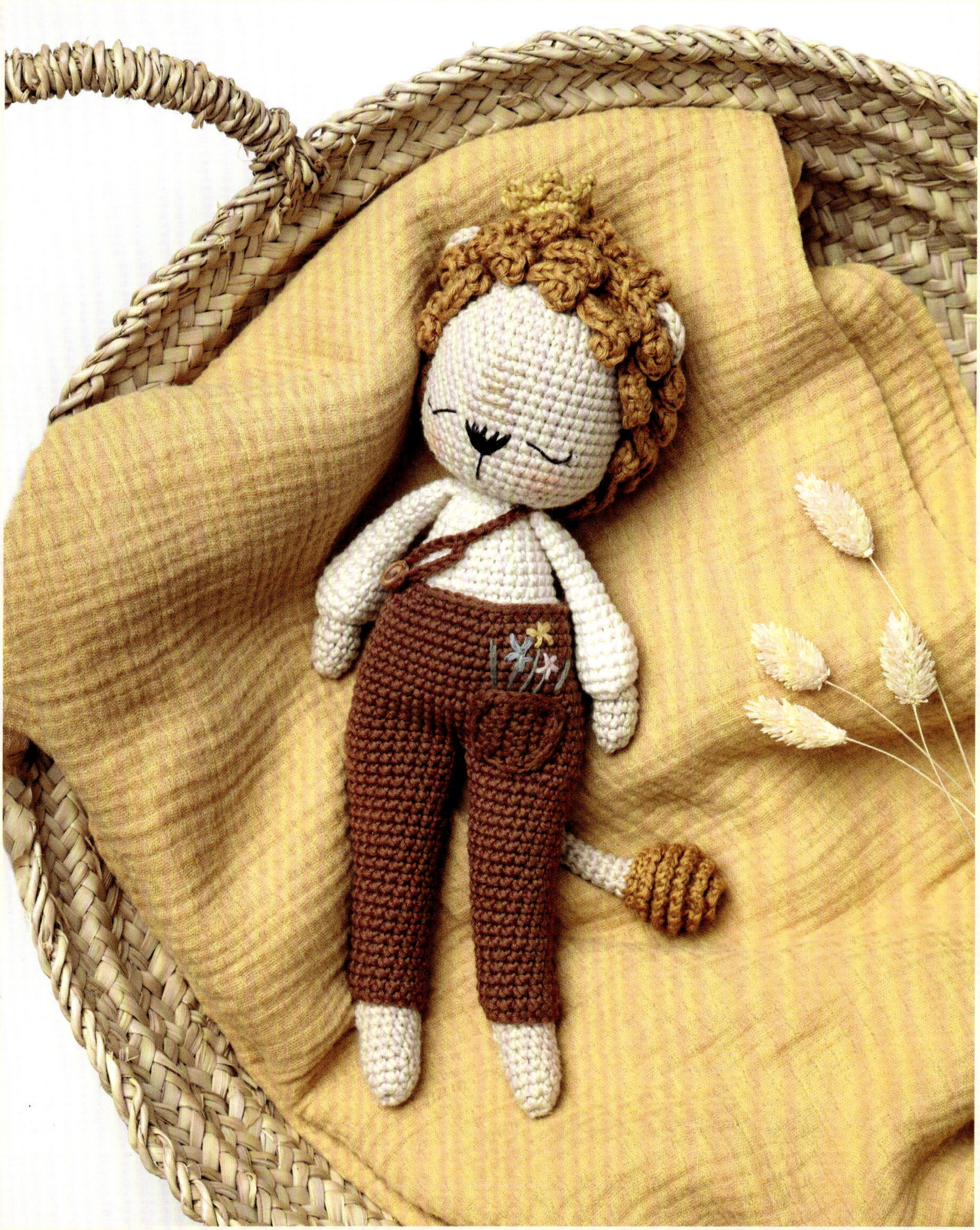

INHALTSVERZEICHNIS

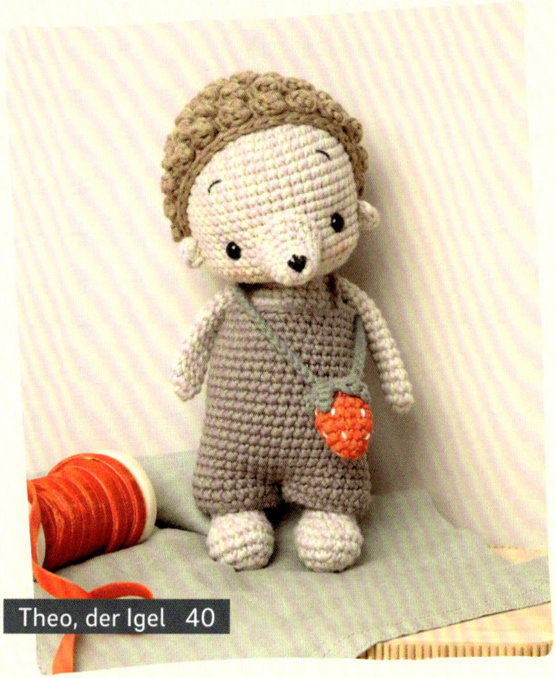

Theo, der Igel 40

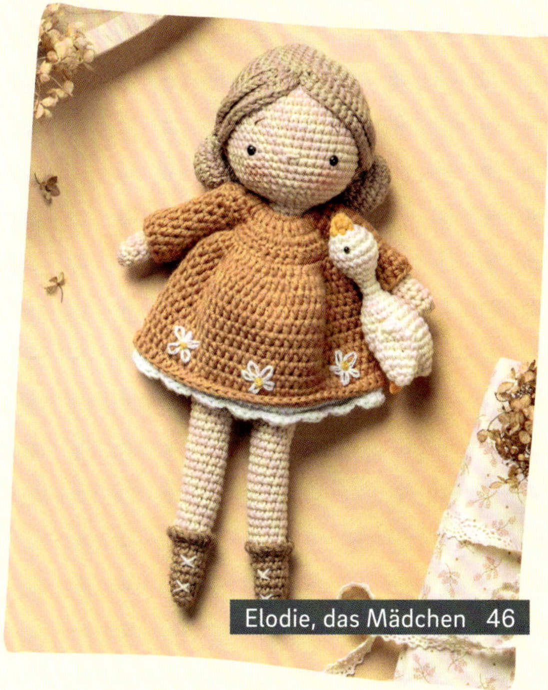

Elodie, das Mädchen 46

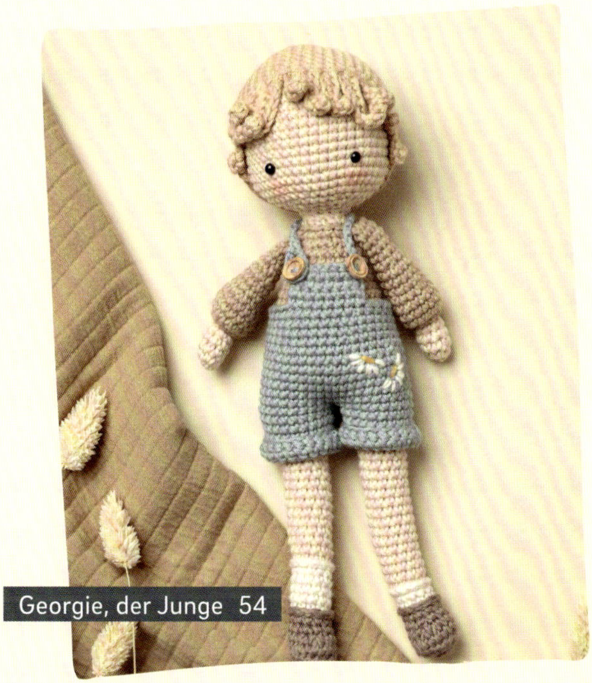

Georgie, der Junge 54

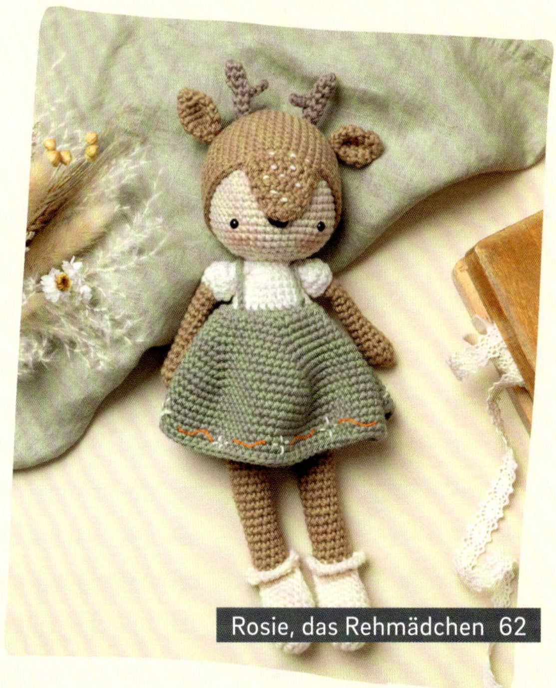

Rosie, das Rehmädchen 62

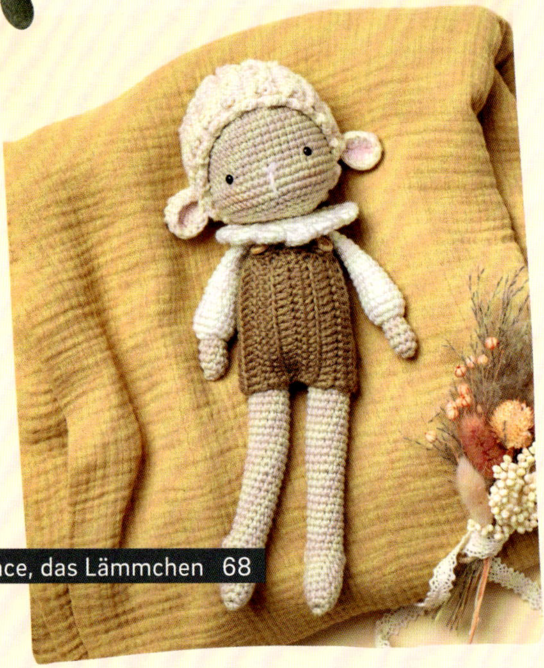

Vince, das Lämmchen 68

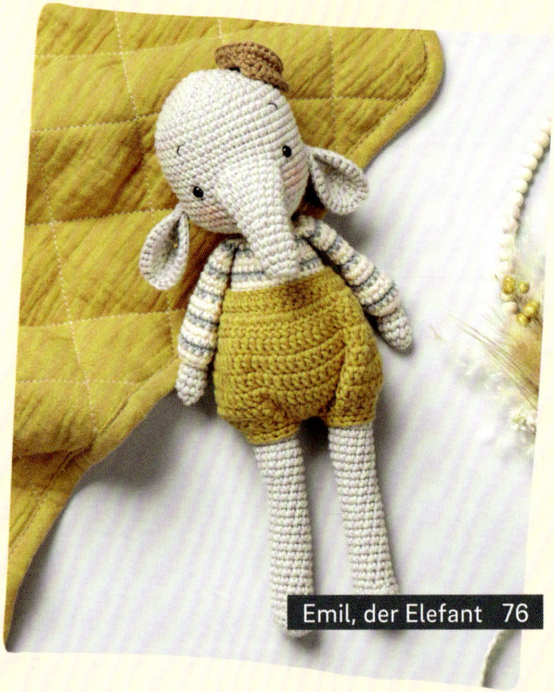

Emil, der Elefant 76

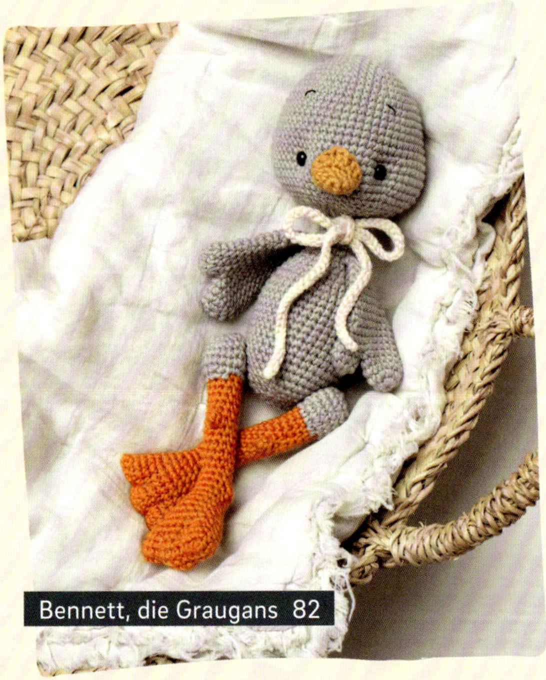

Bennett, die Graugans 82

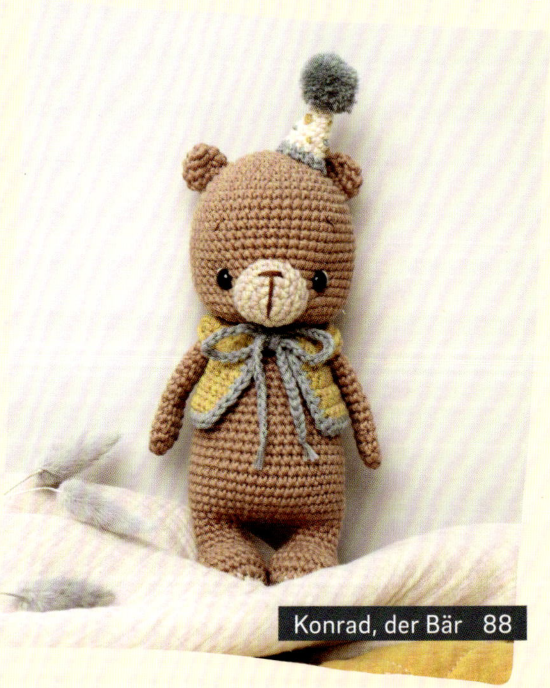

Konrad, der Bär 88

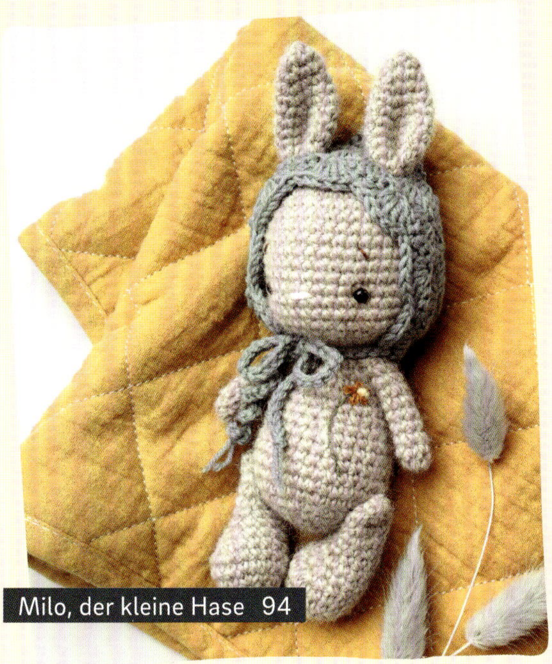

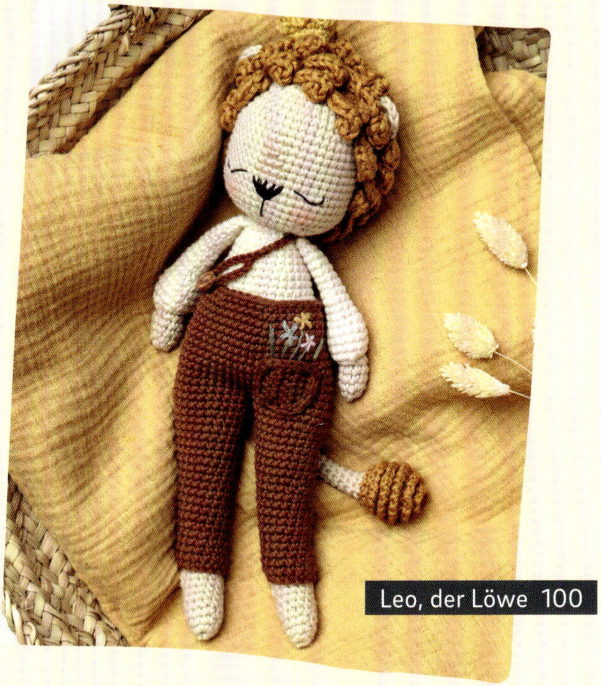

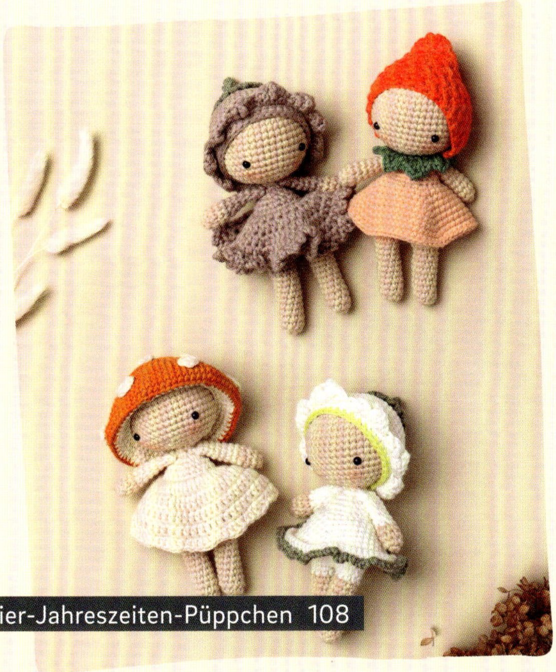

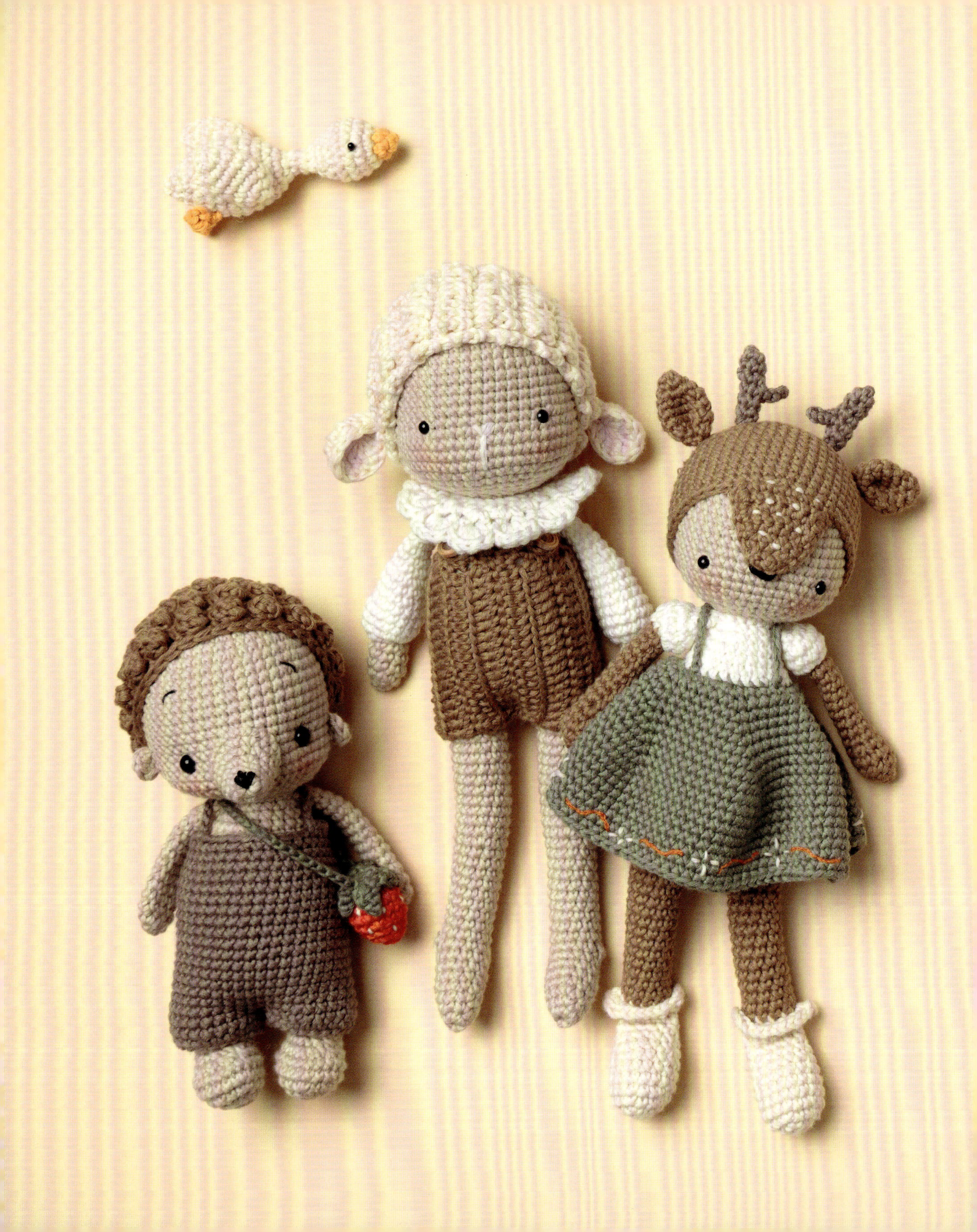

Grundlagen

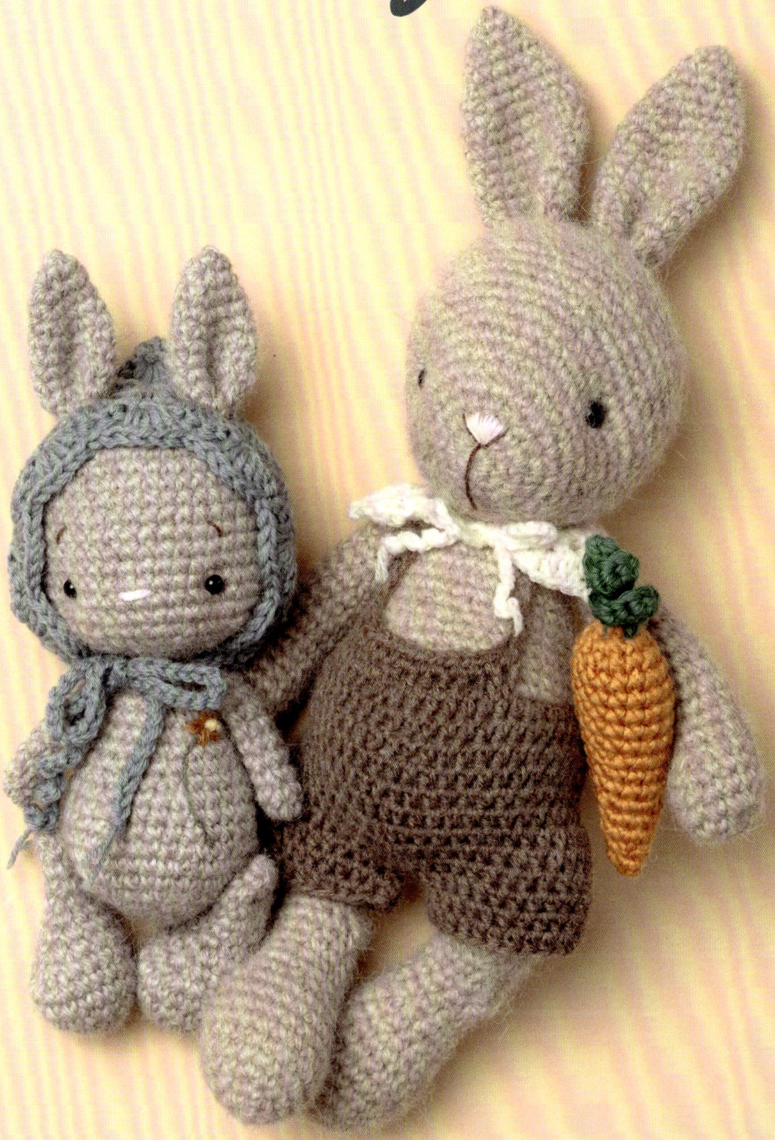

GRUNDKENNTNISSE HÄKELN

LUFTMASCHEN ANSCHLAGEN

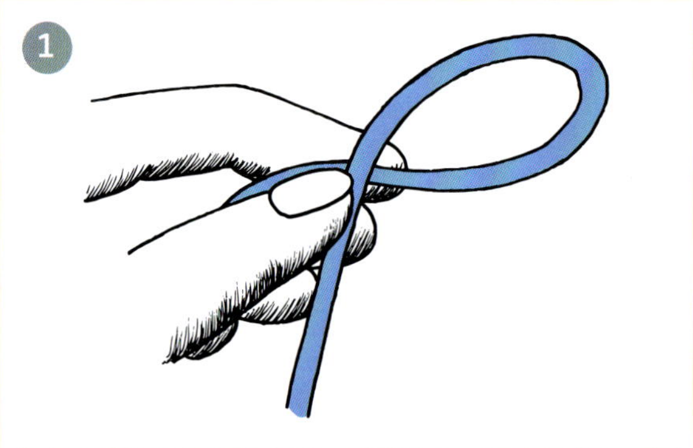

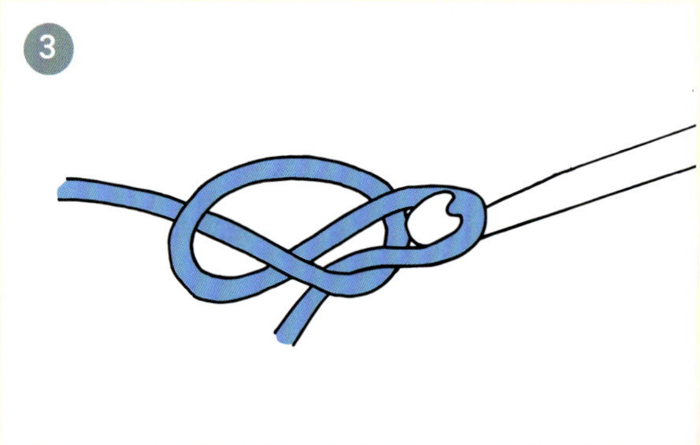

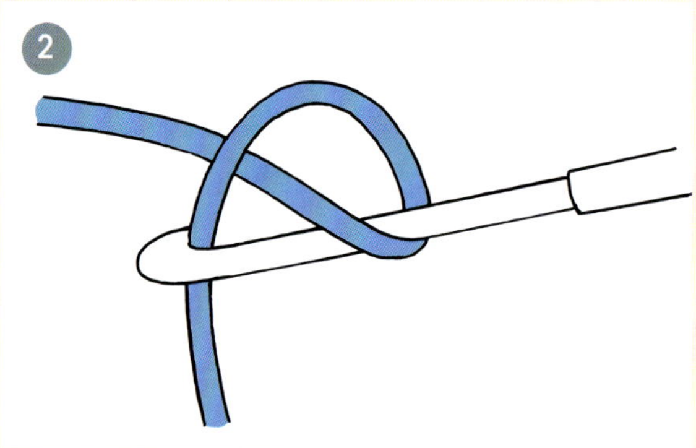

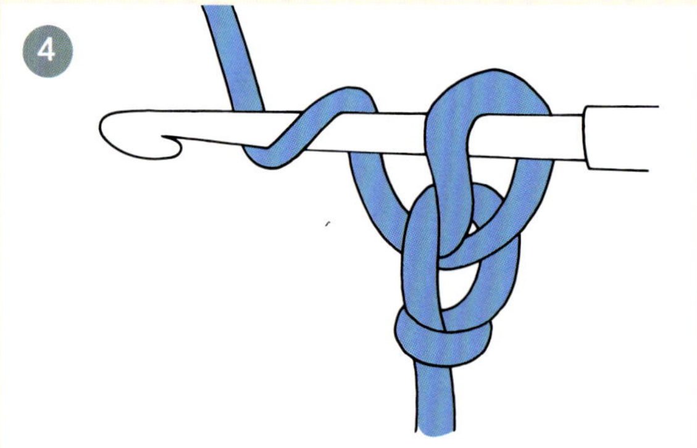

1 Lege den Faden zu einer Schlinge und fixiere ihn mithilfe deines Daumens und Zeigefingers. Der Arbeitsfaden befindet sich unten.

2 Stich nun mit der Nadel durch die Schlaufe und hole den Faden durch die Öffnung.

3 Ziehe die so entstandene Schlaufe leicht fest, indem du an beiden Fäden, dem Fadenende und dem Arbeitsfaden ziehst. So entsteht die Anfangsschlinge, in die du nun weitere Luftmaschen häkeln kannst.

4 Um weitere Luftmaschen anzuschlagen, die Anfangsschlinge gut festhalten, mit der Nadel durch die Schlinge stechen, den Faden holen und wieder durch die Schlinge ziehen. So oft wie nötig wiederholen.

FESTE MASCHEN

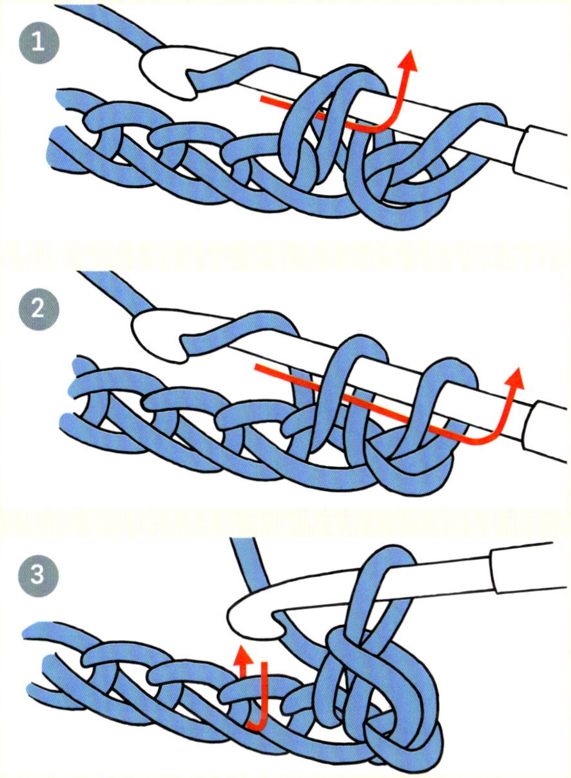

1 Stich mit der Nadel durch die folgende Masche und hole den Faden. Es befinden sich nun zwei Schlingen auf der Nadel.

2 Hole den Arbeitsfaden erneut und ziehe ihn durch beide Schlingen auf der Nadel. Nun ist die erste feste Masche entstanden.

3 In die nächste Einstichstelle stechen und den Vorgang wiederholen.

KETTMASCHE

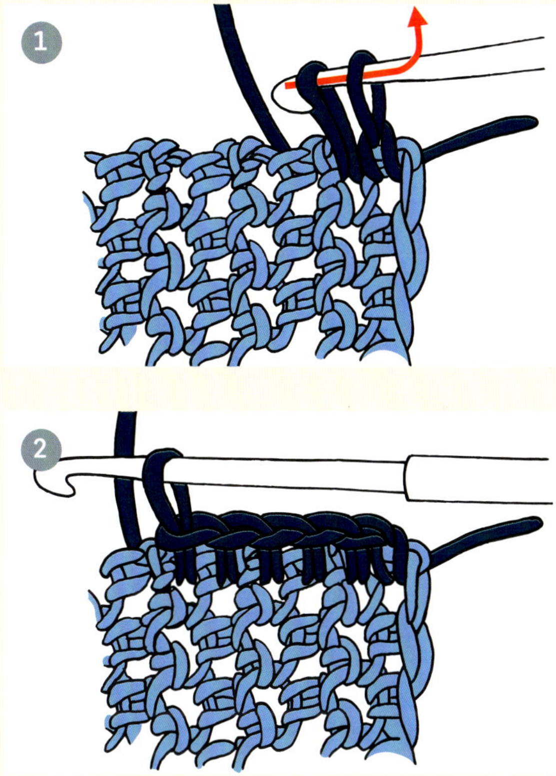

1 Kettmaschen sind sehr vielfältig. Sie werden nicht nur verwendet, um Kanten zu verzieren, mit ihnen schließt man auch Runden.

2 Um eine Kante zu verzieren, schlinge den Faden an einer Kante des Häkelstücks an. Stich unterhalb der Wendeluftmasche in die folgende Reihe ein, hole den Faden zur Schlinge und ziehe ihn durch die Schlaufe. So sieht eine mit Kettmaschen verzierte Abschlusskante aus.

HALBE STÄBCHEN

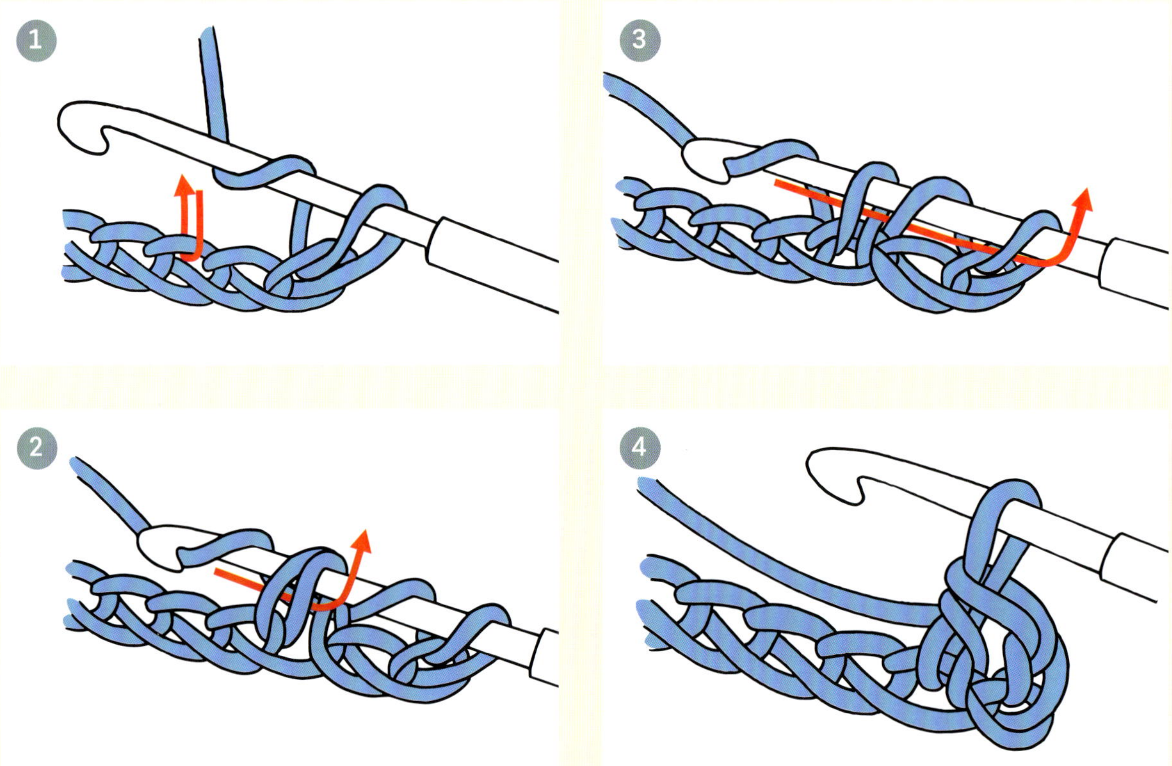

1 Lege den Faden einmal um die Nadel (Umschlag). Stich dann in die folgende Masche ein ...

2 ... und hole den Faden. Es befinden sich dann drei Schlingen auf der Nadel.

3 Hole den Faden erneut und ziehe ihn durch alle drei auf der Nadel befindlichen Schlingen.

4 So sieht das fertige halbe Stäbchen aus.

STÄBCHEN

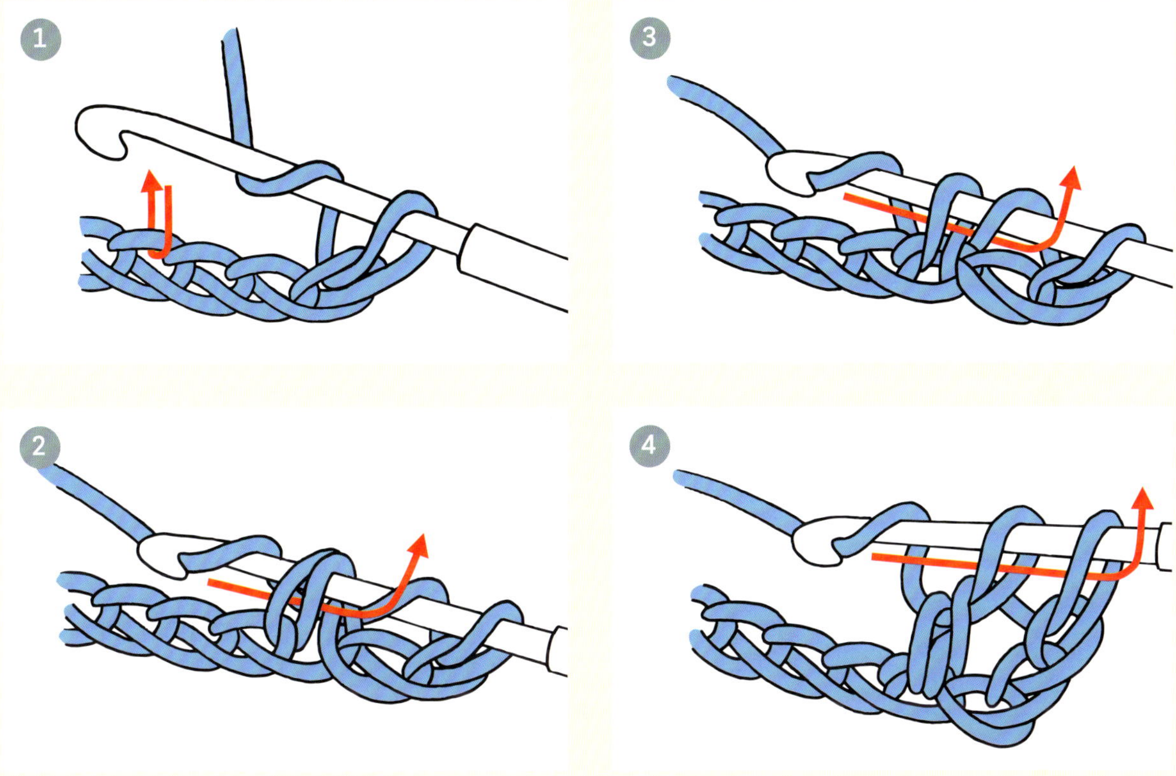

1 Lege den Faden einmal um die Nadel (Umschlag). Stich dann in die folgende Masche ein …

2 … und hole den Faden. Es befinden sich nun drei Schlingen auf der Nadel.

3 Hole den Faden erneut und ziehe ihn durch die ersten beiden Schlingen auf der Nadel. Es liegen nun noch zwei Schlingen auf der Nadel.

4 Den Faden wieder holen und durch die letzten beiden Schlingen ziehen. Nun ist das erste Stäbchen entstanden.

DOPPELSTÄBCHEN

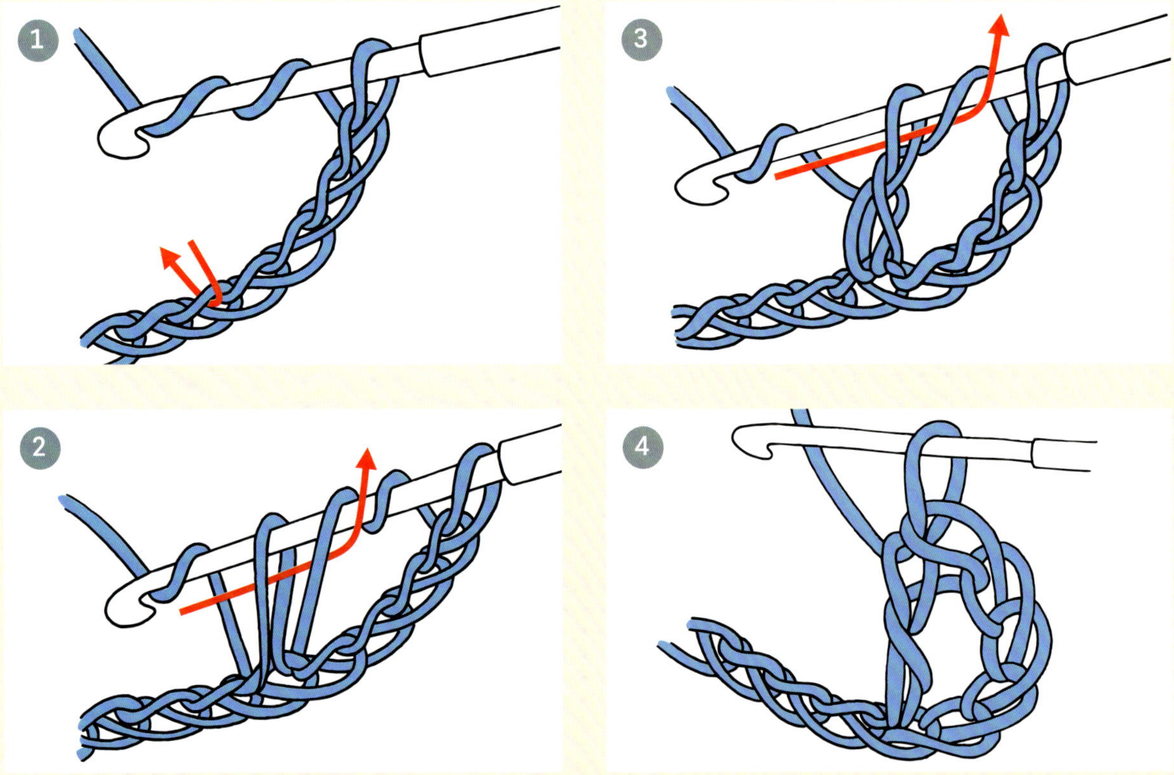

1 Lege den Faden zweimal um die Nadel und stich dann in die folgende Masche ein und hole den Faden. Es liegen nun vier Schlingen auf der Nadel.

2 Hole den Faden erneut und ziehe ihn durch die ersten beiden Schlingen auf der Nadel. Es liegen dann noch drei Schlingen auf der Nadel.

3 Hole erneut den Faden und ziehe ihn durch die ersten beiden Schlingen auf der Nadel. Es liegen dann nur noch zwei Schlingen auf der Nadel.

4 Hole den Faden erneut und ziehe ihn nun noch durch die letzten beiden Schlingen. Fertig ist das Doppelstäbchen.

FADENRING

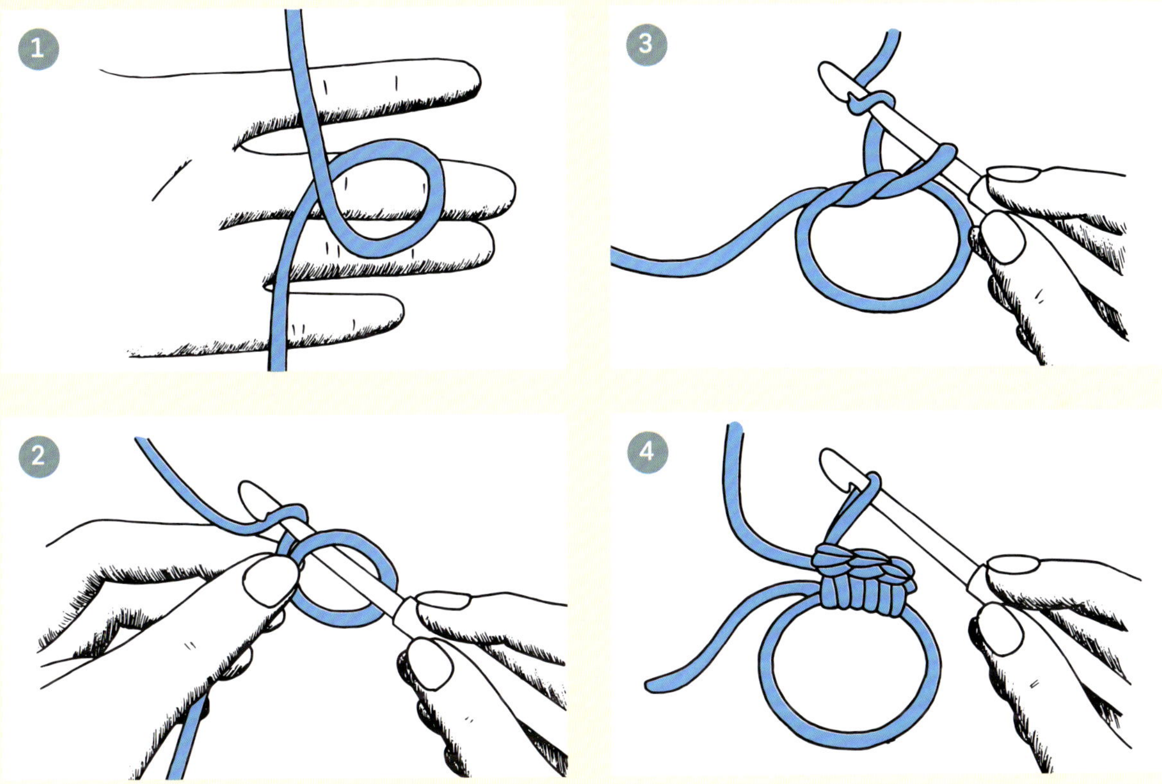

1 Bilde mit dem Garn eine Schlaufe, wobei das Ende des Fadens nach unten zeigt. Lege den Rest des Garnes nach hinten über den Zeigefinger und fixiere das Garn zwischen Ring- und Mittelfinger.

2 Halte die Schlaufe mit dem Daumen und dem Zeigefinger fest, führe die Nadel durch die Schlaufe, hole den Faden und ziehe diesen durch die Schlaufe.

3 Hole den Arbeitsfaden erneut und ziehe ihn durch die Schlinge. So wird der Ring fixiert.

4 Ab jetzt können die Maschen wie gewohnt gehäkelt werden. Stich dabei immer um den Ring herum, nicht in die Schlaufen des Ringes hinein. Sind alle Maschen gehäkelt, kann der Ring durch Ziehen am Fadenende zusammengezogen werden.

IN GESCHLOSSENEN RUNDEN HÄKELN

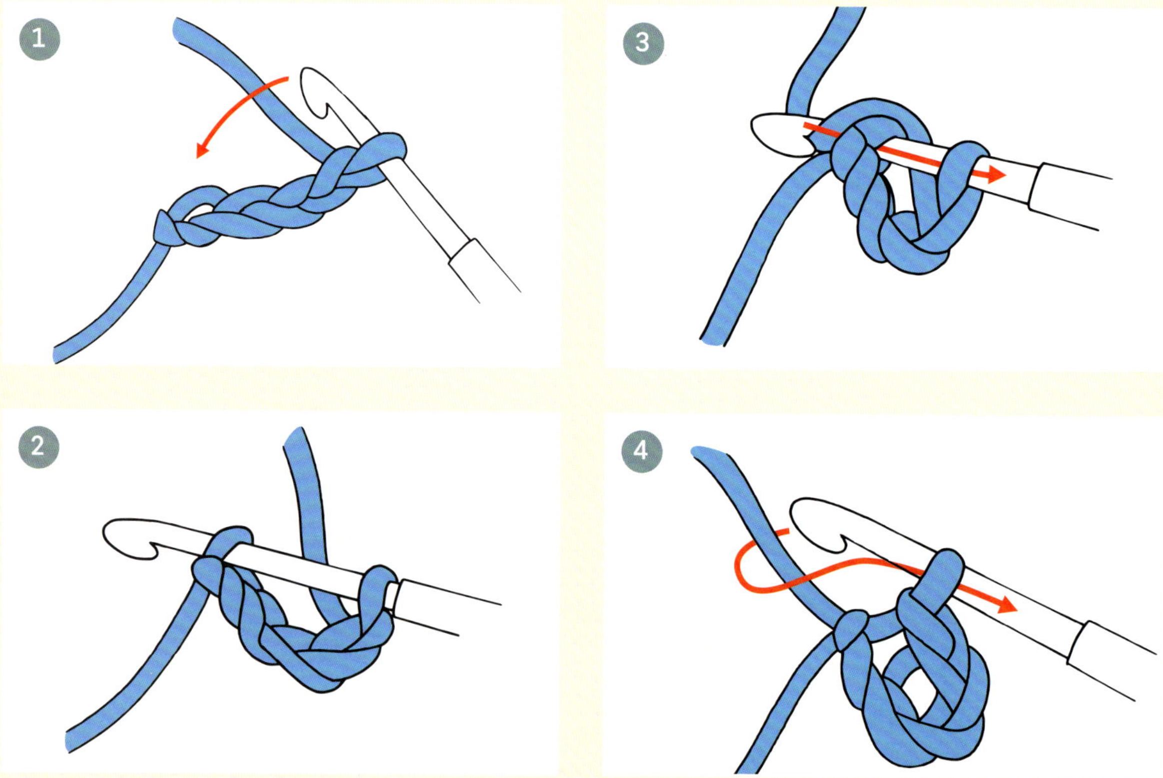

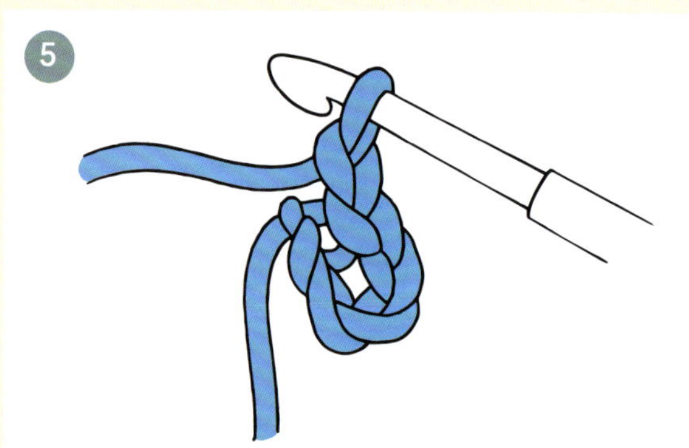

Um eine Runde zum Kreis zu schließen, wird eine Kettmasche gearbeitet. Dazu stich in die erste Masche der Vorrunde ein, hole den Faden und ziehe ihn durch beide Schlingen, also durch die Masche und durch die Schlinge, die sich auf der Nadel befindet.

IN SPIRALRUNDEN HÄKELN

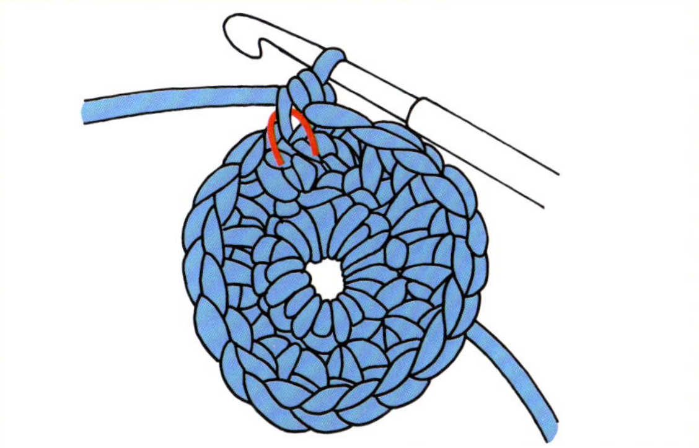

Wird in Spiralrunden gehäkelt, so wird am Ende der Runde keine Kettmasche und am Anfang der Runde keine Luftmasche gehäkelt. Die Runde läuft also einfach schneckenförmig weiter. Du kannst dir den Anfang der Runde mit einem Faden, einem Maschenmarkierer oder einer Sicherheitsnadel markieren. Das erleichtert das Zählen der Maschen.

IN REIHEN HÄKELN

Beim Häkeln in Reihen wird das Häkelstück am Reihenende gewendet. Vor dem Wenden häkelst du eine entsprechende Anzahl an Luftmaschen. Bei festen Maschen sind dies eine Luftmasche, bei halben Stäbchen sind es zwei Luftmaschen und bei ganzen Stäbchen drei Luftmaschen, um auf die entsprechende Höhe zu kommen.

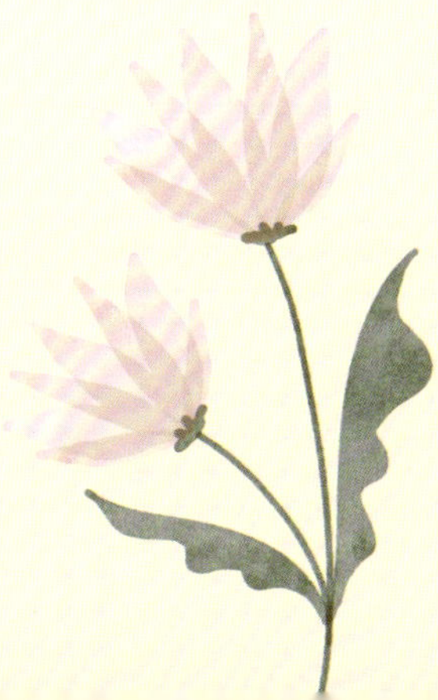

INS VORDERE/HINTERE MASCHENGLIED HÄKELN

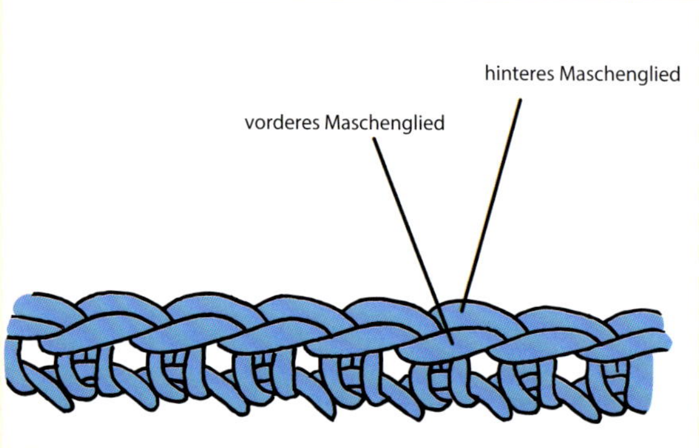

Bei manchen Anleitungen wird angegeben, dass man nur in ein Maschenglied häkeln soll. Diese Illustration verdeutlicht, wo sich das vordere bzw. das hintere Maschenglied befinden.

UNSICHTBARE ABNAHME

Mit der Nadel nur in das vordere Maschenglied der folgenden Masche einstechen. Anschließend direkt in das nächste vordere Maschenglied einstechen. Du hast nun drei Schlingen auf der Nadel. Den Faden holen und durch die ersten beiden Schlingen (die vorderen Maschenglieder) auf der Nadel ziehen. Den Faden dann erneut holen und durch die letzten zwei Schlingen auf der Nadel ziehen.

STEHENDE MASCHEN

1 Um eine stehende Masche zu häkeln, wird mit einem neuen Faden am Häkelstück angesetzt. Du startest wie beim Luftmaschenhäkeln mit einem Knoten. Doch statt eine Luftmasche zu häkeln, stichst du die Nadel nun in die Masche deines Häkelstücks, in der weitergehäkelt werden soll und ziehst den neuen Arbeitsfaden wie gewohnt durch, um eine feste Masche zu häkeln.

2 Für ein stehendes halbes Stäbchen gehst du genauso vor, legst den Faden vor dem Einstechen in das Häkelstück aber einmal um die Nadel (Umschlag). Dann häkelst du dein halbes Stäbchen wie gewohnt.

3 Bei einem stehenden ganzen Stäbchen wird dementsprechend auch der Umschlag vor dem Einstechen gemacht und dann wie gewohnt das Stäbchen gehäkelt.

FARBWECHSEL IN REIHEN / RUNDEN

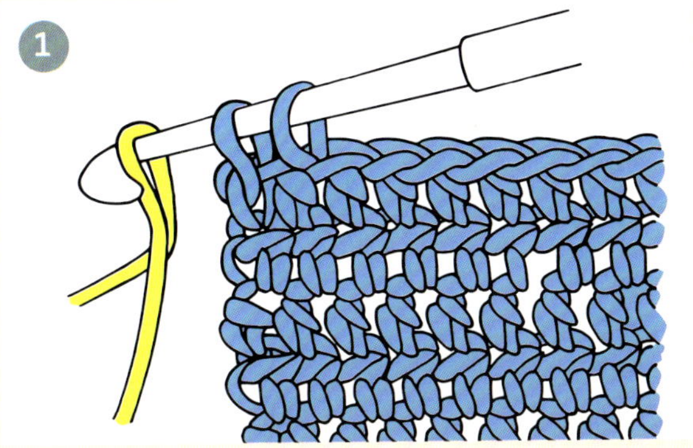

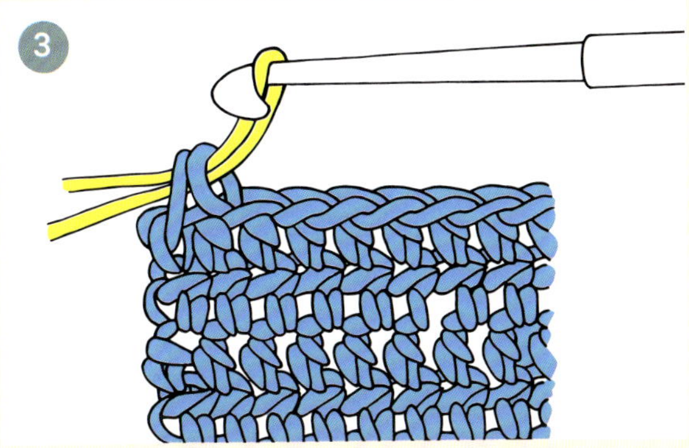

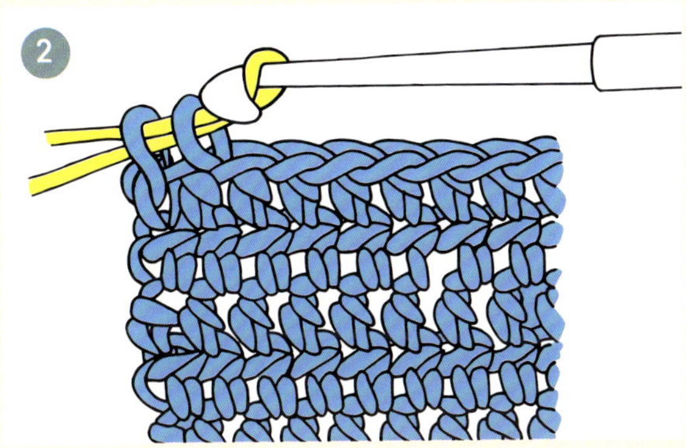

1 Häkle deine Reihe/Runde bis zum Ende, masche deine letzte Masche jedoch nicht mit der alten Farbe, sondern mit der neuen Farbe ab. Dazu schlingst du die neue Farbe an …

2 … und ziehst den Faden durch die letzten beiden Schlingen der letzten Masche.

3 Mit dieser neuen Farbe kann nun die erste Steigeluftmasche für die nächste Reihe gehäkelt werden bzw. in Runden einfach weitergehäkelt werden.

ZUNAHMEN / MASCHEN VERDOPPELN

Um Maschen jeglicher Art zu verdoppeln, wird einfach in eine Einstichstelle zweimal eingestochen. Die Masche dann wie gewohnt häkeln.

UNSICHTBARE ABNAHME IN EINER RUNDE, IN DER NUR INS HINTERE MASCHENGLIED GEHÄKELT WIRD

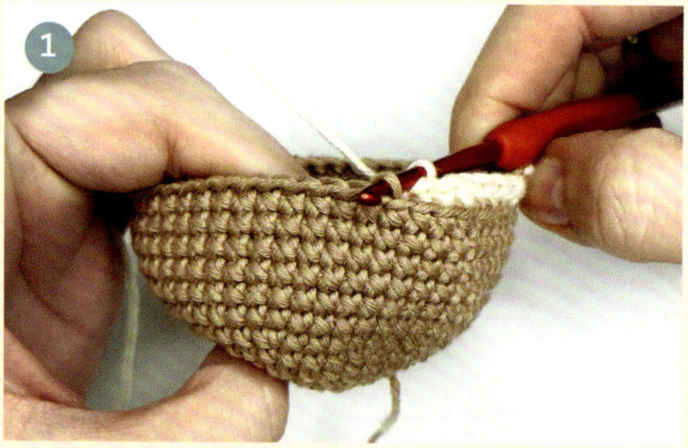

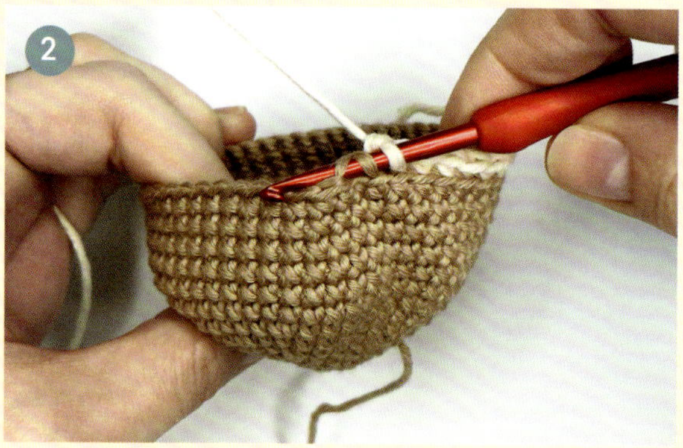

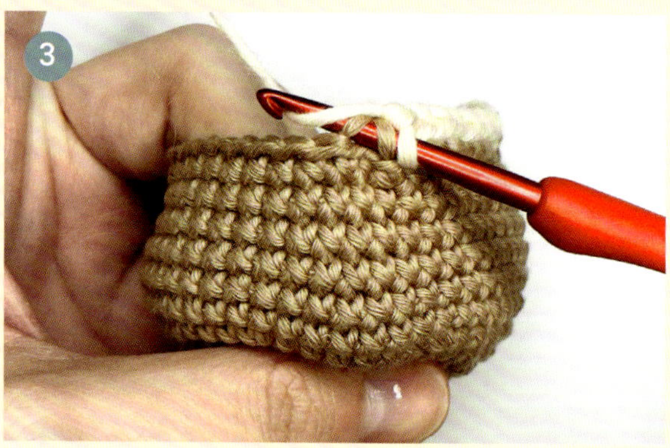

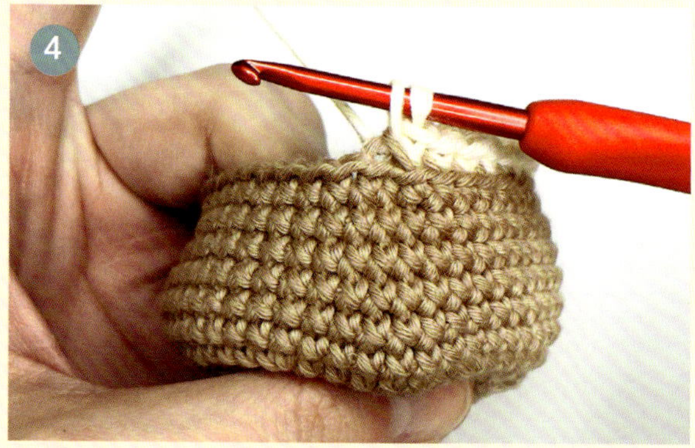

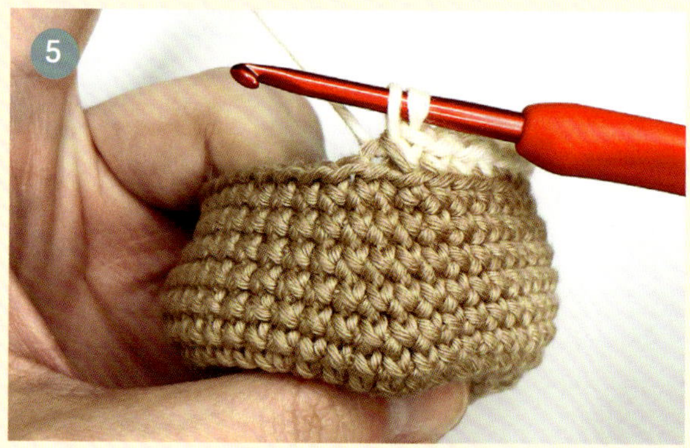

1 Führe die Nadel von hinten nach vorne durch die erste Masche ins hintere Maschenglied.

2 Führe die Nadel von vorne nach hinten durch die zweite Masche ins hintere Maschenglied.

3 Du hast nun 3 Schlaufen auf der Nadel. Hole den Faden auf die Nadel ...

4 ... und ziehe ihn durch die ersten beiden Schlaufen auf der Nadel.

5 Hole den Faden ein zweites Mal auf die Nadel und ziehe ihn wieder durch die beiden Schlaufen.

POPCORN-MASCHE

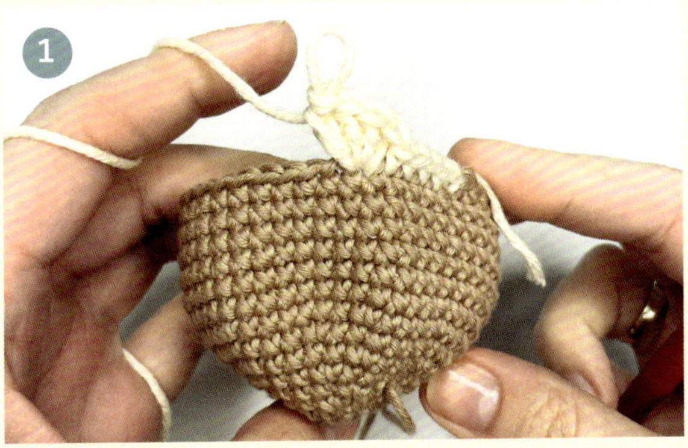

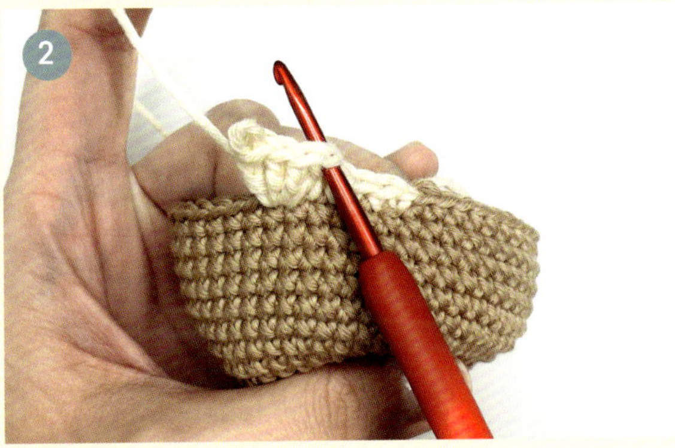

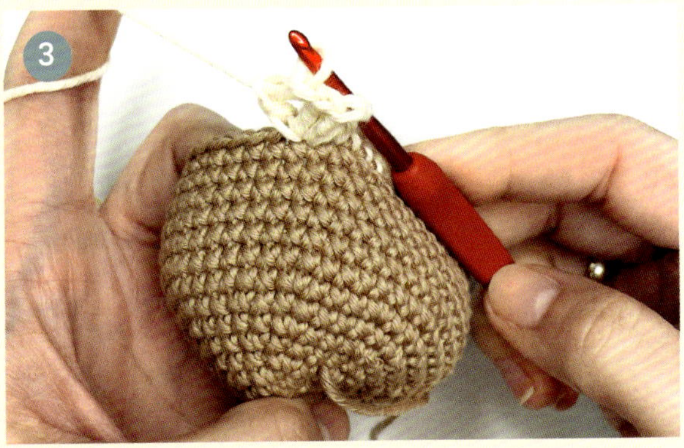

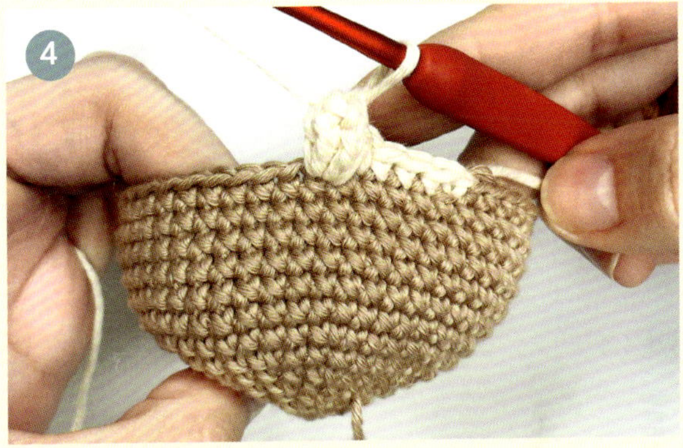

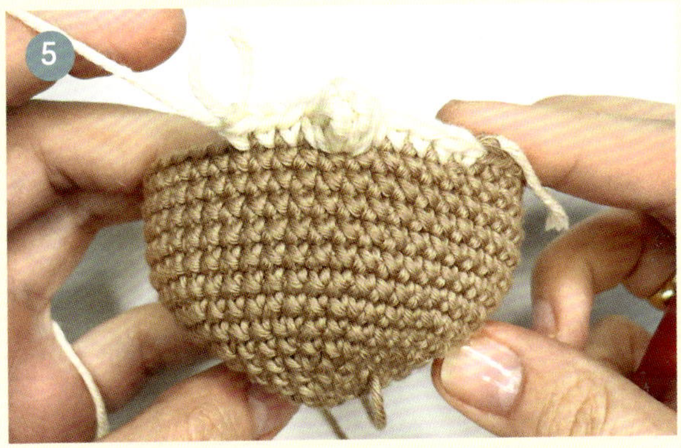

1 Für eine Popcorn-Masche häkle 4 Stäbchen in eine Masche.

2 Nimm die Nadel aus der Schlaufe und stecke sie von vorne nach hinten in die Masche des ersten Stäbchens.

3 Danach stecke die Nadel von hinten nach vorne durch die Schlaufe deines letzten Stäbchens.

4 Ziehe diese Schlaufe nun durch die Masche des ersten Stäbchens, um die Popcorn-Masche zu schließen.

PICOT-STICH

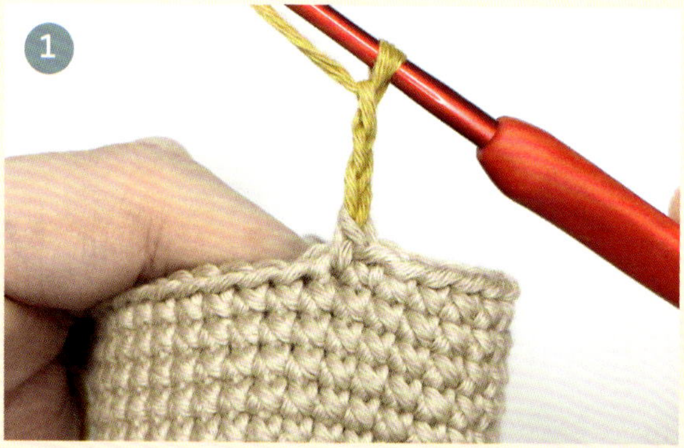

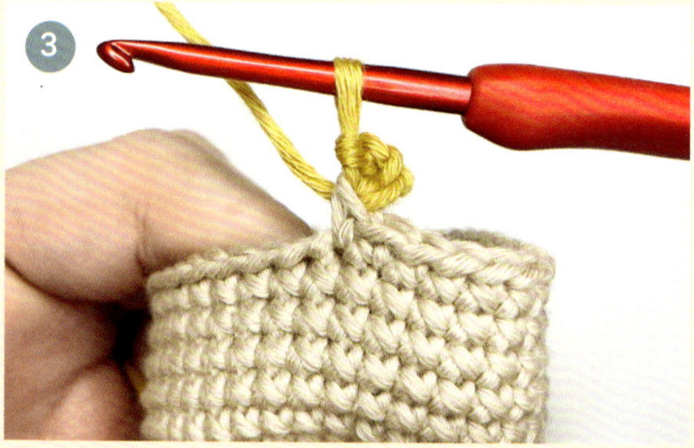

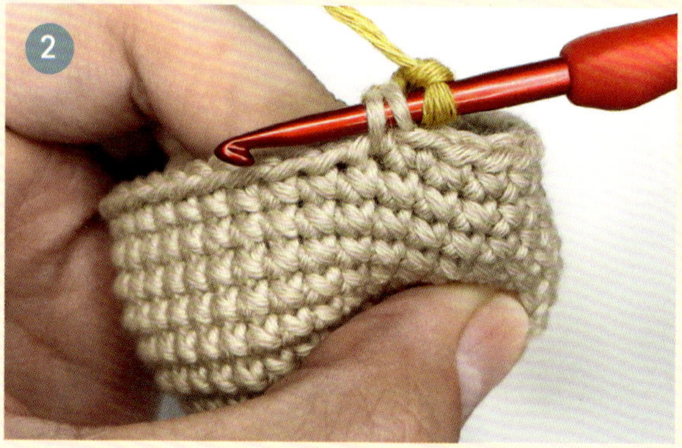

1 Häkle 3 Luftmaschen.

2 Danach steche mit der Nadel in das vordere Maschenglied der letzten festen Masche ein und in die linke Masche deines Vs der letzten Masche …

3 … und häkle 1 Kettmasche.

RUNDE / ÖFFNUNG UNSICHTBAR SCHLIEßEN

Ist die letzte Runde gehäkelt, den Faden lang abschneiden, durch die letzte Schlinge ziehen und mit einer Vernähnadel und dem Restfaden in die vorderen Maschenglieder der letzten Runde weben. Den Faden fest anziehen und so die Öffnung schließen. Das Fadenende vernähen.

AUGEN VERTIEFEN

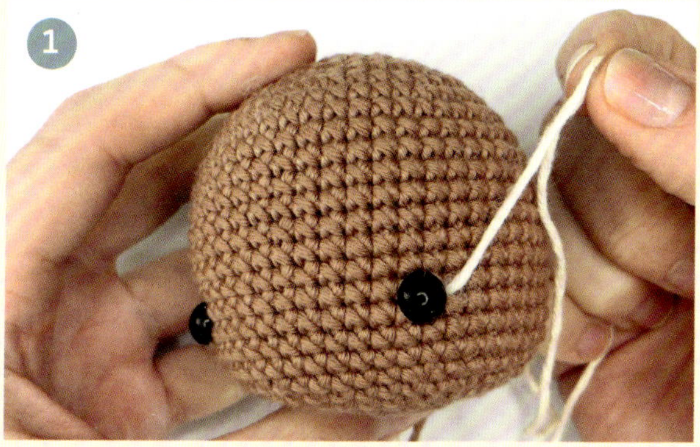

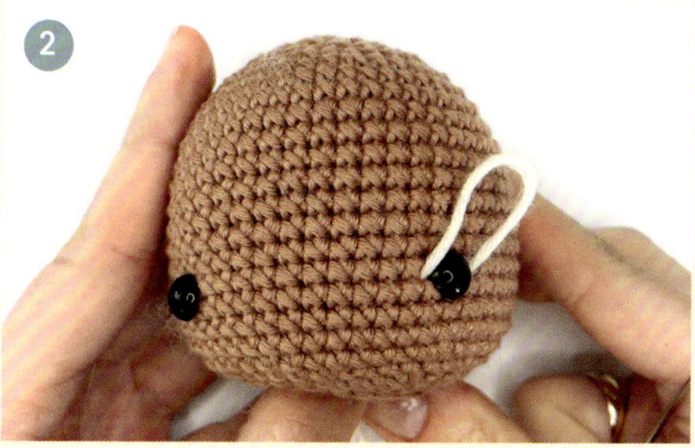

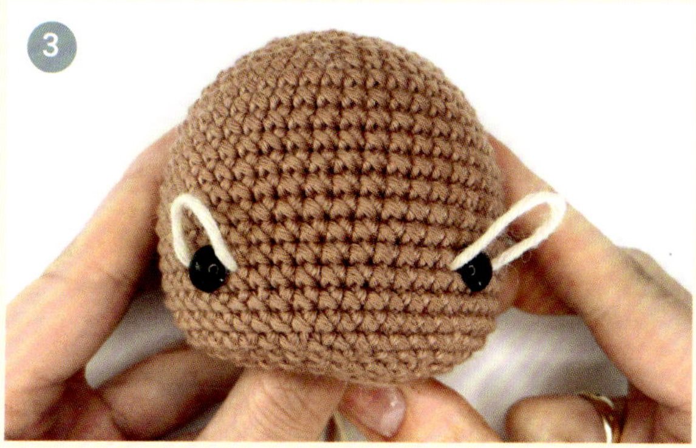

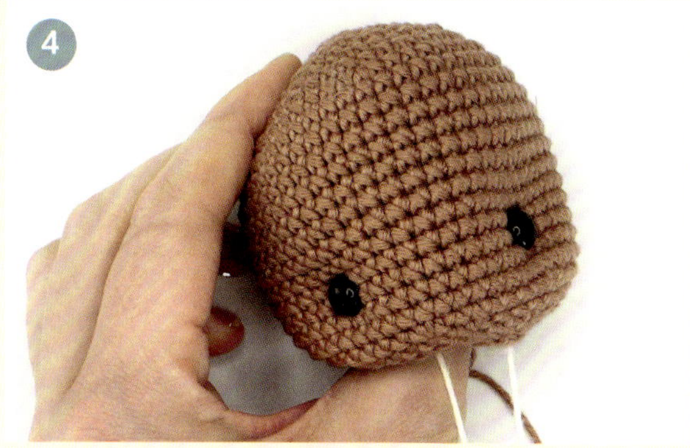

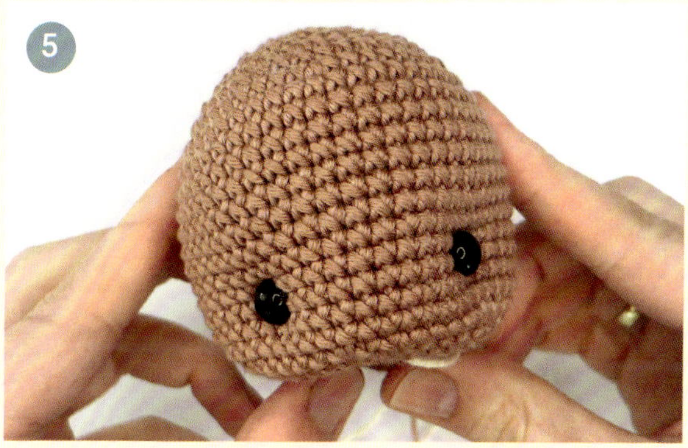

1 Nimm einen langen Faden und eine lange, spitze Nähnadel. Bring den Faden mit der Nadel aus der Mitte des äußeren Augenrandes heraus.

2 Steche mit der Nadel auf der gegenüberliegenden Seite des Auges ein und bring den Faden nach innen, sodass sich eine Schlaufe bildet. Führe den Faden beim Loch des Kopfes unten heraus.

3 Denselben Vorgang wiederholst du nun beim zweiten Auge.

4 Jetzt ziehe fest an den beiden Fadenenden, sodass die beiden Schlaufen hinter den Augen verschwinden. Die Augen werden dadurch nach innen gedrückt.

5 Verknote schnell die beiden Fadenenden mit einem Doppelknoten. Verstecke den Knoten im Inneren des Kopfes.

STICKSTICHE

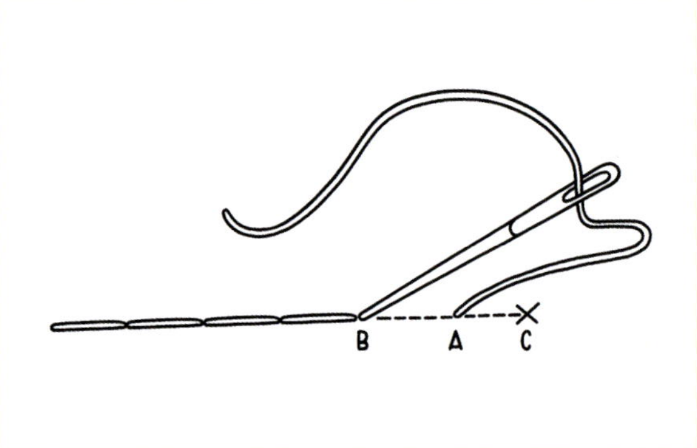

RÜCKSTICH

Mit diesem Stich kann man Teile von Hand sehr ordentlich zusammennähen. Man kann ihn gut zum Sticken von Linien verwenden. Dabei wird bei A aus-, daneben bei B ein- und bei C wieder ausgestochen.

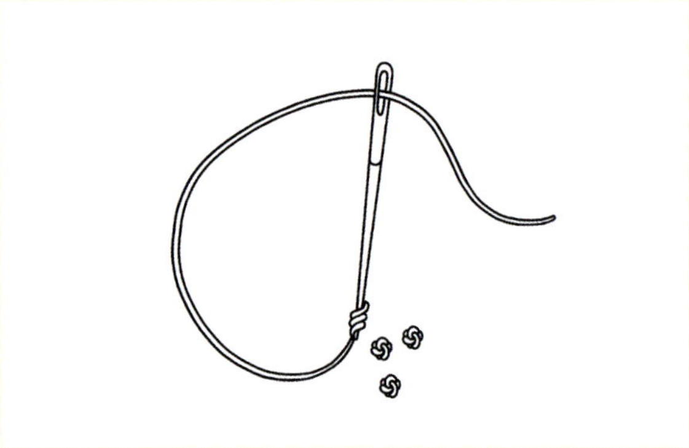

KNÖTCHENSTICH

Die Nadel von hinten durch den Stoff führen und den Faden mit der rechten Hand ein-, zwei- oder dreimal eng um die Nadel schlingen. Die Nadel mit gestrafftem Faden ein winziges Stück neben der Ausstichstelle wieder durch den Stoff nach hinten stechen. Den Faden durchziehen und dabei die Schlingen mit herunterrutschen lassen.

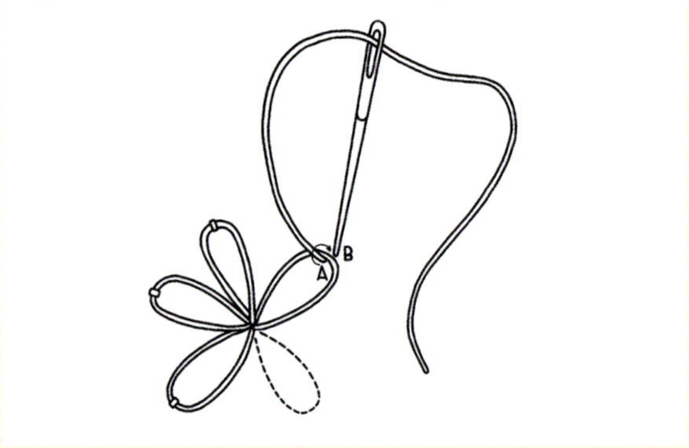

MARGERITENSTICH

Die Nadel von hinten durch den Stoff führen und direkt daneben wieder einstechen. Vorsichtig am Faden ziehen, der sich zu einer Schlaufe bildet. Innerhalb dieser Schlaufe (A) wieder austechen und hinter der Schlaufe (B) wieder einstechen, um den Faden zu fixieren. Fertig ist ein Blütenblatt.

BEVOR ES LOSGEHT

ABKÜRZUNGEN

fM	feste Masche(n)
Lm	Luftmasche(n)
Km	Kettmasche(n)
hStb	halbe(s) Stäbchen
Stb	Stäbchen
DStb	Doppelstäbchen
Rd(n)	Runde(n)
R(n)	Reihe(n)
Zun	Zunahme(n)
Abn	Abnahme(n)
ihM	hintere(s) Maschenglied(er)
ivM	vordere(s) Maschenglied(er)
(...) x...	wiederhole die Anweisungen in der Klammer so oft, wie es nach der Klammer angegeben wird
[...] x...	wiederhole die Anweisungen in der Klammer so oft, wie es nach der Klammer angegeben wird
*	Wiederholungszeichen
(...)	die Gesamtzahl der Maschen in der jeweiligen Runde
M	Masche(n)
Fb	Farbe(n)
Fd	Faden/Fäden
Pop	Popcorn-Masche(n)
Picot	Picot-Masche(n)
wdh	wiederholen

SCHWIERIGKEITS-GRADE

EINFACH

MITTEL

SCHWIERIG

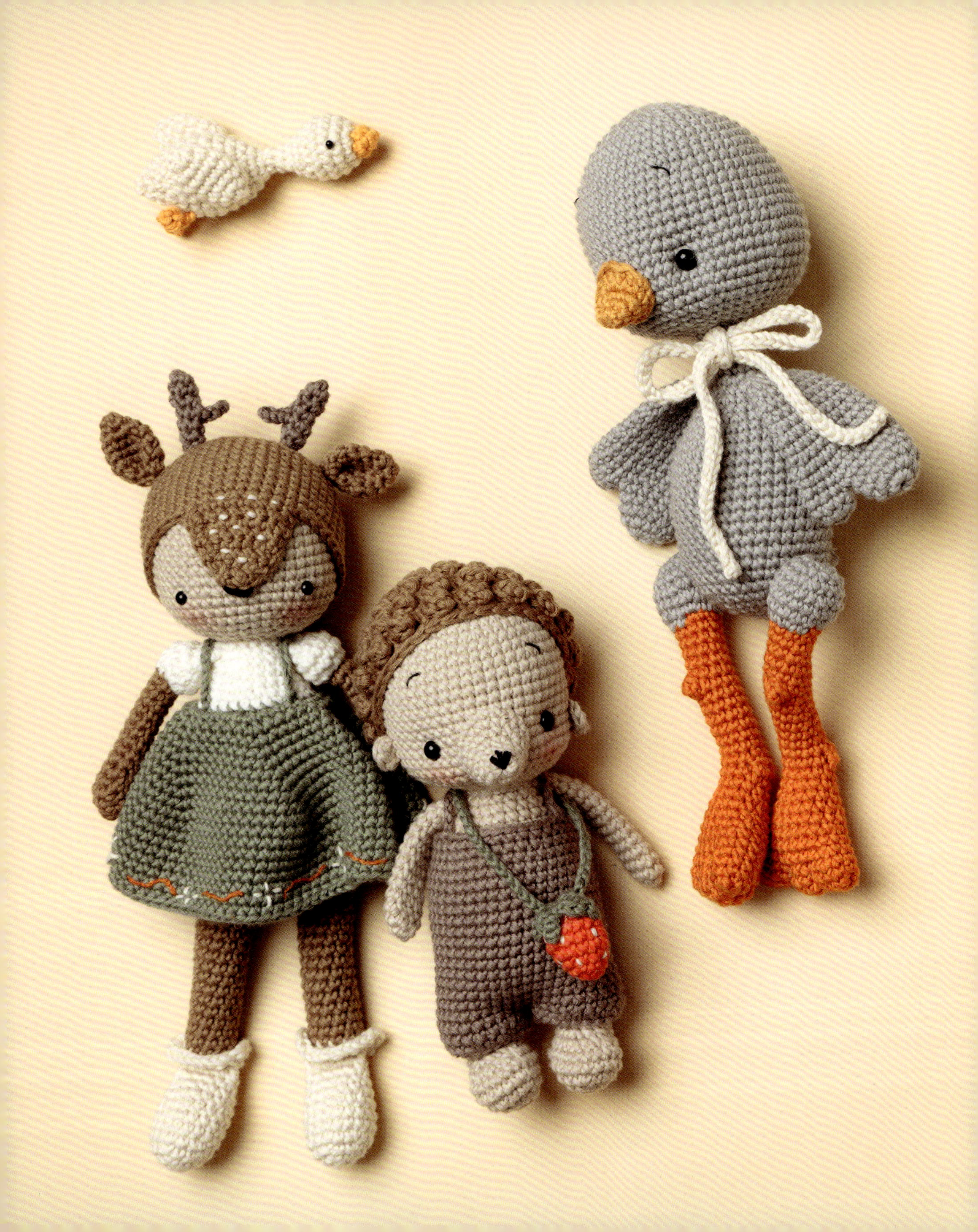

Projekte

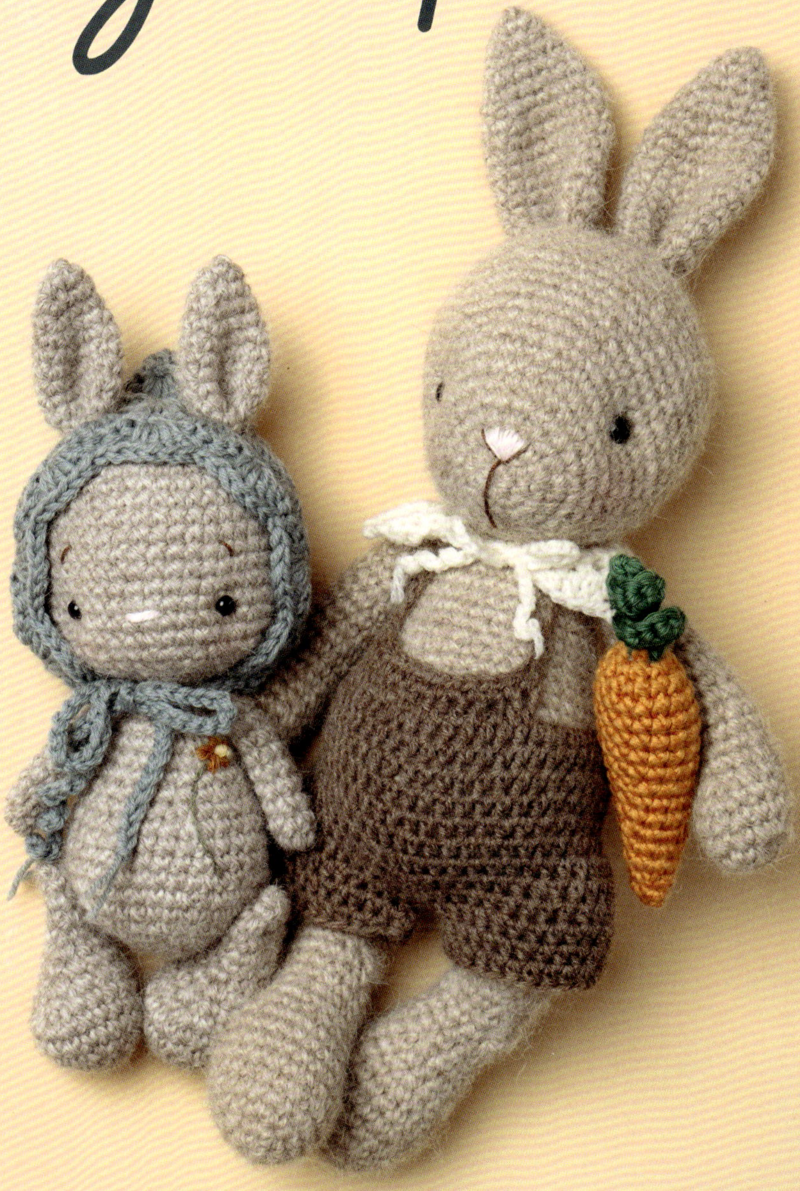

01

Vito DER HASE

Jeden Morgen, wenn die Sonne langsam über den Hügeln aufgeht, springt Vito aus seinem Bett, zieht seine braune Latzhose an und macht sich auf den Weg zu seinem geliebten Gemüsegarten. Unter Vitos sorgsamer Pflege wachsen dort die prächtigsten und größten Karotten.

GRÖSSE: 26 CM

MATERIALIEN

- Wolle in fünf verschiedenen Farben
- Häkelnadeln in den Größen 2,5 mm und 3 mm
- Sicherheitsaugen, 7 mm ∅
- Rosa und braunes Stickgarn für die Nase
- Spitze Nähnadel zum Annähen und Sticken
- Füllwatte
- Stecknadeln
- Maschenmarkierer
- Schere
- Pinkes Rouge plus Pinsel für Wangen

FARBEN

- **Kopf und Körper (Farbe A):** Sandnes Mini Alpakka, Fb 2650, 100 g (der Faden wird doppelt gehäkelt mit zwei Knäueln gleichzeitig)
- **Hose (Farbe B):** Sandnes Sunday, Fb 3161, 6 g
- **Kragen (Farbe C):** Sandnes Sunday, Fb 1012, kleine Menge
- **Karotte (Farbe D):** Babytoly 490 Golden Brown, kleine Menge
- **Grünzeug / Karotte (Farbe E):** Babytoly 205 Sage, kleine Menge

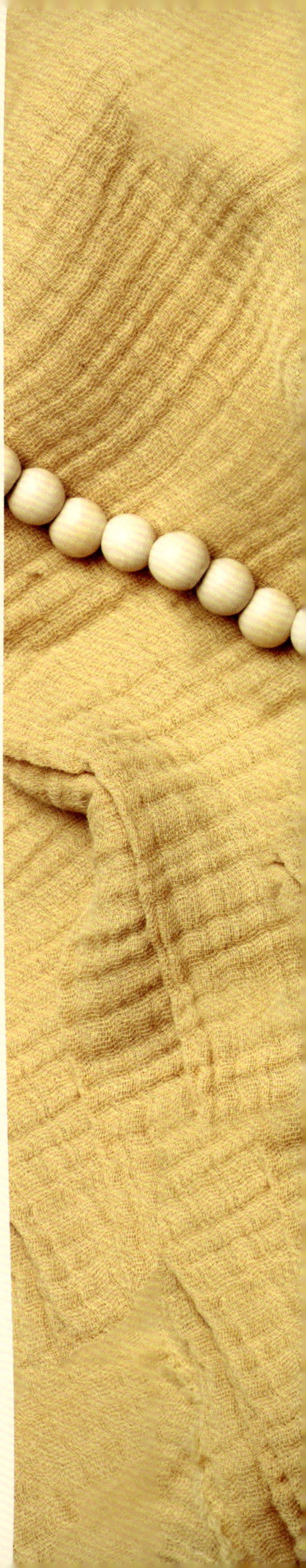

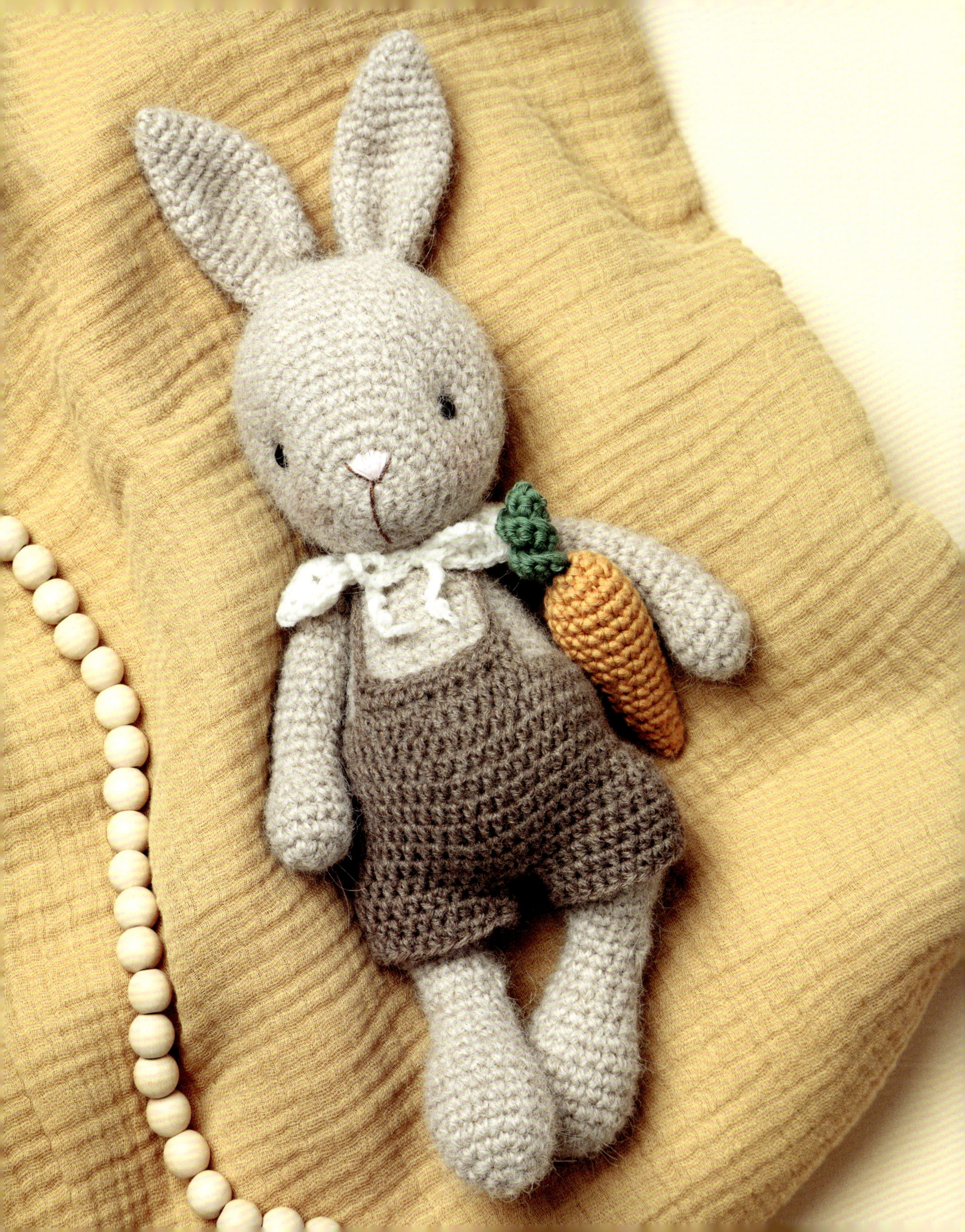

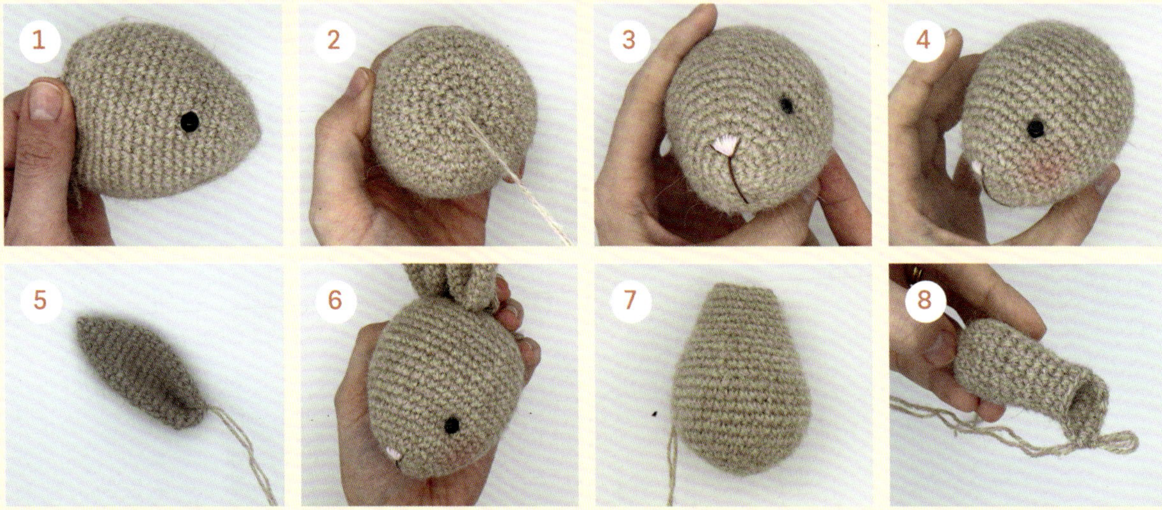

UND SO GEHT'S

KOPF

Es wird in Spiral-Rd gehäkelt.
Nd 3 mm. Der komplette Hase wird mit doppeltem Fd gehäkelt. Das bedeutet, du arbeitest mit 2 Fd von 2 Knäueln gleichzeitig. Fb A.

1. Rd: 6 fM in einen Fadenring. (6)
2. Rd: Zun x 6. (12)
3. Rd: (1 fM, Zun) x 6. (18)
4. Rd: 1 fM, Zun, (2 fM, Zun) x 5, 1 fM. (24)
5. Rd: (3 fM, Zun) x 6. (30)
6. Rd: 30 fM häkeln. (30)
7. Rd: 2 fM, Zun, (4 fM, Zun) x 5, 1 fM. (36)
8. Rd: 36 fM häkeln. (36)
9. Rd: (5 fM, Zun) x 6. (42)
10. Rd: 42 fM häkeln. (42)
11. Rd: 3 fM, Zun, (6 fM, Zun) x 5, 3 fM. (48)
12.–20. Rd: 48 fM häkeln. (48)
21. Rd: 3 fM, Abn, (6 fM, Abn) x 5, 3 fM. (42)
22. Rd: (5 fM, Abn) x 6. (36)

Die Augen werden zwischen 9. und 10. Rd eingesetzt mit einem Abstand zueinander von 15 M. Bild 1

23. Rd: 2 fM, Abn, (4 fM, Abn) x 5, 2 fM. (30)
24. Rd: (3 fM, Abn) x 6. (24)
25. Rd: 1 fM, Abn, (2 fM, Abn) x 5, 1 fM. (18)
Fange an, den Kopf mit Füllwatte zu füllen.
26. Rd: (1 fM, Abn) x 6. (12)
27. Rd: Abn x 6. (6)
Beende die Arbeit mit 1 Km, schneide den Fd ab. Befülle noch mehr mit Füllwatte und verschließe dann das Loch mit einer Nähnadel. Bild 2

GESTALTUNG DES GESICHTS

AUGEN VERTIEFEN

Befolge die Schritte auf Seite 25.

NASE AUFSTICKEN

Mit einem braunen Stickgarn und einer spitzen Nd ein „Y" in der Mitte des Gesichtes aufsticken. Mit pinkem Stickgarn den oberen Bereich der Nase mit einigen senkrechten Stichen ausfüllen. Bild 3

Male mit Rouge und einem Pinsel rote Bäckchen unterhalb der Augen. Bild 4

OHR (2x)

Es wird in Spiral-Rd gehäkelt.
Nd 3 mm. Fb A.
1. Rd: 6 fM in einen Fadenring. (6)
2. Rd: (2 fM, Zun) x 2. (8)
3. Rd: (3 fM, Zun) x 2. (10)
4. Rd: (4 fM, Zun) x 2. (12)
5. Rd: (5 fM, Zun) x 2. (14)
6. Rd: (6 fM, Zun) x 2. (16)
7. Rd: (7 fM, Zun) x 2. (18)
8.–15. Rd: 18 fM häkeln. (18)
16. Rd: Abn x 9. (9)
Beende die Arbeit mit 1 Km, schneide den Fd lang genug ab. Falte das Ohr und nähe beiden Seiten mit ein paar Stichen zusammen. Bild 5

Nähe die Ohren über die 22.–24. Rd verlaufend in der Mitte des Kopfes an, mit einem Abstand zueinander von ca. 4–5 M. Bild 6

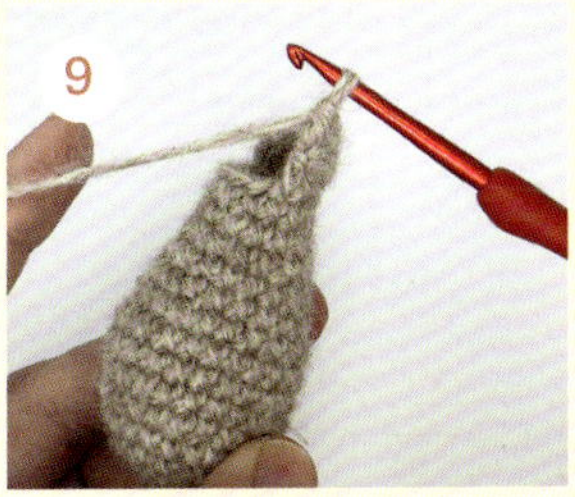
9
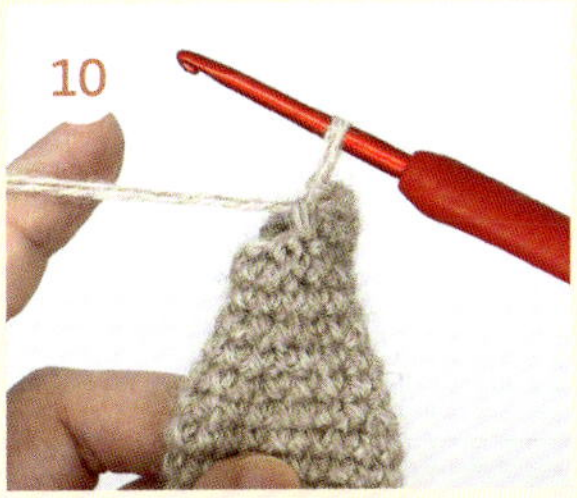
10
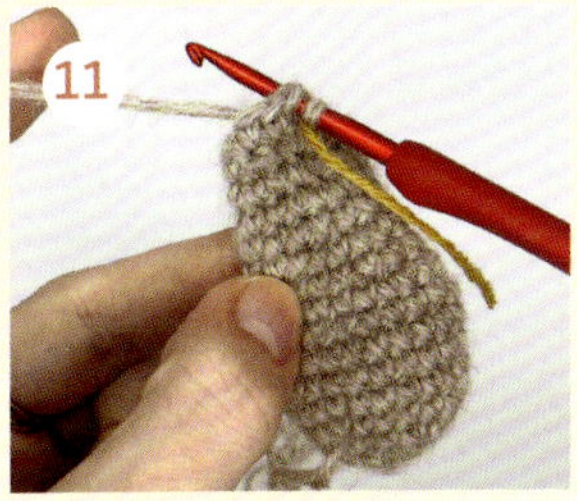
11
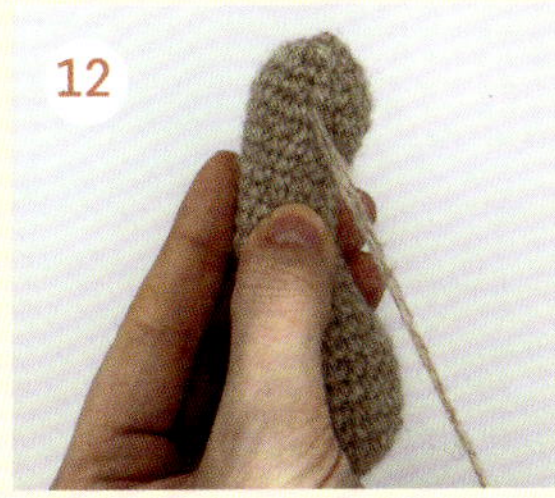
12
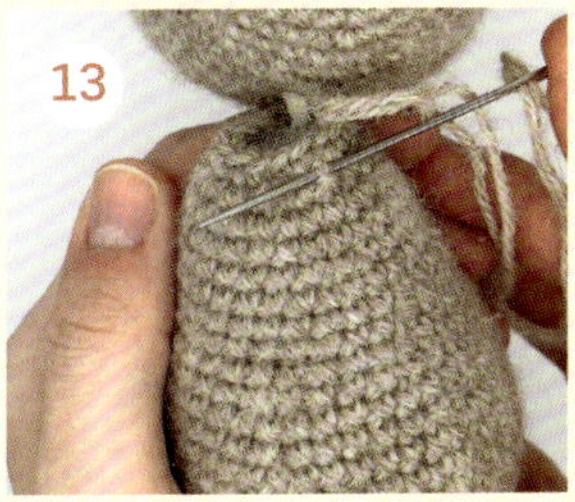
13
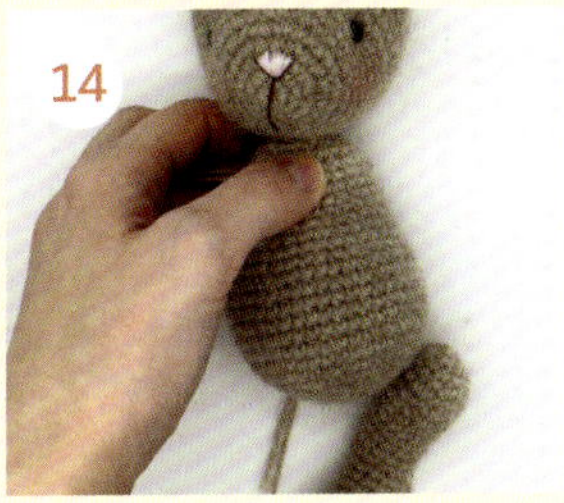
14
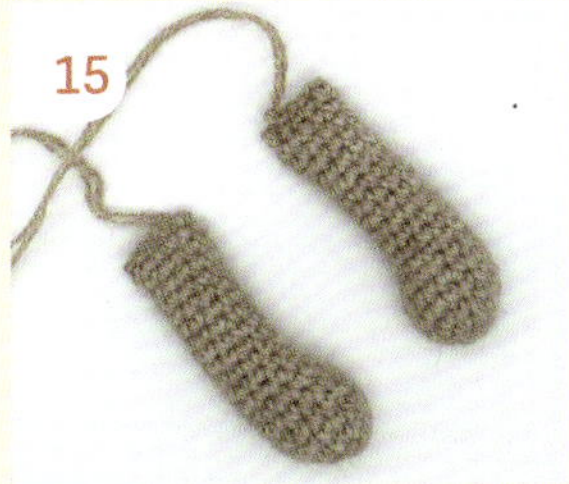
15
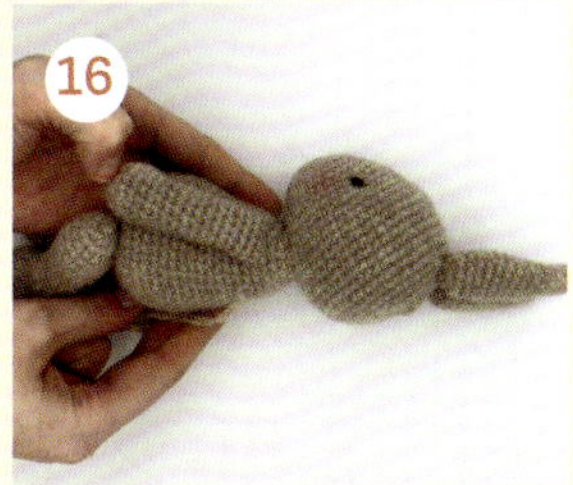
16

KÖRPER

Es wird in Spiral-Rd gehäkelt.
Nd 3 mm. Fb A.
1. Rd: 6 fM in einen Fadenring. (6)
2. Rd: Zun x 6. (12)
3. Rd: (1 fM, Zun) x 6. (18)
4. Rd: 1 fM, Zun, (2 fM, Zun) x 5, 1 fM. (24)
5. Rd: (3 fM, Zun) x 6. (30)
6. Rd: 2 fM, Zun, (4 fM, Zun) x 5, 2 fM. (36)
7. Rd: 4 fM, Zun, (8 fM, Zun) x 3, 4 fM. (40)
8. Rd: (9 fM, Zun) x 4. (44)
9.–13. Rd: 44 fM. (44).
14. Rd: (9 fM, Abn) x 4. (40)
15. Rd: 12 fM, Abn, (5 fM, Abn) x 2, 12 fM. (37)
16. Rd: 4 fM, Abn, 25 fM, Abn, 4 fM. (35)
17. Rd: 12 fM, Abn, (3 fM, Abn) x 2, 11 fM. (32)
18. Rd: 32 fM häkeln. (32)
19. Rd: 3 fM, Abn, (6 fM, Abn) x 3, 3 fM. (28)
20.–21. Rd: 28 fM häkeln. (28)
22. Rd: (5 fM, Abn) x 4. (24)
23.–24. Rd: 24 fM häkeln. (24)
25. Rd: 1 fM, Abn, (2 fM, Abn) x 5, 1 fM. (18)
26. Rd: (4 fM, Abn) x 3. (15)
Arbeit mit 1 Km beenden, Fd lang genug abschneiden. Den Körper mit Füllwatte ausstopfen. Bild 7

BEIN (2x)

Es wird in Spiral-Rd gehäkelt.
Nd 3 mm. Fb A.
1. Rd: 6 fM in einen Fadenring. (6)
2. Rd: Zun x 6. (12)
3. Rd: (1 fM, Zun) x 6. (18)
4. Rd: (5 fM, Zun) x 3. (21)
5.–8. Rd: 21 fM häkeln. (21)
9. Rd: (5 fM, Abn) x 3. (18)
10. Rd: 2 fM, Abn, (4 fM, Abn) x 2, 2 fM. (15)
11. Rd: 15 fM häkeln. (15)
12. Rd: (3 fM, Abn) x 3. (12)
13.–14. Rd: 12 fM häkeln. (12)
15. Rd: 6 fM, es wird ab hier in R gehäkelt (= Ferse):
1 Lm, wenden, 6 fM, Bild 8
1 Lm, wenden, 6 fM, Bild 9
ab hier geht es wieder weiter in Spiral-Rd: 6 fM in dieser Rd weiter Bild 10–11
16.–17. Rd: 12 fM häkeln. (12)
18. Rd: (3 fM, Zun) x 3. (15)
19.–20. Rd: 15 fM häkeln. (15)
21. Rd: 2 fM, Zun, (4 fM, Zun) x 2, 2 fM (18)
22.–23. Rd: 18 fM häkeln. (18)
24. Rd: (1 fM, Abn) x 6. (12)
25. Rd: 12 fM häkeln. (12)
26. Rd: Abn x 6. (6)
Arbeit mit 1 Km beenden. Fülle das Bein fest mit Füllwatte. Das Loch mit einer Nähnadel verschließen und den Fd auf der Innenseite des Beines – zwischen der 22. und 23. Rd herausbringen. Bild 12

Nähe den Kopf an den Körper. Von hinten beginnend und M für M den Kopf an die Öffnung des Körpers annähen. Damit der Kopf eine leicht gebeugte Neigung nach vorne erhält, wird im vorderen Bereich an die vorletzte Rd des Körpers genäht. Bild 13

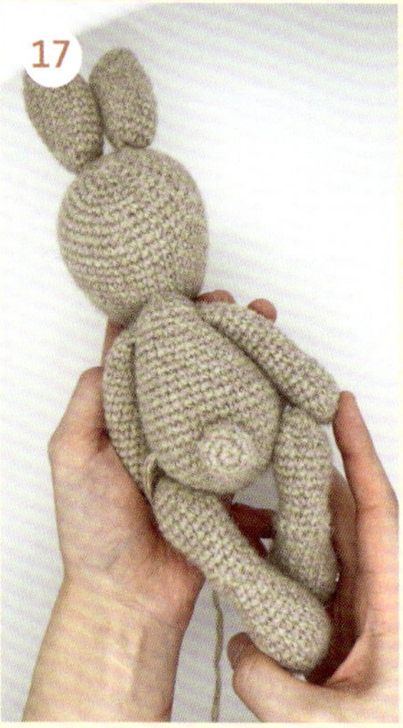

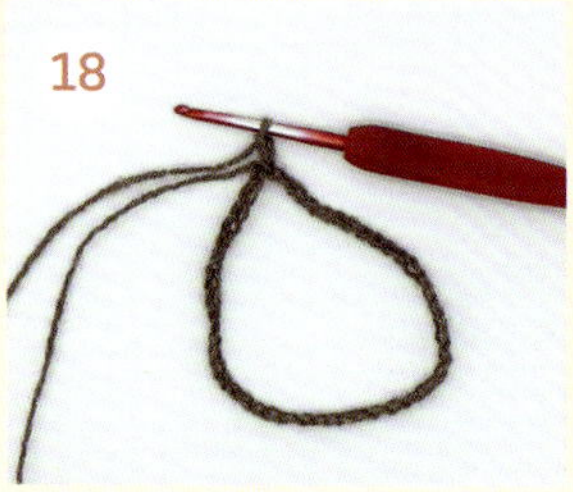

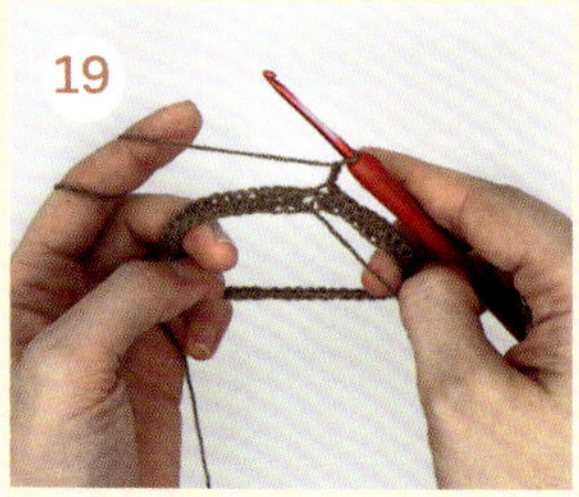

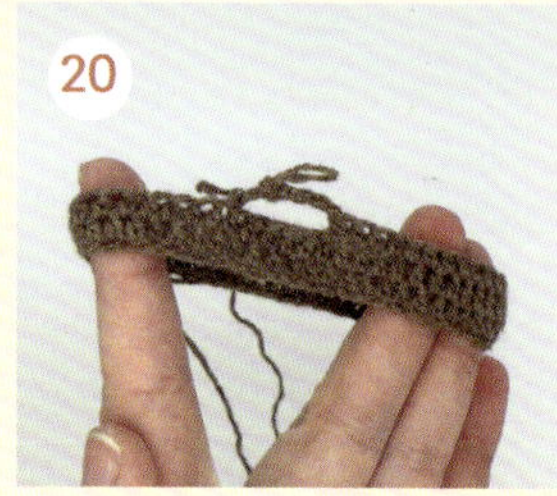

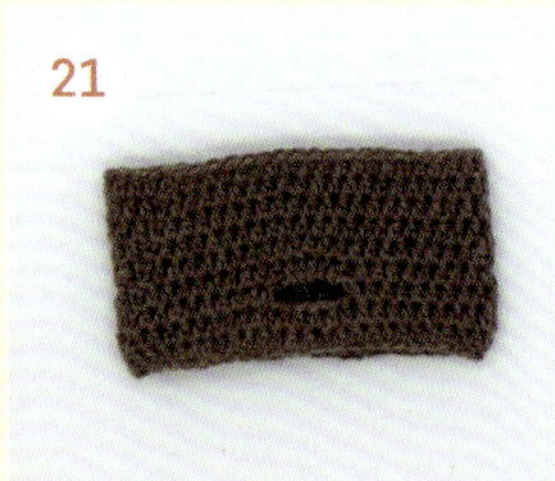

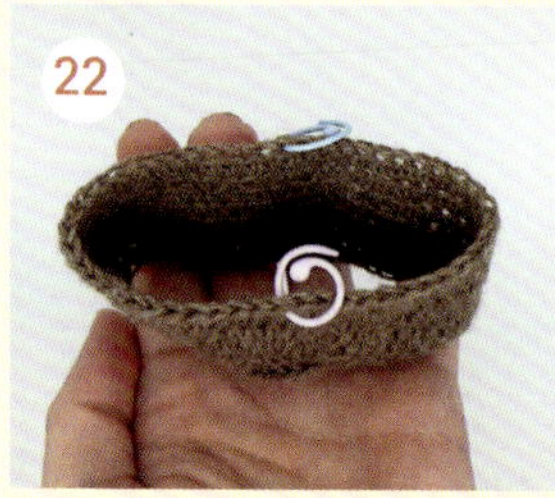

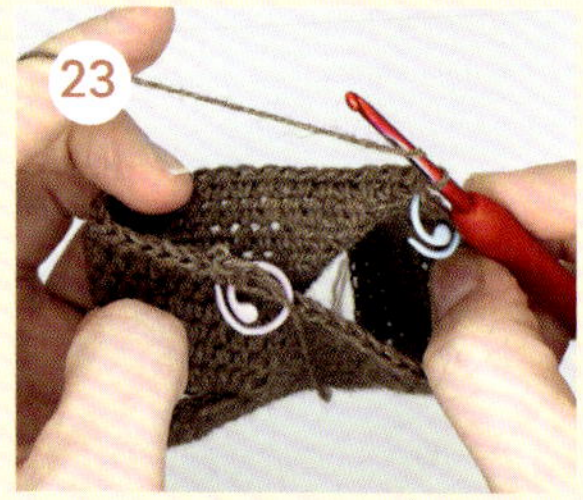

Die Beine werden mit der Innenseite am Körper anliegend angenäht, beginnend zwischen der 7.–8. Rd abwärts zur 5.–6. Rd. Die Fd von beiden Beinen auf der Rückseite des Körpers herausbringen, an beiden Enden festziehen, sodass die Beine noch mehr am Körper anliegen. Bd Fd miteinander verknoten. Den Knoten im Inneren des Körpers verstecken. Bild 14

ARM (2x)

Es wird in Spiral-Rd gehäkelt. Nd 3 mm. Fb A.

1. Rd: 7 fM in einen Fadenring. (7)
2. Rd: Zun x 7. (14)
3.–5. Rd: 14 fM häkeln. (14)
6. Rd: Abn x 2, 10 fM. (12)
7. Rd: Abn x 2, 8 fM. (10)
8.–17. Rd: 10 fM häkeln. 10)
18. Rd: 9 fM häkeln.
Den Arm fest mit Füllwatte füllen. Den Arm falten, 1 Lm, beide Seiten mit 4 fM zusammenhäkeln. Fd abschneiden und durch die Schlaufe ziehen. Bild 15

Die Arme werden links und rechts unterhalb des Kopfes angenäht, schräg nach hinten verlaufend. Bild 16

SCHWÄNZCHEN

Es wird in Spiral-Rd gehäkelt. Nd 3 mm. Fb A.

1. Rd: 5 fM in einen Fadenring. (5)
2. Rd: Zun x 5. (10)
3. Rd: (1 fM, Zun) x 5. (15)
4. Rd: 15 fM häkeln. (15)
5. Rd: Abn x 7, 1 fM. (8)
Arbeit mit 1 Km beenden. Das Schwänzchen leicht mit Füllwatte füllen. Nähe es im unteren Bereich des Rückens an, zwischen der 8. und 9. Rd. Bild 17

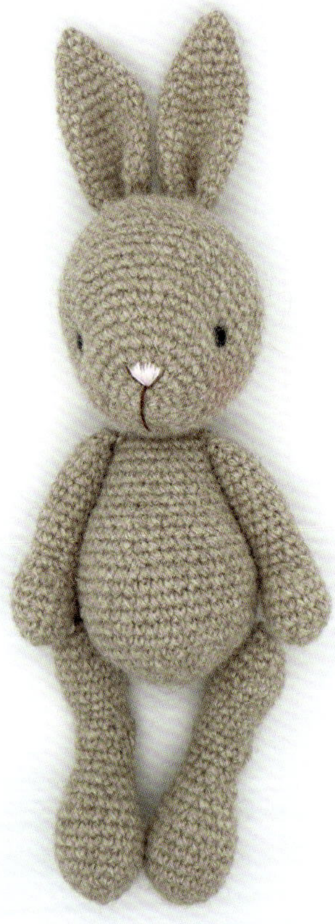

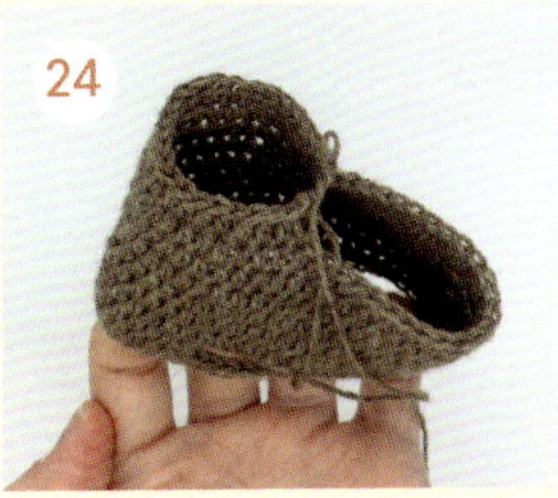

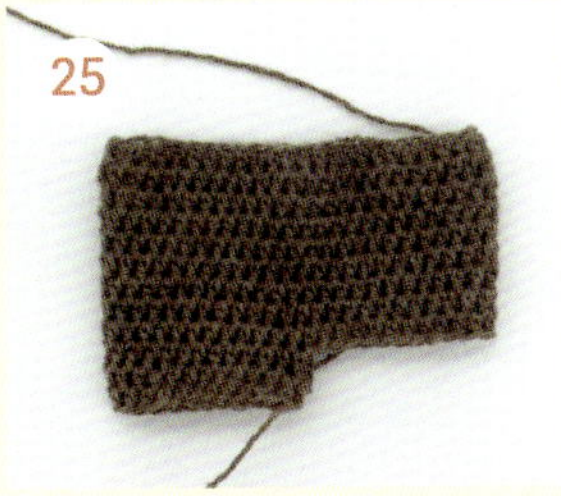

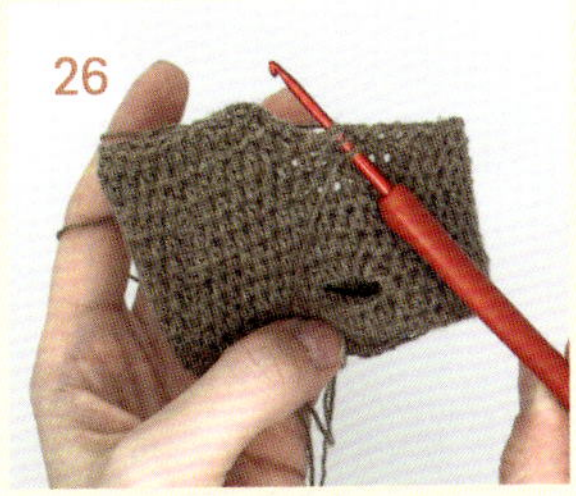

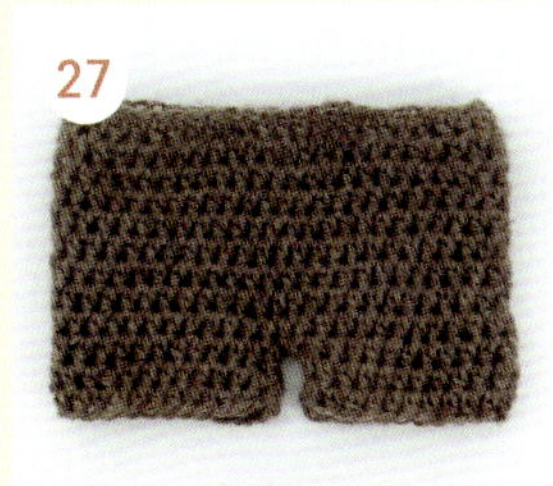

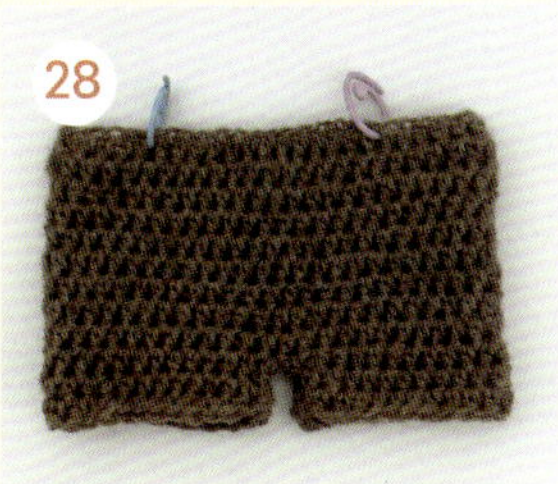

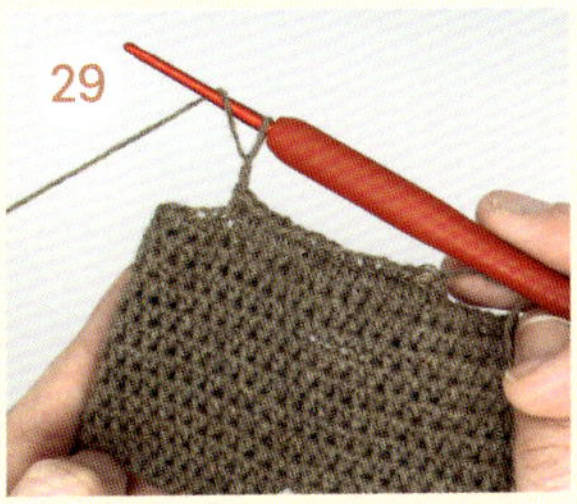

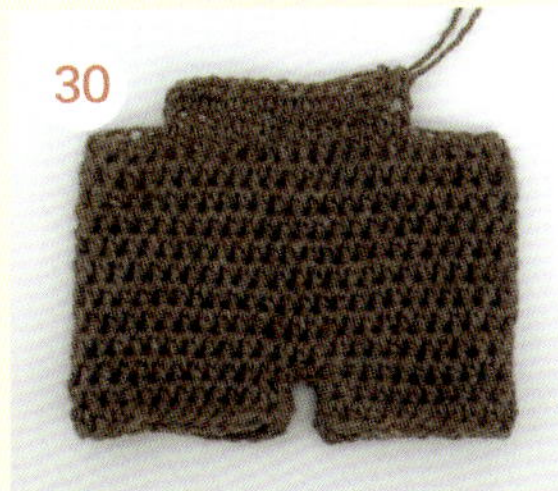

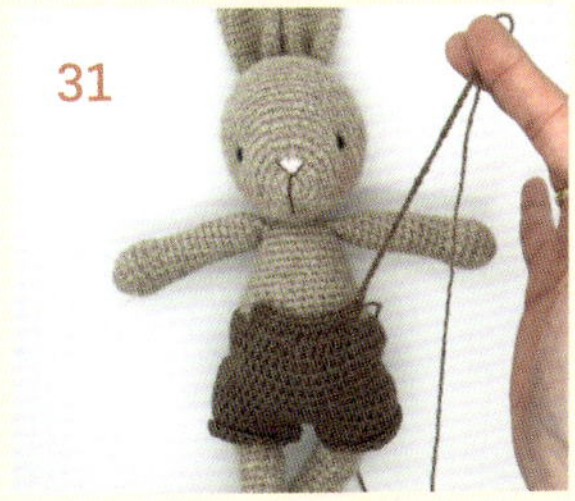

LATZHOSE

Beginnend wird in geschlossenen Rd gehäkelt. Fb B. Nd 2,5 mm.

Häkle 50 Lm. Mit 1 Km zum Ring schließen, 2 Lm. Bild 18

1. Rd: 50 hStb, 1 Km in die 2. Lm vom Anfang. (50) Bild 19
2. Rd: 2 Lm, 50 hStb, 1 Km. (50)
3. Rd: 2 Lm, 35 hStb, 5 Lm, 5 M überspr., 10 hStb, 1 Km. (50) Bild 20
4. Rd : 2 Lm, 35 hStb, 5 hStb in die 5-Lm-Kette, 10 hStb, 1 Km. (50)
5.–9. Rd: 2 Lm, 50 hStb. (50)
Die Arbeit mit 1 Km abschließen. Fd vernähen.

ERSTES HOSENBEIN

Die Hose verkehrt herum mit der Rückseite vor dich hinlegen, sodass der Ausschnitt genau in der Mitte vor dir liegt. Bild 21 Markiere die M, die in der Mitte ist, mit einem Maschenmarkierer. Zähle von dieser M aus weitere 24 M nach links. Markiere diese 25. M ebenso (= 1. Hosenbein). Bild 22

Für das Hosenbein häkle nun in Spiral-Rd weiter.

1. Rd: Beginne mit einem stehenden hStb in die 1. markierte M und häkle 24 weitere hStb. (25) Bild 23
2. Rd: Schließe das Hosenbein zu einem Kreis mit 1 hStb ins erste hStb der Vorrd. Häkle weitere 24 hStb. (25) Bild 24
3. Rd: 24 hStb, 1 fM. (25)
Beende das 1. Hosenbein mit 1 Km. Bild 25

ZWEITES HOSENBEIN

Häkle in Spiral-Rd.
1. Rd: Beginne mit einem stehenden hStb auf der Rückseite der Hose in die erste übrig gebliebene M rechts vom 1. Hosenbein. Das 2. hStb machst du in die M auf der gegenüberliegenden Seite der Hose. Häkle weitere 23 hStb. (25) Bild 26
2. Rd: 25 hStb. (25)
3. Rd: 24 hStb, 1 fM. (25)
Beende die Arbeit mit 1 Km. Alle Fd vernähen. Das Loch zwischen den beiden Hosenbeinen wird mit 2–3 Stichen verschlossen. Bild 27

LATZ UND HOSENTRÄGER

Es wird in R gehäkelt. Lege die Hose glatt gestrichen vor dir hin. Zähle von rechts nach links 6 M. Markiere die 7. M. Zähle weitere 13 M und markiere diese 13. M. Bild 28

1. R: beginne mit einem stehenden hStb in die 1. markierte M und häkle weitere 13 hStb. 2 Lm, wenden. (14) Bild 29
2. R: 14 hStb, Fd nicht abschneiden. (14) Bild 30
Ziehe dem Hasen die Hose an. Häkle 25 Lm und führe die Lm-Kette über die Schulter und diagonal über den Rücken. Schließe den Hosenträger mit 1 Km zum Hosenrand rechts. Häkle ca. 16 fM am Hosenrand entlang nach links, 25 Lm für

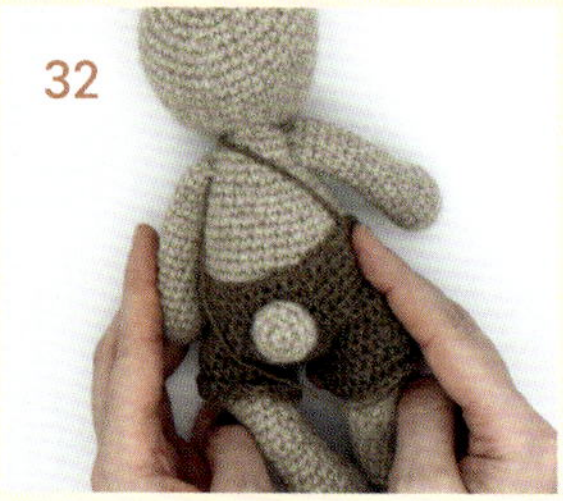

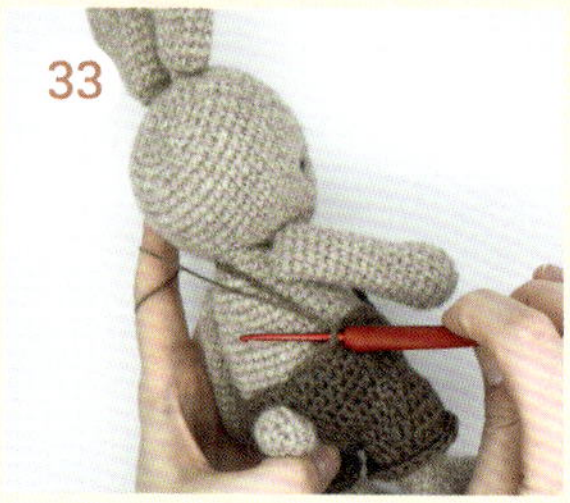

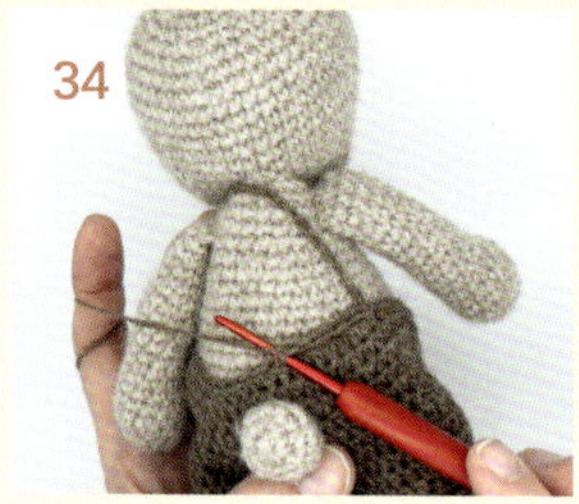

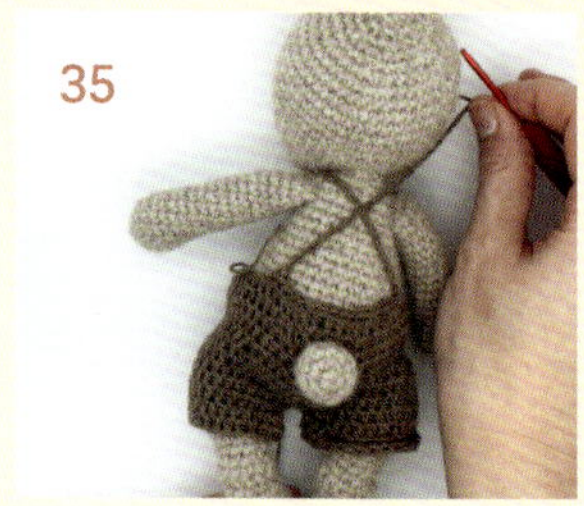

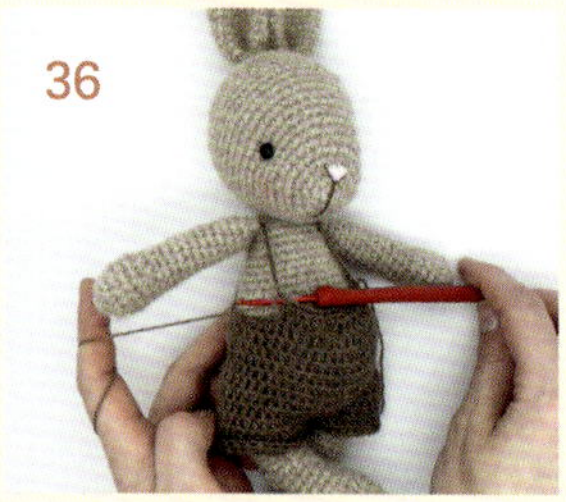

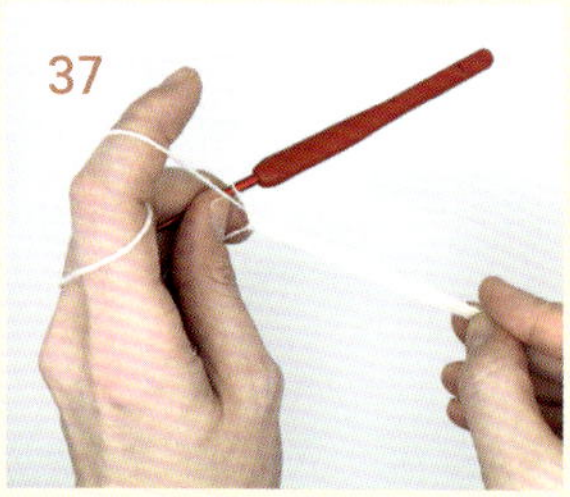

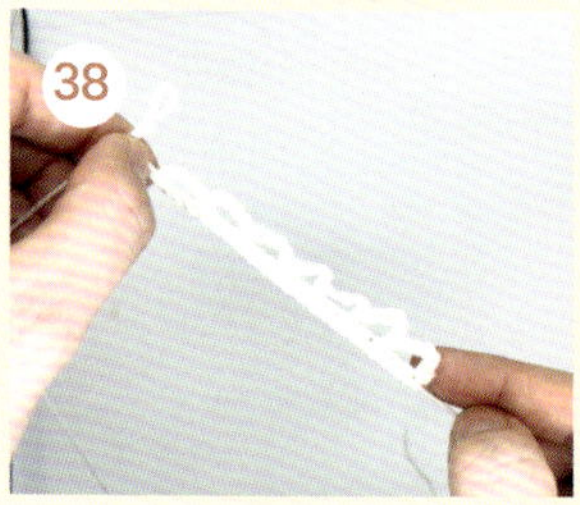

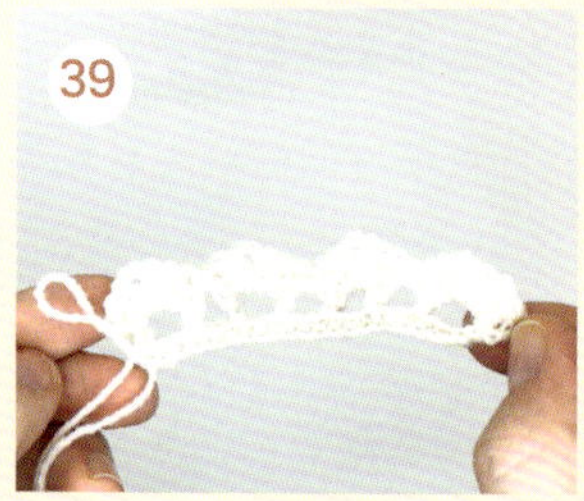

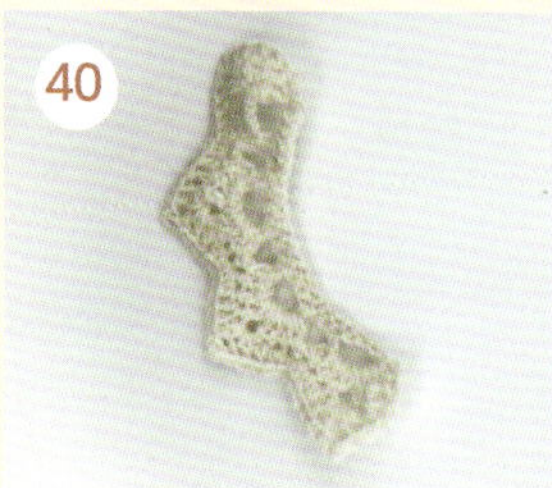

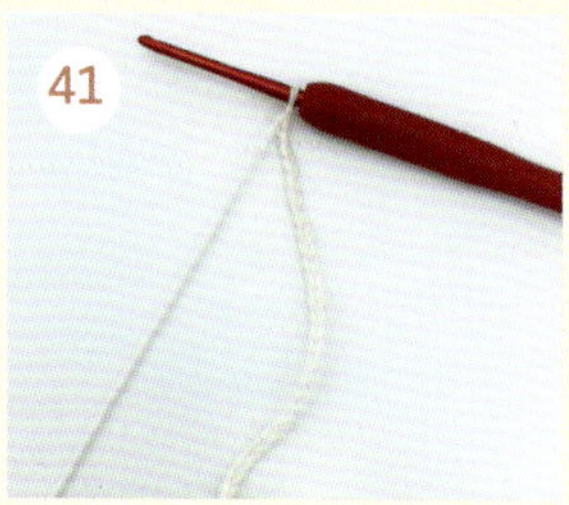

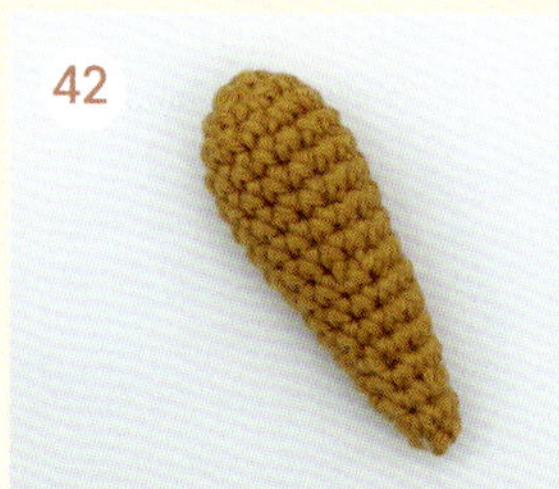

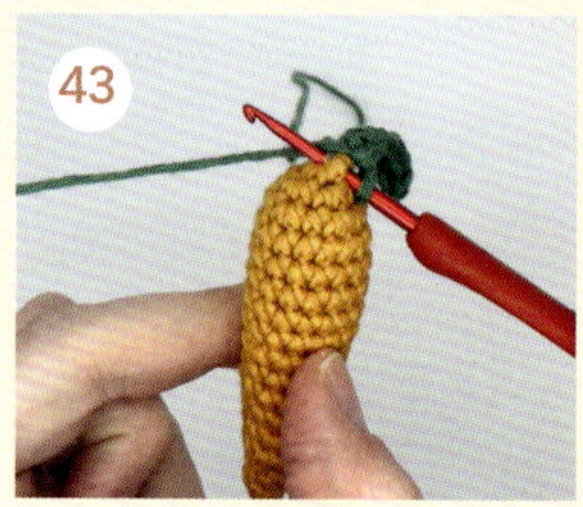

den 2. Hosenträger, der über die Schulter nach vorne gebracht wird. Mit 1 Km zum linken oberen Rand des Latzes schließen. Alle Fd vernähen. Bild 31–36

KRAGEN

Es wird in Rn gehäkelt. Nd 2,5 mm. Fb C.

23 Lm anschlagen.
1. R: 22 fM, 1 Lm, wenden. Bild 37
2. R: (1 fM, 5 Lm, 2 M überspr.) x 7, 1 fM, 3 Lm, wenden. Bild 38
3. R: [(3 Stb, 2 Lm, 3 Stb) in den Bogen, 1 fM in den nächsten Bogen] x 3, (3 Stb, 2 Lm, 3 Stb), 1 fM in die letzte fM der Vorrd, 1 Lm, wenden. Bild 39
4. R: [1 fM, 1 hStb, 1 Stb, (2 Stb, 2 Lm, 1 fM in die 2. Lm ab Nd, 2 Stb in den Lm-Bogen), 1 Stb, 1 hStb, 1 fM] x 4. Bild 40
Fd abschneiden und durch die Schlaufe ziehen. Alle Fd vernähen.

Für das Band am oberen Rand links und rechts je eine Lm-Kette aus 45 Lm häkeln. Fd abschneiden und durch die Schlaufe ziehen. Anfangsfäden vernähen. Bild 41

KAROTTE

Es wird in Spiral-Rd gehäkelt. Nd 2,5 mm. Fb D.

1. Rd: 5 fM in einen Fadenring. (5)
2. Rd: Zun x 5. (10)
3. Rd: (1 fM, Zun) x 5. (15)
4.–8. Rd: 15 fM häkeln. (15)
9. Rd: (3 fM, Abn) x 3. (12)
10.–11. Rd: 12 fM häkeln. (12)
12. Rd: (2 fM, Abn) x 3. (9)
13.–14. Rd: 9 fM häkeln. (9)
15. Rd: (1 fM, Abn) x 3. (6)
16. Rd: 6 fM häkeln. (6)
Mit 1 Km beenden und das Loch mit einer Nähnadel verschließen. Bild 42

Für das Grünzeug an der Karotte setze mit Fb E am Fadenring der Karotte mit 1 Km an und häkle 12 Lm. Wende die Arbeit und häkle entlang der Lm-Kette, Zun x 11. Beide Fäden vernähen. Bild 43

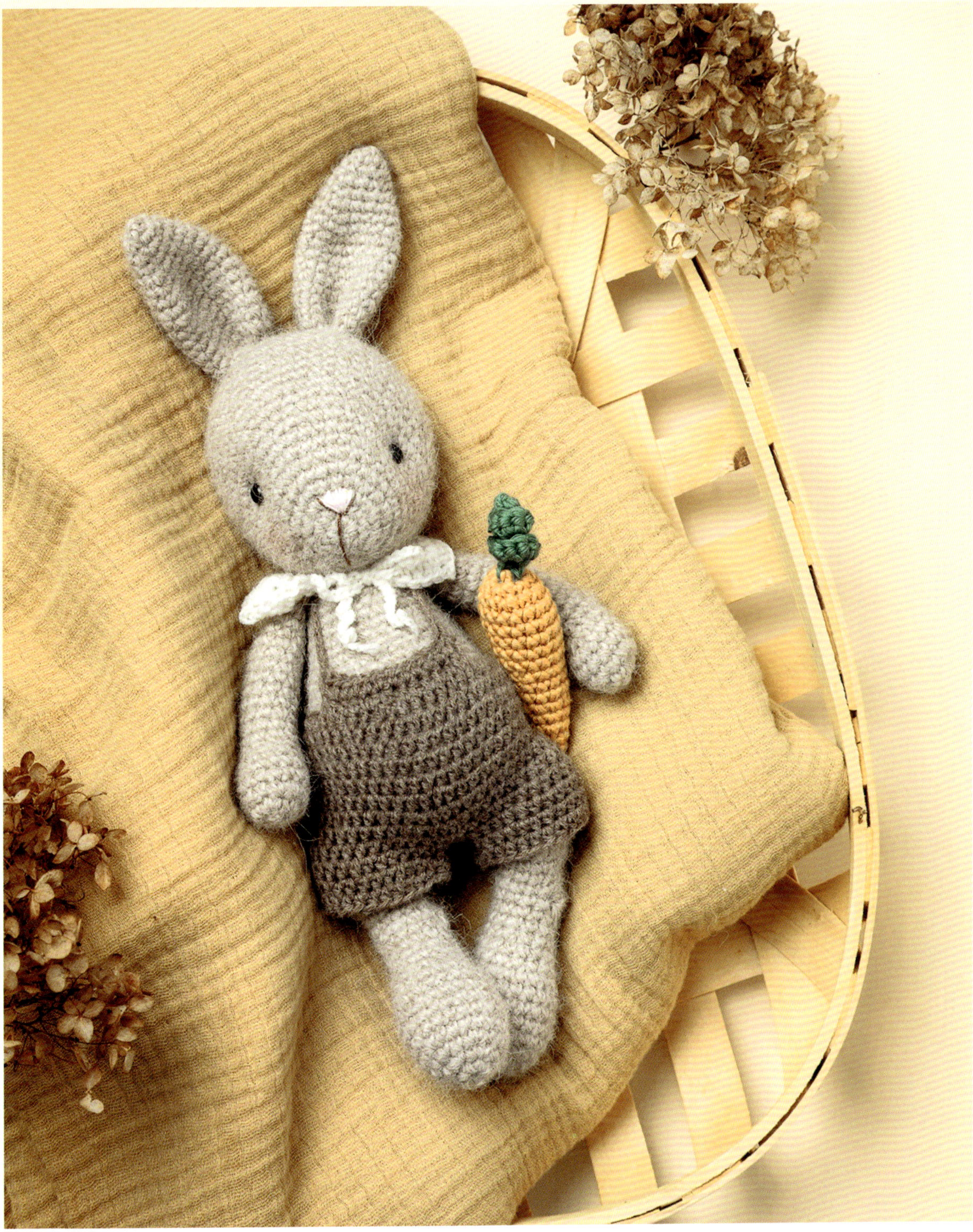

02

DIE KLEINE Gans

Die kleine Gans hat viele Freunde, doch Elodie mag sie am liebsten. Meistens trifft man die beiden beim Hüten der Hühner oder beim Versteckspielen im Heuschober.

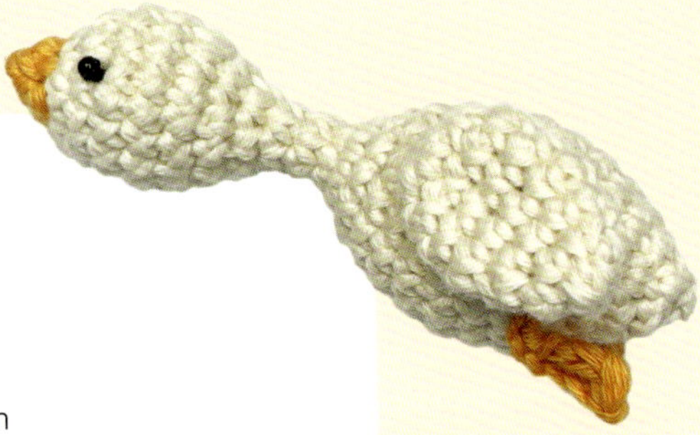

GRÖSSE: 7 CM

MATERIALIEN

- Baumwolle in zwei Farben
- Häkelnadel in Größe 2,5 mm
- Sicherheitsaugen, 3 mm ∅
- Spitze Nähnadel zum Annähen
- Füllwatte
- Stecknadeln
- Maschenmarkierer
- Schere

FARBEN

- **Kopf und Körper (Farbe A):** Babytoly 014 Natural, 15 g
- **Schnabel (Farbe B):** Babytoly 418 Marigold, kleine Menge

UND SO GEHT'S

KOPF UND KÖRPER

Es wird in Spiral-Rd gehäkelt. Starte mit Fb B. Befülle die Gans von Anfang an bis zum Ende immer wieder mit Füllwatte.

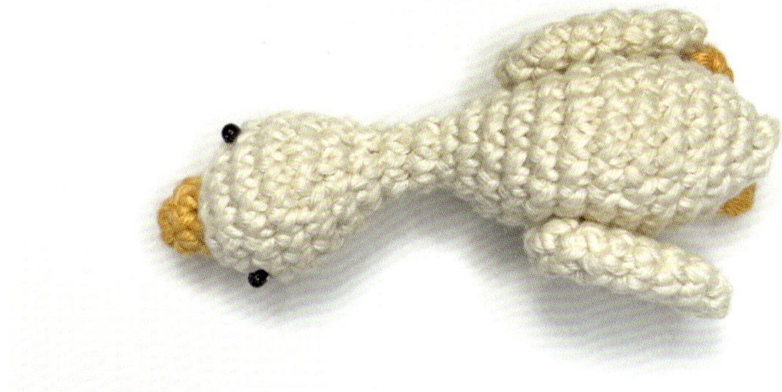

1. Rd: 4 fM in einen Fadenring. (4)
2. Rd: 4 fM häkeln. (4)
3. Rd: (1 fM, Zun) x 2. (6)
Fb-Wechsel zu Fb A.
4. Rd: 6 Km häkeln. (6)
5. Rd: Zun x 6. (12)
6. Rd: (1 fM, Zun) x 6. (18)
7.–8. Rd: 18 fM häkeln. (18)
9. Rd: (1 fM, Abn) x 6. (12)
10. Rd: (2 fM, Abn) x 3. (9)
Zwischen der 6. und 7. Rd die Augen mit einem Abstand von ca. 8 M einsetzen.
11. Rd: (1 fM, Abn) x 3. (6)
12.–14. Rd: 6 fM häkeln. (6)
15. Rd: Zun x 6. (12)
16. Rd: 12 fM häkeln. (12)
17. Rd: (1 fM, Zun) x 6. (18)
18. Rd: 18 fM häkeln. (18)
19. Rd: 1 fM, Zun, (2 fM, Zun) x 5, 1 fM. (24)
20. Rd: 24 fM häkeln. (24)
21. Rd: (4 fM, Abn) x 4. (20)
22. Rd: 20 fM häkeln. (20)
23. Rd: (3 fM, Abn) x 4. (16)
24. Rd: 1 fM, Abn, (2 fM, Abn) x 3, 1 fM. (12)
25. Rd: (1 fM, Abn) x 4. (8)
26. Rd: Abn x 4. (4)
Mit 1 Km abschließen, den Fd abschneiden und das Loch verschließen.

BEIN (2x)

Zwischen der 22. und 23. Rd wird mit Fb B an der Unterseite der Gans mit einer stehenden Km begonnen. Häkle 6 Lm, wende die Arbeit und häkle an der Lm-Kette 2 fM, 1 Km. Fd abschneiden und beide Fd im Inneren der Gans vernähen. Dasselbe für das zweiten Bein wdh.

FLÜGEL (2x)

Es wird in Spiral-Rd gehäkelt. Starte mit Fb A.
1. Rd: 5 fM in einen Fadenring. (5)
2. Rd: Zun x 5. (10)
3.–5. Rd: 10 fM häkeln. (10)
6. Rd: (3 fM, Abn) x 2. (8)
7. Rd: (2 fM, Abn) x 2. (6)
Mit 1 Km beenden, Fd abschneiden und das Loch verschließen. Nähe die Flügel links und rechts am Körper zwischen der 18. und 19. Rd an.

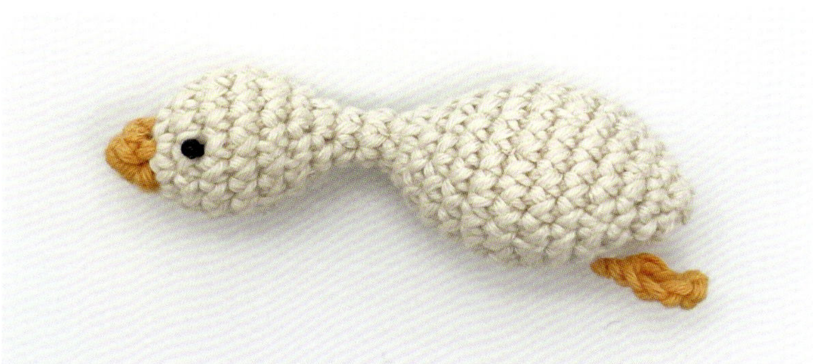

03

Theo

DER IGEL

Theo, der kleine Igel, hat immer seine Erdbeertasche dabei. Jeden Morgen, wenn die Vögel zwitschern und der Tau auf den Blättern glitzert, macht sich Theo auf den Weg durch den Wald. In seiner Erdbeertasche sammelt er die schönsten Dinge: einen glitzernden Kieselstein, ein leuchtend rotes Blatt und manchmal auch eine winzige Feder.

GRÖSSE: 18 CM

MATERIALIEN

- Baumwolle in sechs verschiedenen Farben
- Häkelnadeln in Größe 2,5 mm und 3 mm
- Sicherheitsaugen, 7 mm ∅
- Dünnes Nähgarn in Schwarz für die Augenbrauen und die Nase
- Spitze Nähnadel zum Annähen
- Füllwatte
- Stecknadeln
- Maschenmarkierer
- Schere
- Pinkes Rouge plus Pinsel für Wangen

FARBEN

- **Kopf und Körper (Farbe A):** Babytoly 250 Beige, 50 g
- **Stacheln (Farbe B):** Babytoly 812 Camel,20 g
- **Latzhose (Farbe C):** Babytoly 470 Mink, 20 g
- **Erdbeere (Farbe D):** Babytoly 013 Red Apple, kleine Menge
- **Blattgrün und Taschenhenkel (Farbe E):** Babytoly 205 Sage, kleine Menge
- **Weiße Punkte auf der Erdbeere (Farbe F):** Babytoly 014 Natural, kleine Menge

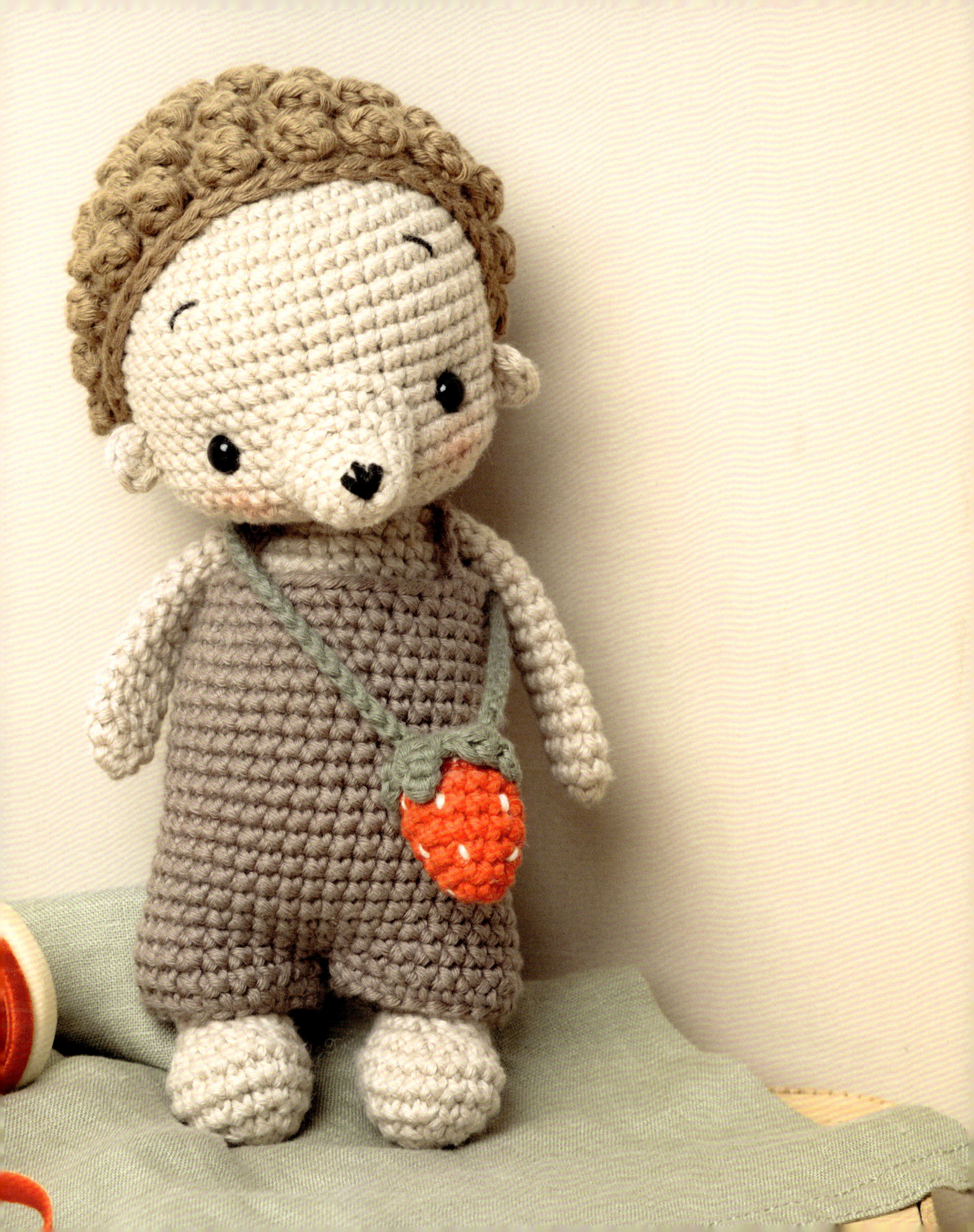

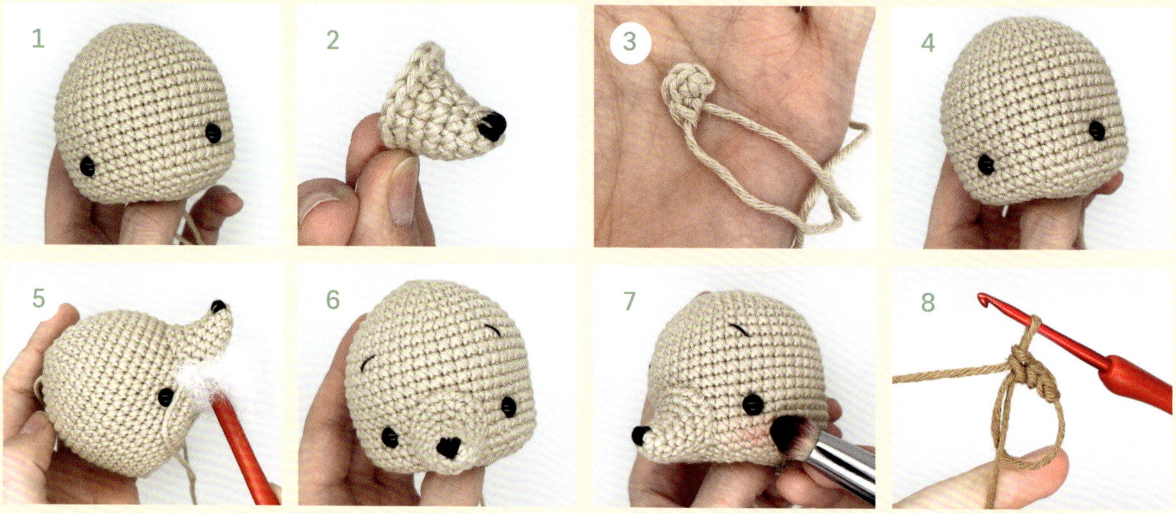

UND SO GEHT'S

KOPF

Es wird in Spiral-Rd gehäkelt. Fb A.
1. Rd: 6 fM in einen Fadenring. (6)
2. Rd: Zun x 6. (12)
3. Rd: (1 fM, Zun) x 6. (18)
4. Rd: 1 fM, Zun, (2 fM, Zun) x 5, 1 fM. (24)
5. Rd: (3 fM, Zun) x 6. (30)
6. Rd: 2 fM, Zun, (4 fM, Zun) x 5, 2 fM. (36)
7. Rd: (5 fM, Zun) x 6. (42)
8. Rd: 3 fM, Zun, (6 fM, Zun) x 5, 3 fM. (48)
9.–20. Rd: 48 fM häkeln. (48)
21. Rd: 3 fM, Abn, (6 fM, Abn) x 5, 3 fM. (42)
22. Rd: (5 fM, Abn) x 6. (36)
23. Rd: 2 fM, Abn, (4 fM, Abn) x 5, 2 fM. (30)
24. Rd: (3 fM, Abn) x 6. (24)
25. Rd: 1 fM, Abn, (2 fM, Abn) x 5, 1 fM. (18)
Beende die Arbeit mit 1 Km. Schneide den Fd lang genug ab und ziehe ihn durch die Schlaufe. Befestige die Sicherheitsaugen zwischen der 17. und 18. Rd, mit einem sichtbaren Abstand von ca. 10 M. Befülle den Kopf mit reichlich Füllwatte. Bild 1

SCHNAUZE

Es wird in Spiral-Rd gehäkelt. Fb A.
1. Rd: 6 fM in einen Fadenring. (6)
2. Rd: (2 fM, Zun) x 2. (8)
3. Rd: (3 fM, Zun) x 2. (10)
4. Rd: 4 fM, Zun x 2, 4 fM. (12)
5. Rd: 4 fM, Zun, 2 fM, Zun, 4 fM. (14)
6. Rd: 6 fM, Zun x 2, 6 fM. (16)
Beende die Arbeit mit 1 Km, lasse einen langen Fd fürs spätere Annähen. Für die Nase sticke mit dem schwarzen Nähgarn einige senkrechte Stiche zwischen dem Beginn des Fadenrings und der ersten Rd auf. Vernähe die Fd im Inneren der Schnauze. Bild 2

OHR (2x)

Fb A. Häkle in einen Fadenring 4 fM. Schließe den Kreis nicht komplett, sodass ein Oval entsteht. Vernähe den Anfangs-Fd. Bild 3

GESTALTUNG DES GESICHTS

Nun vertiefe die Augen wie auf Seite 25 beschrieben. Bild 4 Positioniere die Schnauze mit einer Stecknadel direkt zwischen den Augen und zwar so, dass die Zunahmen der Schnauze von der 4.–6. Rd oben positioniert sind, zwischen der 14. und 15. Rd. Jetzt kannst du mit einer spitzen Nähnadel die Schnauze M für M annähen. Bevor du das Loch schließt, füge etwas Füllwatte ein. Vernähe den Fd im Inneren des Kopfes und schneide den restlichen Fd ab. Bild 5
Mit dem schwarzen Nähgarn sticke die Augenbrauen 5 Rd direkt über den Augen auf, diagonal verlaufend über eine M. Bild 6

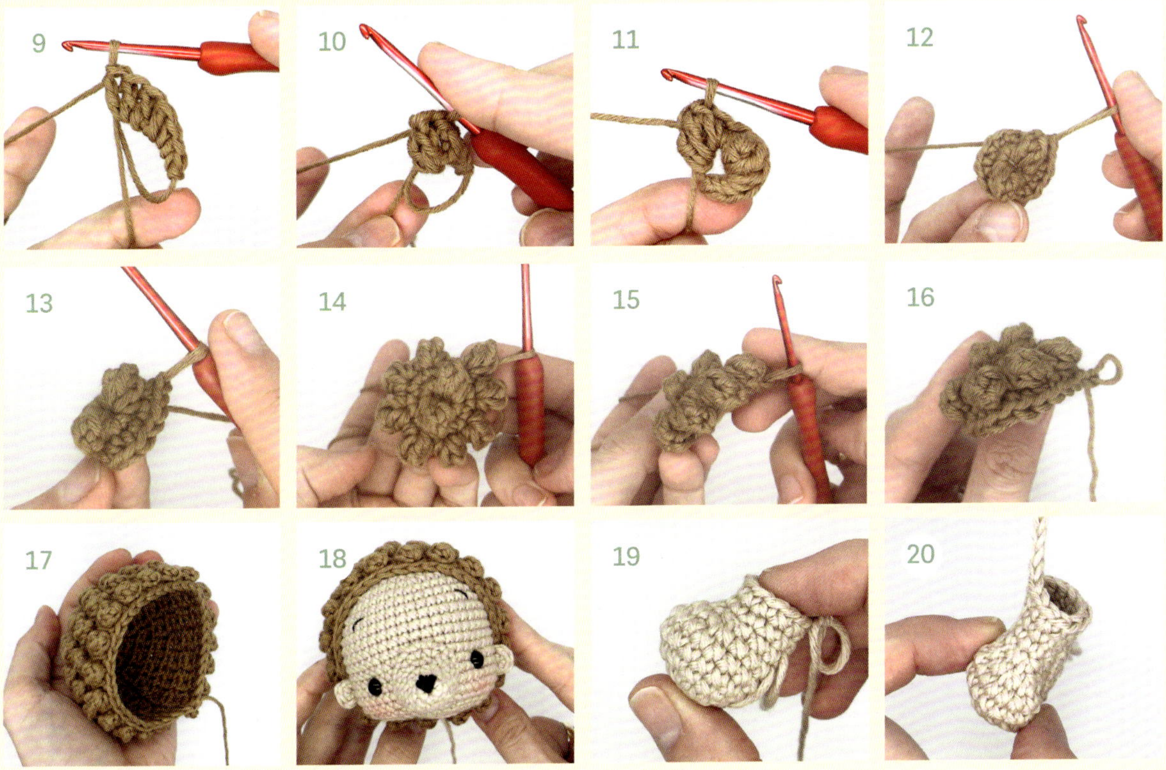

Mit dem pinken Rouge und dem Pinsel male Bäckchen direkt unter den Augen auf. Bild 7

STACHELN

Es wird in Spiral-Rd gehäkelt. Fb B. Für die Stacheln wird der Popcorn-Stich benötigt, der in jeder 2. Rd gehäkelt wird im Wechsel zu reinen fM-Rd. Wie man einen Popcorn-Stich häkelt, findest du auf Seite 23.

Nimm Nd 3 mm. Häkle die Stacheln so locker wie möglich. Wenn du generell sehr fest häkelst, kannst du sogar auf Nd 3,5 mm wechseln.

1. Rd: In den Fadenring 3 fM, 1 Pop, 3 fM, 1 Pop. (8) Bild 8–11
2. Rd: Zun x 8. (16) Bild 12–13
3. Rd: (1 fM, 1 Pop) x 8. (16) Bild 14–15
4. Rd: (1 fM, Zun) x 8. (24) Bild 16
5. Rd: (1 fM, 1 Pop) x 12. (24)
6. Rd: (3 fM, Zun) x 6. (30)
7. Rd: (1 fM, 1 Pop) x 15. (30)
8. Rd: (4 fM, Zun) x 6. (36)
9. Rd: (1 fM, 1 Pop) x 18. (36)
10. Rd: 36 fM häkeln. (36)
11. Rd: (1 fM, 1 Pop) x 18. (36)
12. Rd: 36 fM häkeln. (36)
Beende die Arbeit mit 1 Km. Schneide den Fd ab und vernähe ihn auf der Innenseite. Bild 17

Setze die Stacheln auf den Kopf und nähe die Ohren auf Augenhöhe an, mit einem Abstand von ca. 4–5 M. Bild 18

ERSTES BEIN

Es wird in Spiral-Rd gehäkelt.
Nd 2,5 mm. Fb A.
Das Bein wird von Anfang an bis zur letzten Rd mit Füllwatte gefüllt.

1. Rd: 6 fM in einen Fadenring (6)
2. Rd: Zun x 6. (12)
3. Rd: (1 fM, Zun) x 6. (18)
4. Rd: (5 fM, Zun) x 3. (21)
5. Rd: 21 fM häkeln. (21)
6. Rd: 4 fM, Abn x 6, 5 fM. (15)
7. Rd: 3 fM, Abn x 3, 6 fM. (12)
8.–10. Rd: 12 fM häkeln. (12)
Mit 1 Km beenden, den Fd abschneiden und vernähen. Befülle das Bein mit Füllwatte. Bild 19

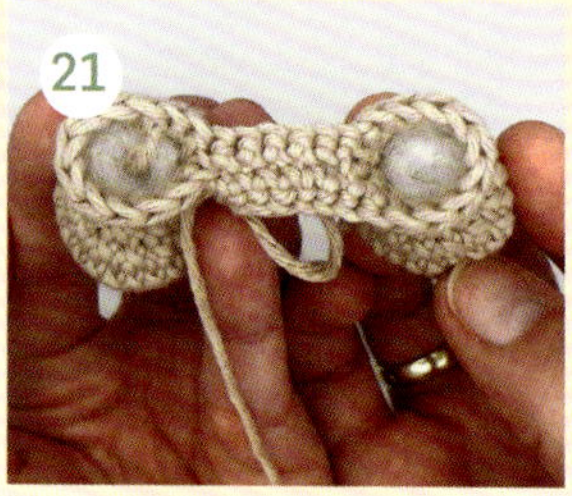

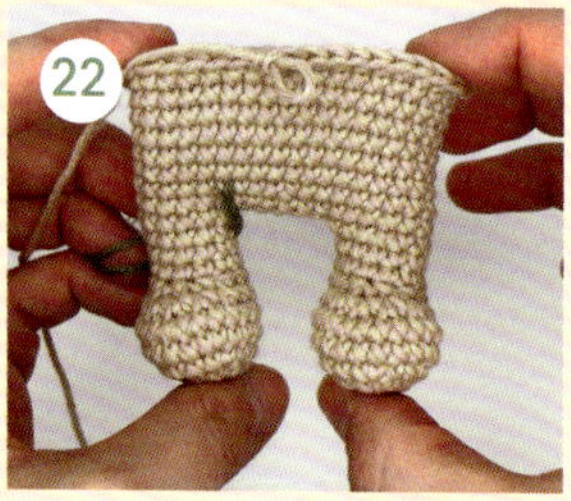

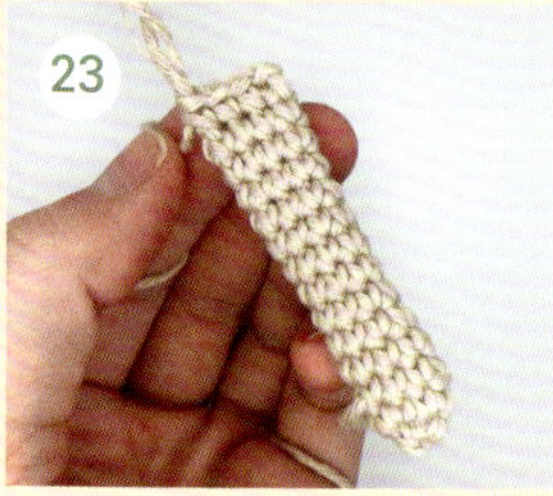

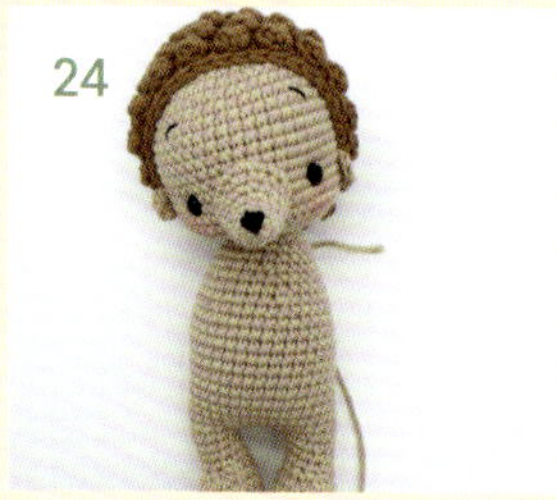

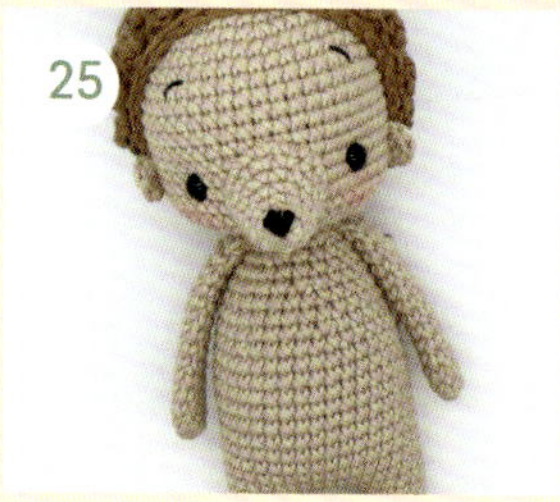

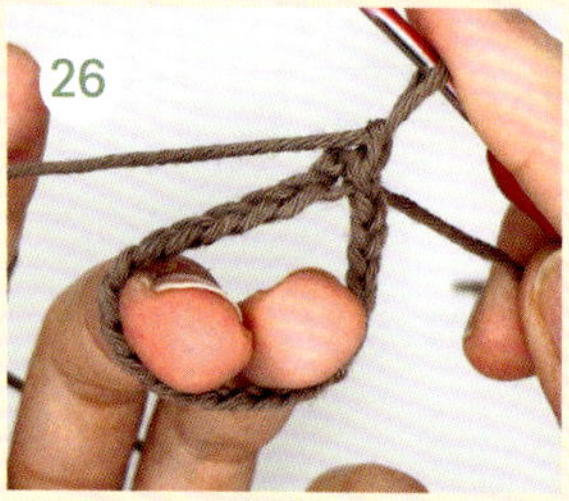

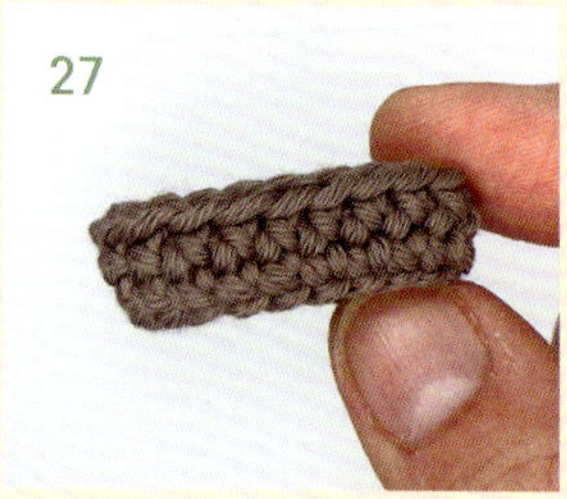

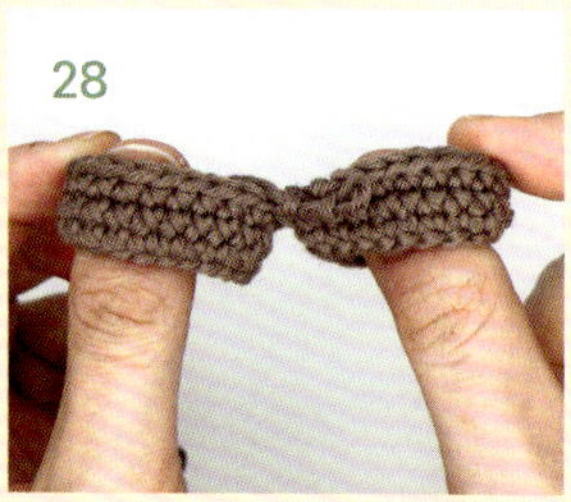

ZWEITES BEIN UND VERBINDUNG DER BEIDEN BEINE ZUM KÖRPER

Häkle das 2. Bein wie das 1. Bein bis 9. Rd.

10. Rd: 9 fM häkeln. (9)

Befülle das Bein mit Füllwatte. Häkle 6 Lm. Bild 20

11. Rd: Verbinde die beiden Beine mit 1 fM (halte dabei das erste Bein so, dass es richtig nach vorne schaut), häkle weitere 11 fM um das erste Bein herum, 6 fM ihM der 6 Lm-Kette, 12 fM um das zweite Bein herum und 6 fM ivM der 6 Lm-Kette. (36) Bild 21

12.–23. Rd: 36 fM häkeln. (36) Bild 22

24. Rd: 2 fM, Abn, (4 fM, Abn) x 5, 2 fM. (30)

25.–26. Rd: 30 fM häkeln. (30)

27. Rd: (3 fM, Abn) x 6. (24)

28.–29. Rd: 24 fM häkeln. (24)

Beginne den Körper ausreichend mit Füllwatte zu füllen.

30. Rd: 1 fM, Abn, (2 fM, Abn) x 5, 1 fM. (18)

31. Rd: 9 fM, hier endet die Rd am Rücken. (9)

Beende die Arbeit mit 1 Km, schneide den Fd ab und vernähe ihn im Inneren des Körpers. Fülle den restlichen Körper noch mehr mit Füllwatte aus.

ARM (2x)

Es wird in Spiral-Rd gehäkelt. Fb A.

1. Rd: 4 fM in einen Fadenring. (4)

2. Rd: Zun x 4. (8)

3.–14. Rd: 8 fM häkeln. (8)

Häkle 1 Lm und verschließe das Loch am Arm, indem du beide Seiten mit 3 fM zusammenhäkelst. Schneide den Fd lang genug ab für das spätere Annähen an den Körper, und ziehe ihn durch die Schlaufe. Bild 23

ANNÄHEN DER KÖRPERTEILE

Nähe den Kopf an den Körper an. Bild 24 Danach nähe die Arme links und rechts direkt unter dem Kopf an den Körper an. Bild 25

HOSE

Es wird in Rd gehäkelt. Die erste Rd wird in einer geschlossenen Rd gehäkelt. Im Verlauf wird in Spiral-Rd gearbeitet. Fb C.

ERSTES HOSENBEIN

Häkle 20 Lm, mit 1 Km zu einem Kreis schließen. Bild 26

1. Rd: 1 Lm, 19 fM in die Lm-Kette. (20)

2. Rd: 20 fM häkeln. (20)

Beende das Hosenbein mit 1 Km, schneide den Fd ab und vernähe beide Fd auf der Innenseite. Bild 27

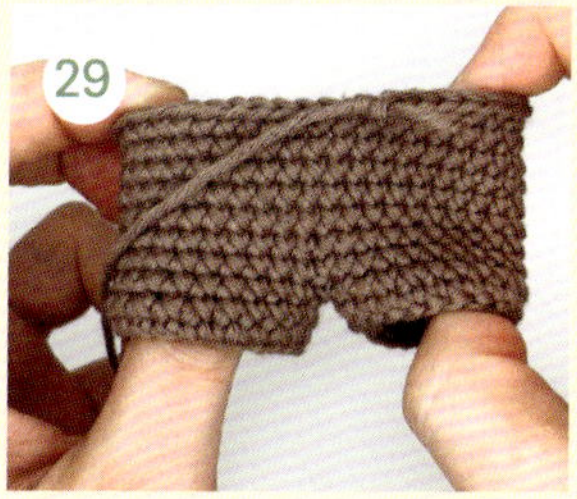

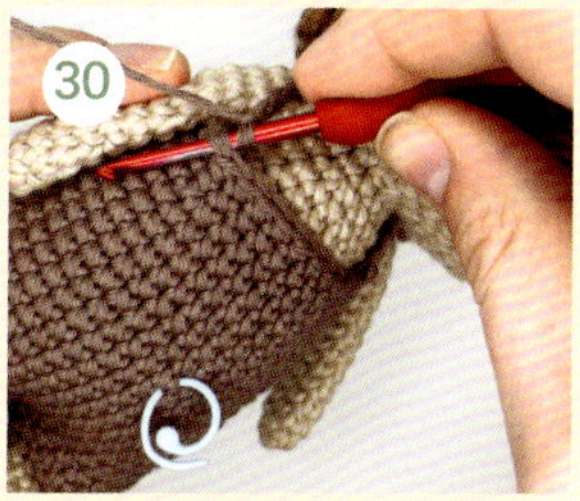

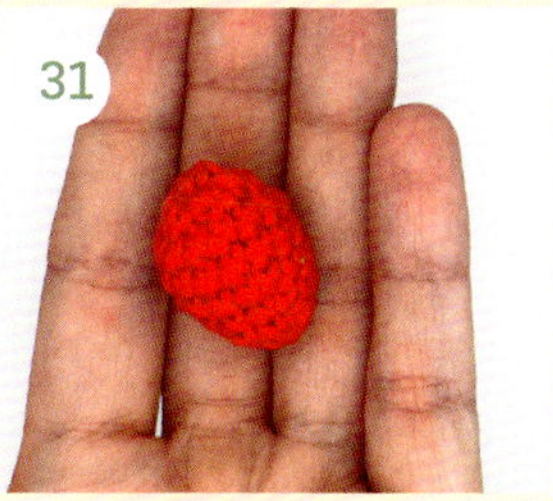

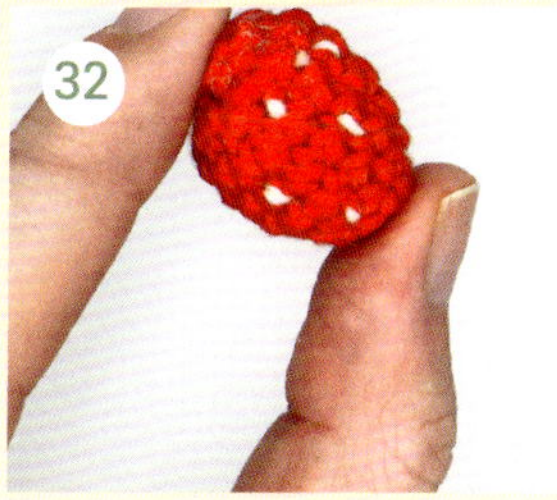

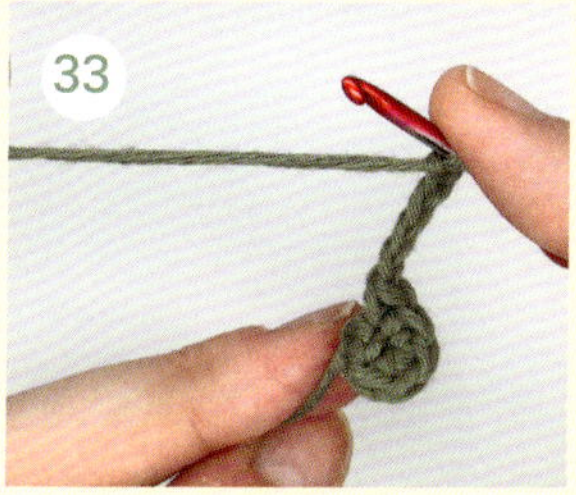

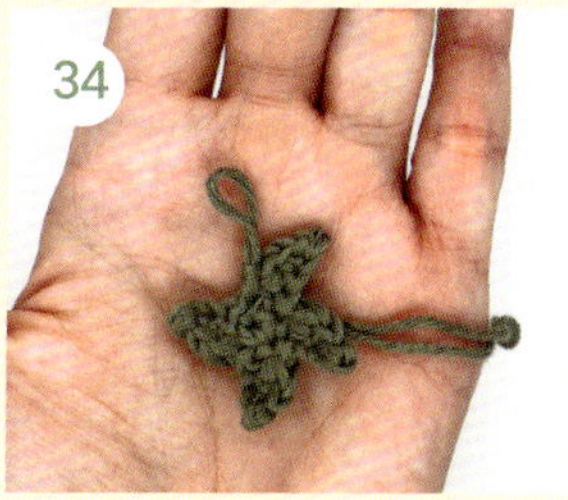

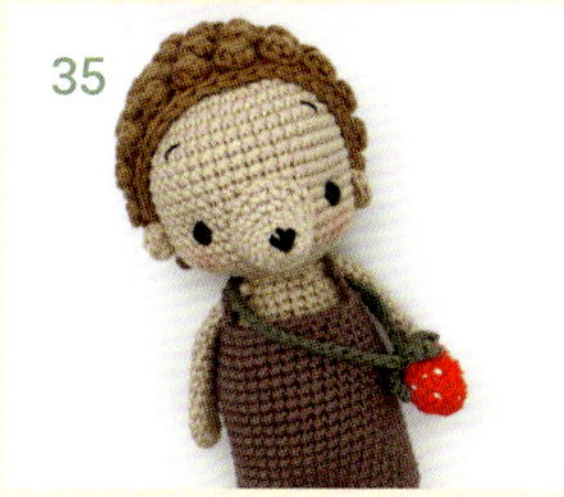

ZWEITES HOSENBEIN UND VERBINDUNG

Häkle das 2. Hosenbein wie das erste, schneide den Fd jedoch nicht ab, sondern verbinde jetzt beide Hosenbeine.

3. Rd: Hosenbeine mit 1 fM verbinden, weitere 19 fM ums 1. Hosenbein, 20 fM ums 2. Hosenbein. (40)
Bild 28

4.–17. Rd: 40 fM häkeln. (40)
Bild 29

18. Rd: (6 fM, Abn) x 5. (35)

19. Rd: 35 fM häkeln. (35)

20. Rd: 31 fM, 1 Km. (32)

Fd nicht abschneiden.

Ziehe dem Igel die Hose so an, dass die letzte M auf der Höhe des von dir aus rechten Armes ist. Häkle 15 Lm, führe die Lm-Kette über die Schulter, diagonal über den Rücken und schließe mit 1 Km bei einer M vom Hosenbund auf der von dir aus rechten Seite. Häkle ca. 10–11 Km am Hosenbund entlang zur linken Seite, häkle 15 Lm für den 2. Hosenträger.

Führe die Lm-Kette wieder diagonal über den Rücken über die Schulter nach vorne und schließe mit 1 Km am vorderen Hosenbund auf der von dir aus linken Seite. Vernähe den Fd auf der Innenseite der Hose. Bild 30

ERDBEERTASCHE

ERDBEERE

Es wird in Spiral-Rd gehäkelt. Fb D.

1. Rd: 6 fM in einen Fadenring. (6)

2. Rd: (2 fM, Zun) x 2. (8)

3. Rd: (1 fM, Zun) x 4. (12)

4. Rd: (5 fM, Zun) x 2. (14)

5.–6. Rd: 14 fM häkeln. (14)

Fülle die Erdbeere mit Füllwatte aus.

7. Rd: Abn x 7. (7)

Beende die Arbeit mit 1 Km, schneide den Fd ab, fülle noch etwas Füllwatte ein und verschließe das Loch mit einer Nähnadel. Bild 31

Nimm eine spitze Nähnadel und einen Fd von Fb F und sticke kleine senkrechte Striche verlaufend über eine M auf. Bild 32

BLATTGRÜN UND TASCHENHENKEL

Es wird in Spiral-Rd gehäkelt. Fb E.

1. Rd: 4 fM in einen Fadenring. (4)
Bild 33

2. Rd: *(4 Lm, an der Lm-Kette entlang 1 Km, 1 fM, 1 hStb. 1 Km, in die nächste M).
Wiederhole *(...), bis du 4 Blätter hast. Bild 34

Häkle anschließend 40 Lm. Schließe mit 1 Km auf der gegenüberliegenden Seite, und zwar auf der Unterseite des Blattgrüns. Mit der richtig gehäkelten Seite wird nämlich danach das Blattgrün an die Erdbeere genäht, weil dann die Blätter schöner nach unten fallen. Vernähe den Anfangs-Fd auf der Innenseite. Mit dem End-Fd nähe das Blattgrün an die Erdbeere an.
Bild 35

04

Elodie
DAS MÄDCHEN

Elodie lebt auf einem malerischen Bauernhof. Ihr Herz gehört einer kleinen, flauschigen Gans. Die beiden sind unzertrennlich! Oft sieht man sie Seite an Seite über die Wiesen wandern, während die Gänseblümchen unter ihren Füßen tanzen.

GRÖSSE: 26 CM

MATERIALIEN

- Baumwolle in sechs verschiedenen Farben
- Häkelnadel in Größe 2,5 mm
- Sicherheitsaugen, 5 mm ∅
- Spitze Nähnadel zum Annähen
- Füllwatte
- Stecknadeln
- Maschenmarkierer
- Schere
- Pinkes Rouge plus Pinsel für Wangen
- Knopf, maximal 10–12 mm groß
- Stickpapier
- Stickgarn in zwei Farben (alternativ kann auch der Faden von der Häkelbaumwolle gesplittet werden)

FARBEN

- **Kopf und Körper (Farbe A):** Babytoly 434 Ecru, 50 g
- **Haare (Farbe B):** Ecobebek 545 Marple, 18 g
- **Schuhe (Farbe C):** Babytoly 812 Camel, 3 g
- **Höschen (Farbe D):** Babytoly 014 Natural, 15 g
- **Kleid (Farbe E):** Babytoly 727 Terracota, 25 g
- **Wellensaum / Kleid (Farbe F):** Babytoly 870 Sky, 4 g

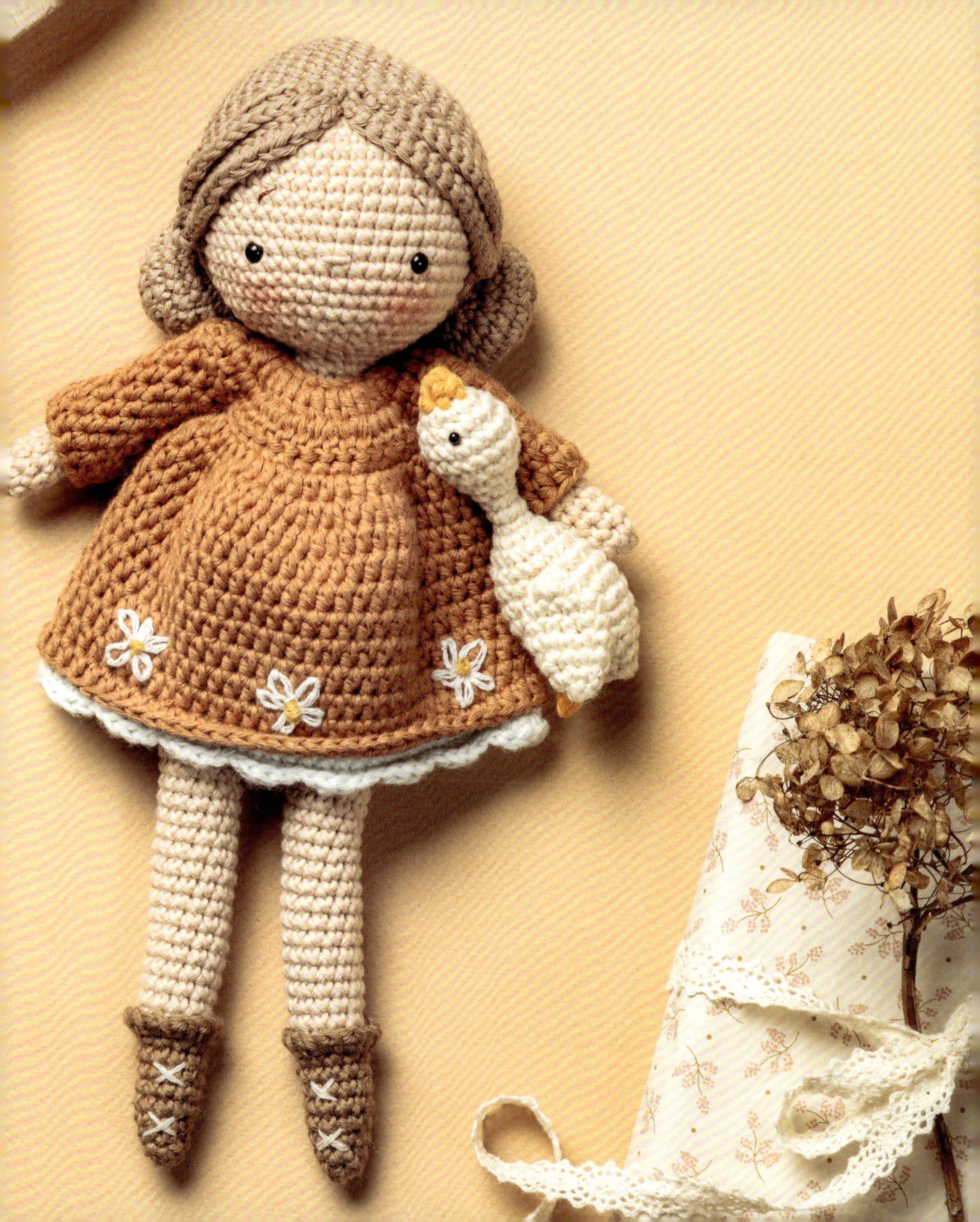

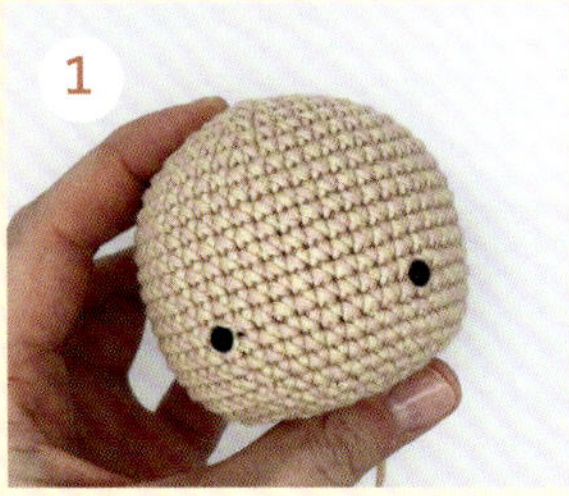

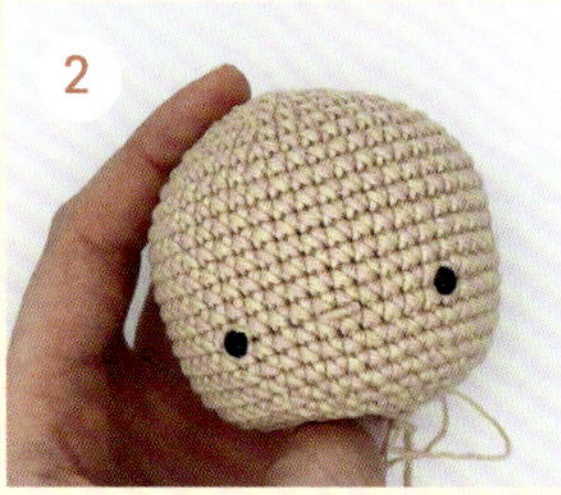

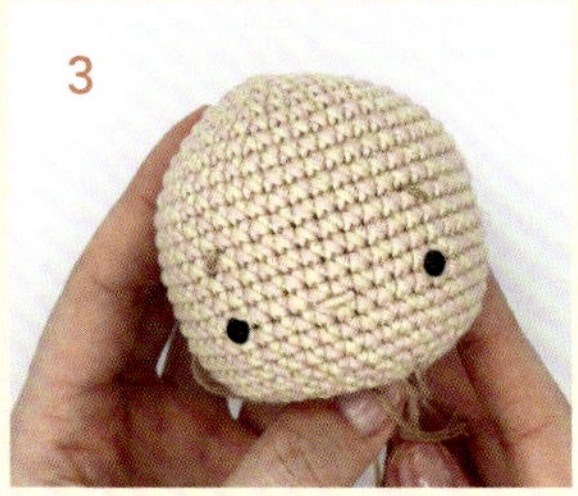

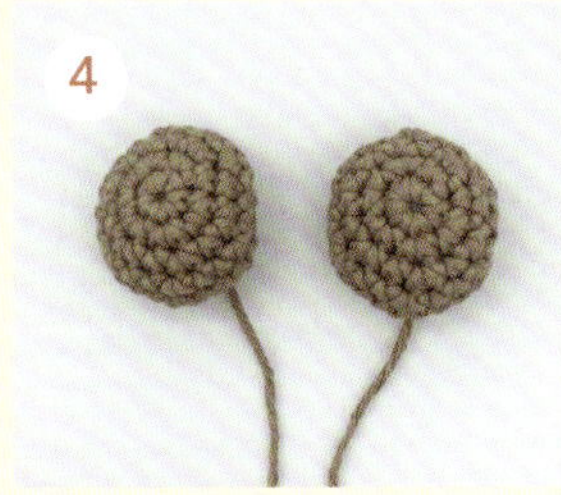

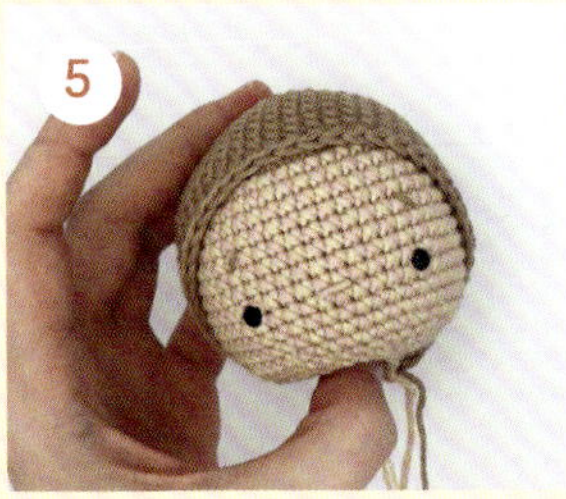

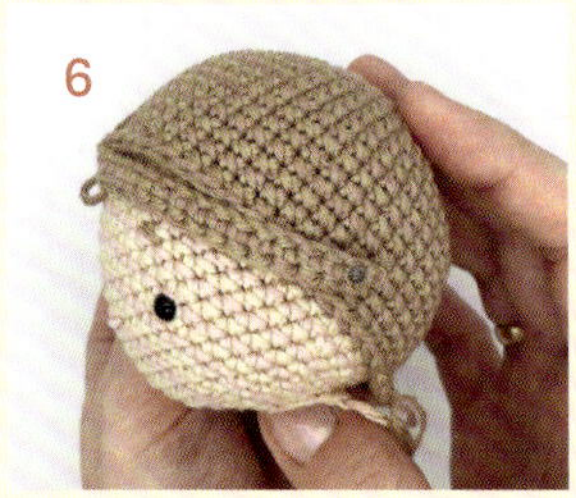

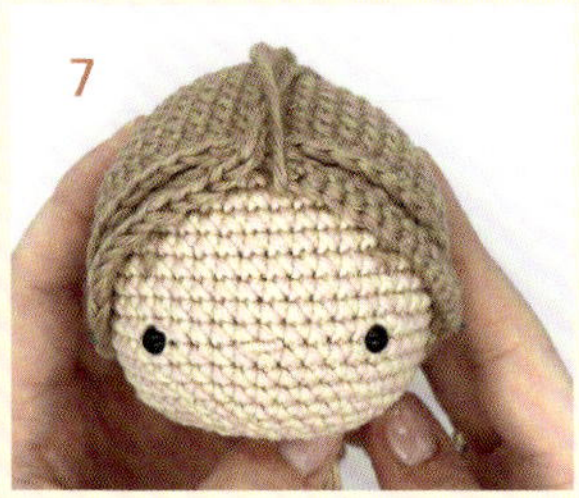

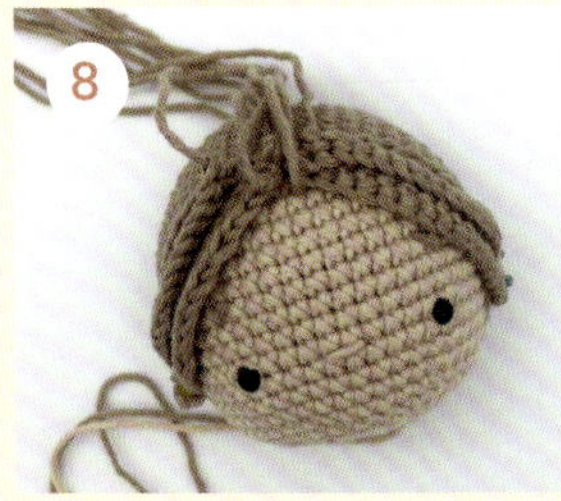

UND SO GEHT'S

KOPF

Es wird in Spiral-Rd gehäkelt. Beginne mit Fb A.

1. Rd: 6 fM in einen Fadenring. (6)
2. Rd: Zun x 6. (12)
3. Rd: (1 fM, Zun) x 6. (18)
4. Rd: 1 fM, Zun, (2 fM, Zun) x 5, 1 fM. (24)
5. Rd: (3 fM, Zun) x 6. (30)
6. Rd: 2 fM, Zun, (4 fM, Zun) x 5, 2 fM. (36)
7. Rd: (5 fM, Zun) x 6. (42)
8. Rd: 3 fM, Zun, (6 fM, Zun) x 5, 3 fM. (48)
9.–19. Rd: 48 fM häkeln. (48)
20. Rd: 3 fM, Abn, (6 fM, Abn) x 5, 3 fM. (42)
21. Rd: (5 fM, Abn) x 6. (36)
22. Rd: 2 fM, Abn, (4 fM, Abn) x 5, 2 fM. (30)
23. Rd: (3 fM, Abn) x 6. (24)
24. Rd: 1 fM, Abn, (2 fM, Abn) x 5, 1 fM. (18)

Befestige die Sicherheitsaugen zwischen der 16. und 17. Rd, mit einem sichtbaren Abstand von ca. 9–10 M. Beginne den Kopf mit Füllwatte zu füllen.

25. Rd: (1 fM, Abn) x 6. (12)
Beende die Arbeit mit 1 Km, schneide einen langen Fd ab, damit du den Kopf später an den Körper nähen kannst. Füge noch mehr Füllwatte ein, allerdings nicht zu fest, da später noch ein Stabilisator in den Halsbereich hinzukommt. Bild 1

GESTALTUNG DES GESICHTS

Splitte einen Fd von Fb A und sticke damit einen waagerechten Strich genau zwischen den Augen auf, zwischen der 16. und 17. Rd. Dann wickle immer wieder diesen Fd um den aufgestickten Strich, bis die Nase eine schöne Form hat. Vernähe beide Fd. Bild 2

Splitte einen Fd der Haar-Fb und sticke die Augenbrauen genau über den Augen mit 3 Rd Abstand auf, über 1 M diagonal verlaufend. Vernähe beide Fd. Bild 3

HAARE

HAARTEIL

Es wird in Spiral-Rd gehäkelt. Beginne in Fb B.

1. Rd: 6 fM in einen Fadenring. (6)
2. Rd: Zun x 6. (12)
3. Rd: (1 fM, Zun) x 6. (18)
4. Rd: 1 fM, Zun, (2 fM, Zun) x 5, 1 fM. (24)
5. Rd: (3 fM, Zun) x 6. (30)
6. Rd: 2 fM, Zun, (4 fM, Zun) x 5, 2 fM. (36)
7. Rd: (5 fM, Zun) x 6. (42)
8. Rd: 3 fM, Zun, (6 fM, Zun) x 5, 3 fM. (48)
9.–17. Rd: 48 fM häkeln. (48)
18. Rd: 3 fM, Abn, (6 fM, Abn) x 5, 3 fM. (42)
Beende die Arbeit mit 1 Km und vernähe den Fd gut.

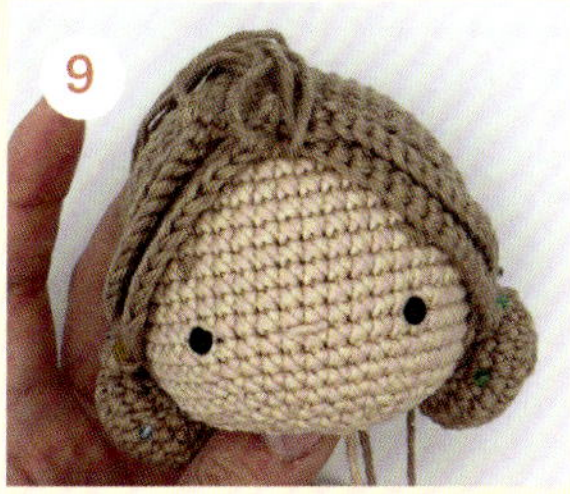

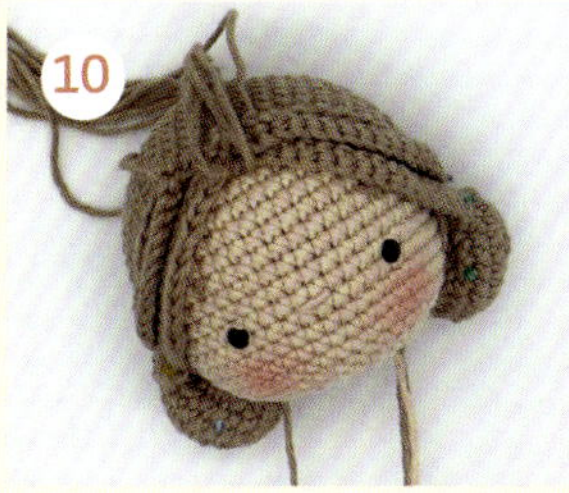

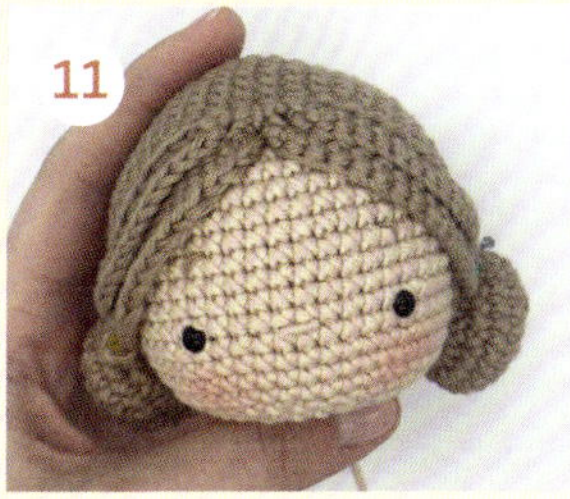

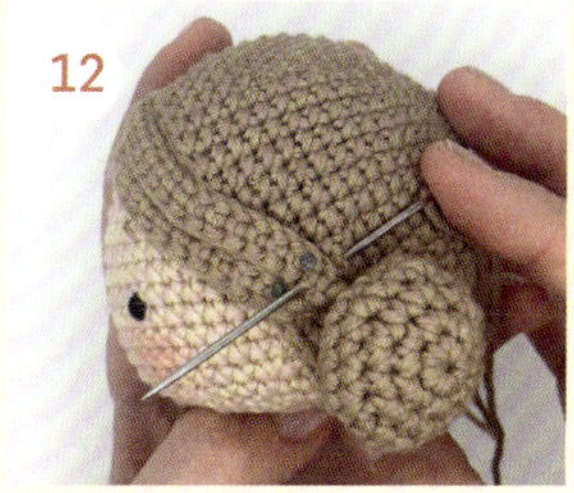

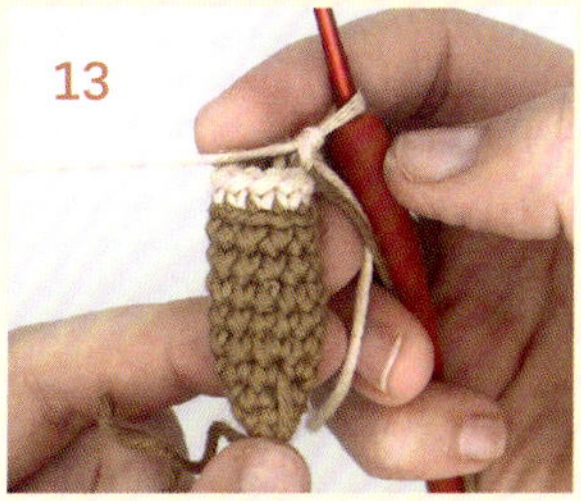

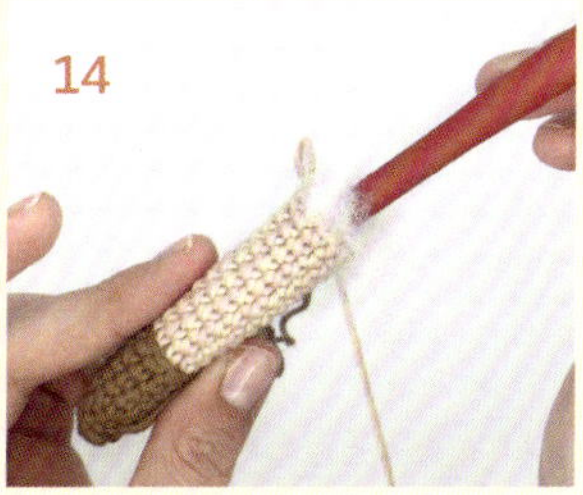

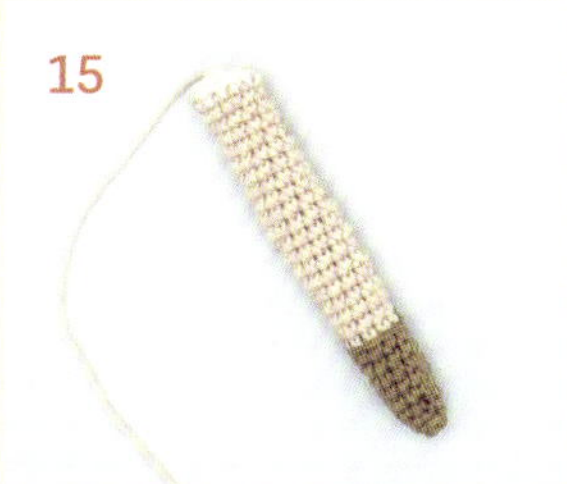

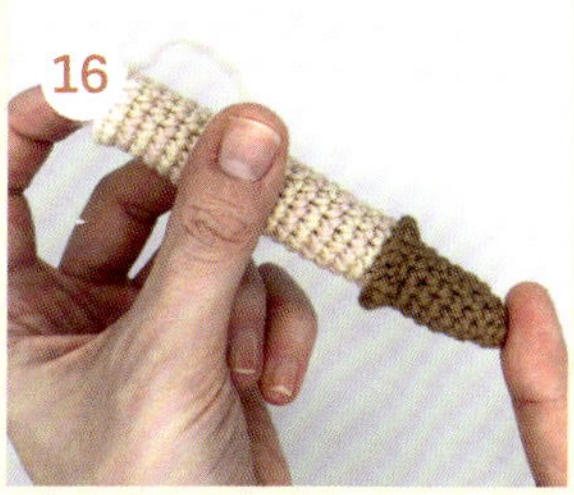

DUTT (2 x)

Es wird in Spiral-Rd gehäkelt. Fb B.
1. Rd: 6 fM in einen Fadenring (6)
2. Rd: Zun x 6. (12)
3. Rd: (1 fM, Zun) x 6. (18)
4. Rd: 1 fM, Zun, (2 fM, Zun) x 5, 1 fM. (24)
5. Rd: 24 fM häkeln. (24)
6. Rd: 1 fM, Abn, (2 fM, Abn) x 5, 1 fM. (18)
7. Rd: Abn x 9. (9)
Beende die Arbeit mit 1 Km, schneide einen langen Fd ab, damit du den Dutt später an das Haarteil nähen kannst. Fülle den Dutt leicht mit Füllwatte. Bild 4

HAARSTRÄHNEN

Beginne in Fb B.
Stülpe das Haarteil auf den Kopf. Bild 5 Für die 1. Haarsträhne, Fd genau in der Mitte des Kopfes ansetzen, 18 Lm. Arbeit wenden, 1 M überspringen, 17 fM in die Lm-Kette. Fixiere die Strähne im unteren Bereich mit einer Stecknadel. Bild 6 Schneide den Fd ab und ziehe ihn durch die Schlaufe. Häkle eine 2. Strähne in dieselbe M am Haarteil nach derselben Anleitung. Bild 7 Fixiere diese Strähne ebenso mit einer Stecknadel. Die 3. und 4. Haarsträhne werden jeweils in die M links und rechts von Strähne 1 und 2 gehäkelt: 19 Lm, wenden, 1 M auslassen, 18 fM in die Lm-Kette. Befestige beide Strähnen mit Stecknadeln. Bild 8 Ebenso werden die beiden Dutts unterhalb der Strähnen mit Stecknadeln fixiert. Bild 9

Male mit dem pinken Rouge Bäckchen unterhalb der Augen. Bild 10 Wenn du nun mit dem Gesicht und der Ausrichtung von den Strähnen und den Dutts zufrieden bist, vernähe alle Fäden im Inneren des Kopfes. Bild 11

Für den unteren Teil der Strähnen nimm einen Fd der Haar-Fb und nähe alle 4 mit 1–2 Stichen am unteren Rand fest. Bild 12

BEINE UND KÖRPER

ERSTES BEIN

Es wird in Spiral-Rd gehäkelt. Beginne in Fb C.
1. Rd: 5 fM in einen Fadenring. (5)
2. Rd: Zun, 4 fM. (6)
3. Rd: (2 fM, Zun) x 2. (8)
4. Rd: (3 fM, Zun) x 2. (10)
5. Rd: Zun, 9 fM. (11)
6.–9. Rd: 11 fM häkeln. (11)
10. Rd: Fb-Wechsel zu Fb A, 11 fM, ihM. (11)
11. Rd: 11 fM häkeln. (11) Bild 13
12. Rd: Zun, 10 fM. (12)
13.–20. Rd: 12 fM häkeln. (12)
Beginne das Bein mit Füllwatte so fest wie möglich zu befüllen, aber ohne, dass Beulen entstehen. Bild 14
21.–26. Rd: 12 fM häkeln. (12)
27. Rd: (5 fM, Zun) x 2. (14)
28. Rd: Fb-Wechsel zu Fb D, 14 fM. (14)
Beende die Arbeit mit 1 Km und vernähe den Fd. Befülle den Rest des Beines mit Füllwatte. Bild 15

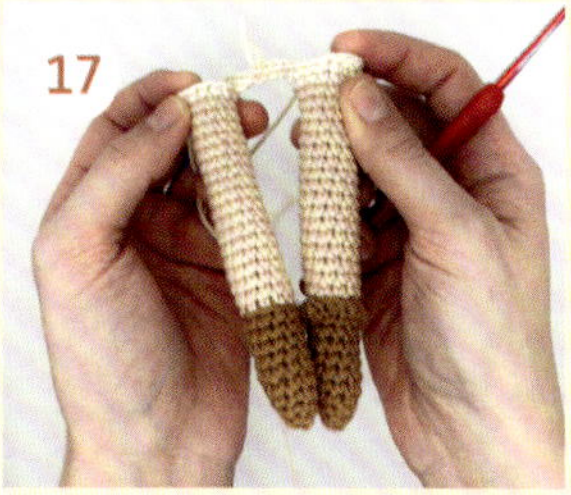
17

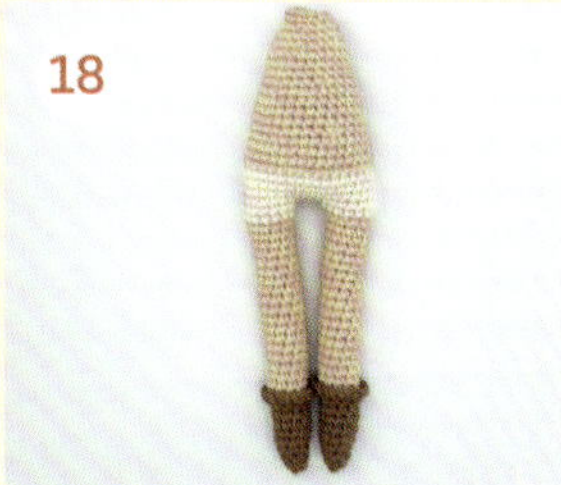
18

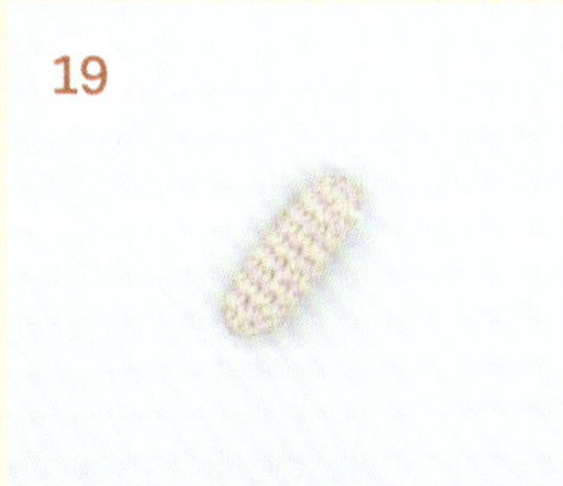
19

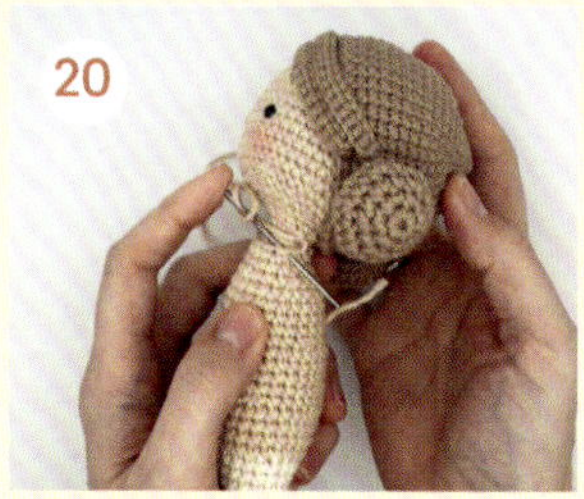
20

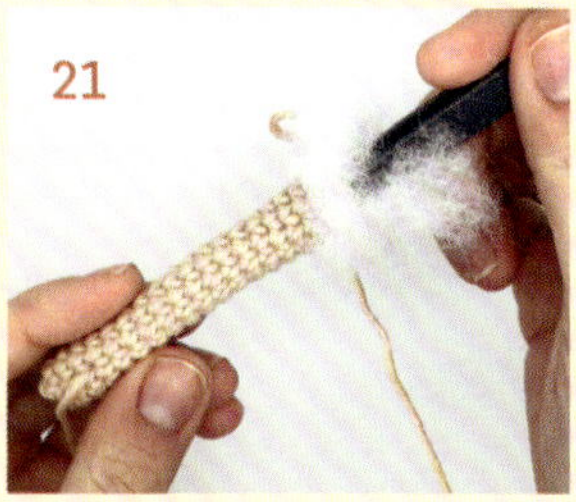
21

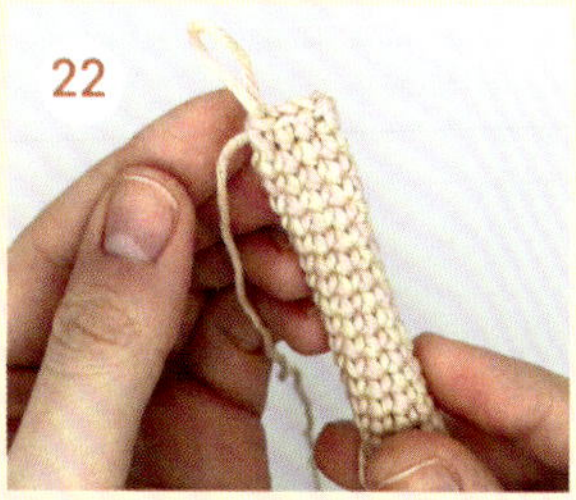
22

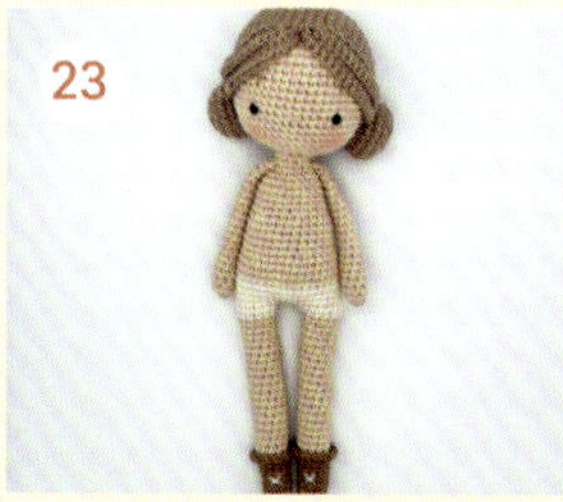
23

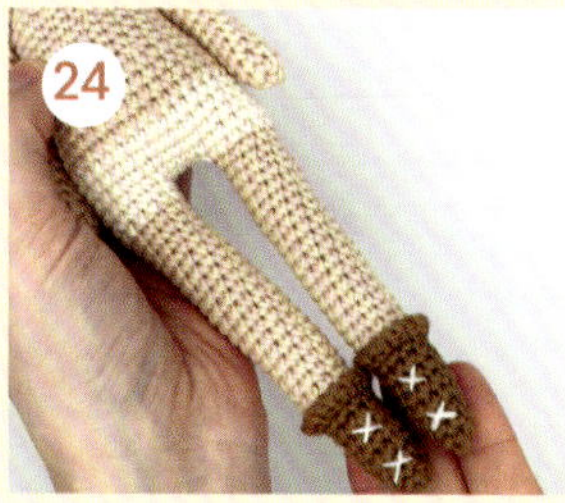
24

ABSCHLUSS AM SCHUH

Drehe das Bein kopfüber und starte mit einer stehenden fM mit Fb C und 1 Lm in das erste übrig gebliebene Mg aus 9. Rd, (fM, Lm) x 10, schließe mit 1 Km zur 1. fM. Vernähe beide Fd. Bild 16

BEIN 2 UND VERBINDUNG BEIDER BEINE ZUM KÖRPER

Häkle Bein 2 wie Bein 1, schneide jedoch den Fd nicht ab am Ende, sondern häkle wie folgt weiter:
29. Rd: 4 Lm, verbinde zu Bein 1 mit einer fM, 13 fM in das erste Bein, 4 fM in die 4-Lm-Kette, 14 fM in das zweite Bein, 4 fM in die andere Seite der 4-Lm-Kette. (36) Bild 17
30.–32. Rd: 36 fM häkeln. (36)
33. Rd: 17 fM, Fb-Wechsel zu Fb A, 19 fM. (36)
34.–36. Rd: 36 fM häkeln. (36)
37. Rd: 2 fM, Abn, (4 fM, Abn) x 5, 2 fM. (30)
38.–41. Rd: 30 fM häkeln. (30)
42. Rd: (3 fM, Abn) x 6. (24)
43.–46. Rd: 24 fM häkeln. (24)
Beginne den Körper immer wieder mit Füllwatte zu füllen.
47. Rd: 1 fM, Abn, (2 fM, Abn) x 5, 1 fM. (18)
48. Rd: 18 fM häkeln. (18)
49. Rd: (1 fM, Abn) x 6. (12)
50. Rd: 7 fM, als Abschluss auf der Hinterseite. (7)
Beende mit 1 Km und vernähe den Fd. Füge noch etwas Füllwatte in den oberen Bereich ein. Nicht zu fest, damit noch genügend Platz für den Stabilisator ist. Bild 18

STABILISATOR FÜR DEN KOPF

Es wird in Spiral-Rd gehäkelt. Fb A.
1. Rd: 5 fM in einen Fadenring. (5)
2. Rd: Zun x 5. (10)
3.–10. Rd: 10 fM häkeln. (10)
Befülle den Stabilisator fest mit Füllwatte.
11. Rd: Abn x 5. (5)
Beende die Arbeit mit 1 Km, schneide den Fd ab und ziehe ihn durch die Schlaufe. Verschließe das Loch mit einer Nähnadel und vernähe den Fd. Bild 19
⅓ des Stabilisators wird nun in den Körper gesteckt. Platziere den Kopf auf dem Stabilisator und nähe den Kopf an den Körper. Bild 20

ARM (2x)

Es wird in Spiral-Rd gehäkelt. Beginne in Fb A.
1. Rd: 6 fM in einen Fadenring. (6)
2. Rd: (2 fM, Zun) x 2. (8)
3.–19. Rd: 8 fM häkeln. (8)
Befülle den unteren Handbereich leicht mit Füllwatte. Bild 21 Häkle 1 Lm, falte den Arm und häkle die beiden Seiten mit 3 fM zusammen. Schneide den Fd lang genug ab. Bild 22 Nähe die Arme zwischen der 49. und 50. Rd an den Körper. Bild 23

SCHNÜRSENKEL

Splitte das Garn von Fb. D und sticke auf beide Stiefel je 2 „X" auf. Vernähe alle Fd. Bild 24

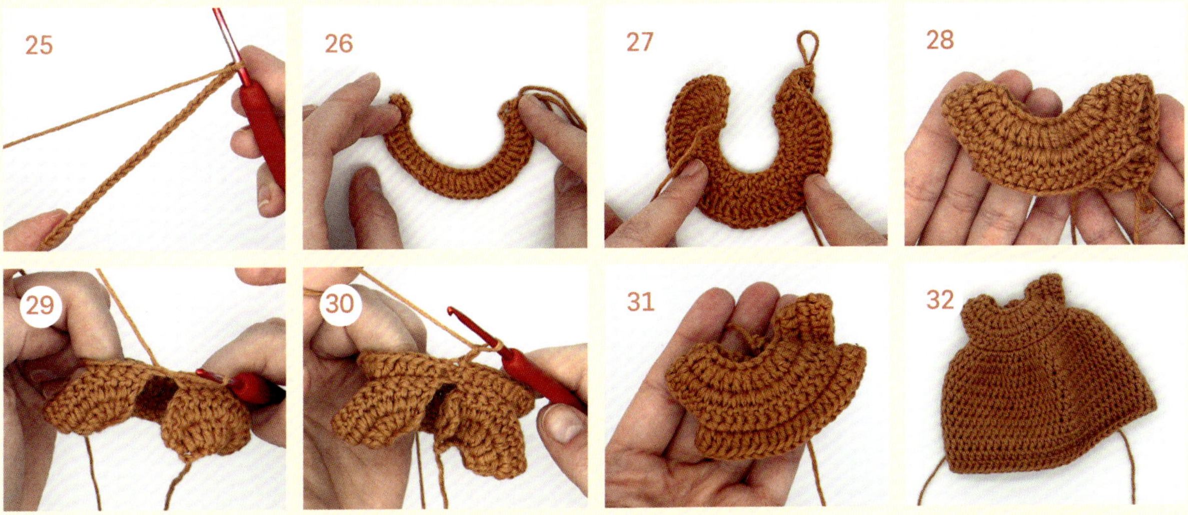

KLEID

Es wird zuerst in R gehäkelt. Fb E.
Häkle 26 Lm. Bild 25

1. R: in die 3. M ab Nd 1 Stb, (1 Stb, Zun Stb) x 11, 1 Stb. (35) Bild 26
2. R: 3 Lm (= 1. Stb), wenden, 1 Stb in dieselbe M, (1 Stb, Zun Stb) x 17. (53) Bild 27
3. R: 1 Lm, wenden, 4 fM, 2 Lm, 12 M überspringen, 17 fM, 2 Lm, 12 M überspringen, 4 fM, (die letzten 4 M bleiben unbearbeitet). (29) Bild 28
Ab hier wird jetzt in geschlossenen Rd weitergehäkelt. Schließe die Rd mit 1 Km in die Lm. Bild 29

1. Rd: 2 Lm, (1 hStb, Zun hStb) x 14, 1 hStb, 1 Km in die 2. Lm vom Anfang, (arbeite die hStb auch ihM der jeweils 2 Lm. Die ivM werden später benötigt, um die Ärmel zu häkeln. (43)
2. Rd: 2 Lm, (1 hStb, Zun hStb) x 21, 1 hStb, 1 Km. (64) Bild 30
3.–10. Rd: 2 Lm, 64 hStb, 1 Km. (64)
11. Rd: 2 Lm, 64 hStb, ivM.

Mit 1 Km beenden, Fd vernähen.
Bild 31–32

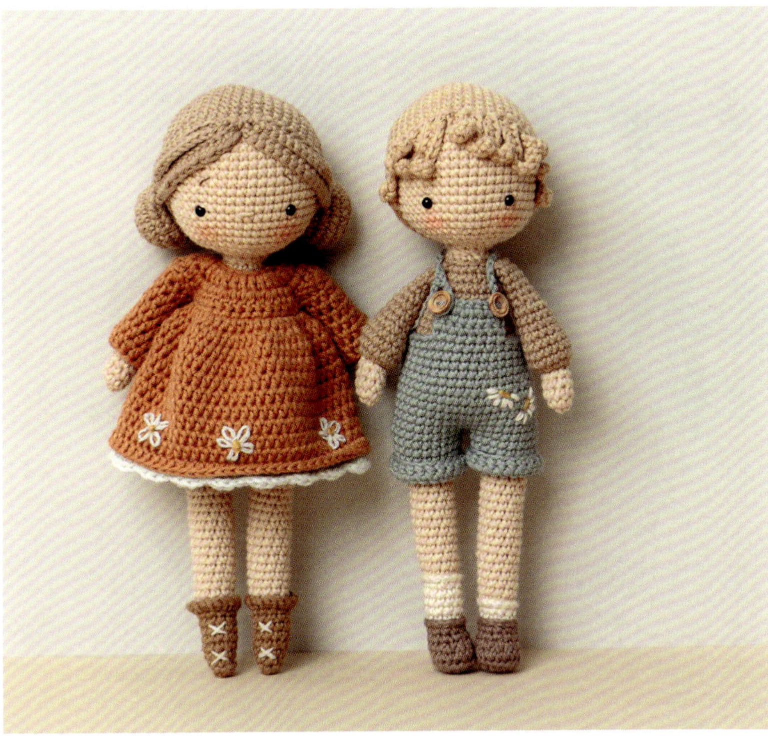

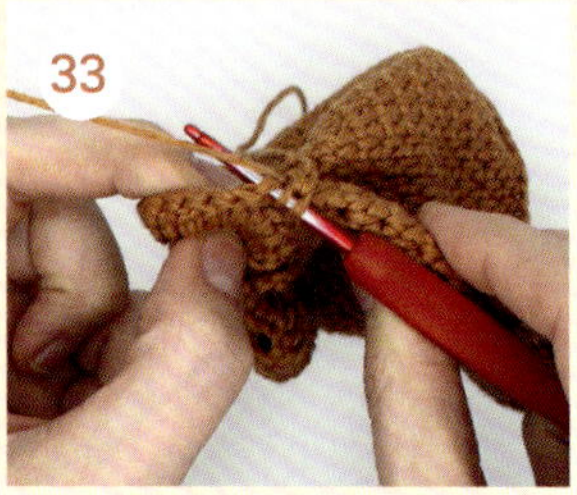

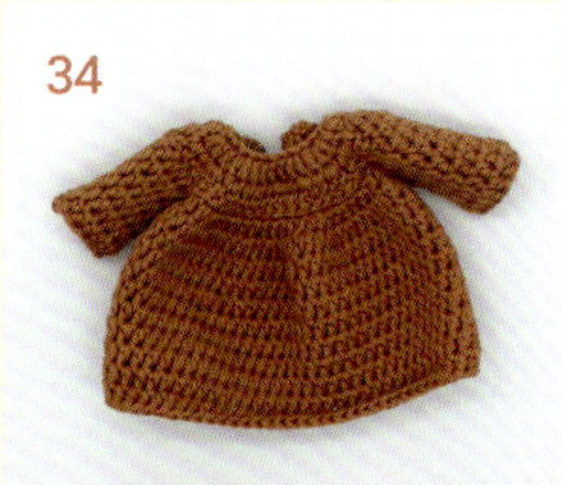

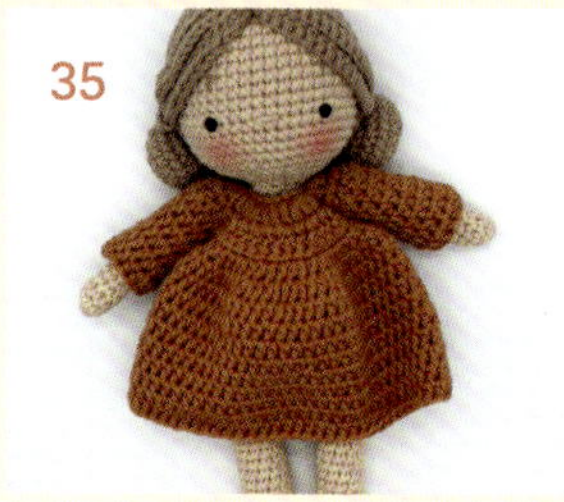

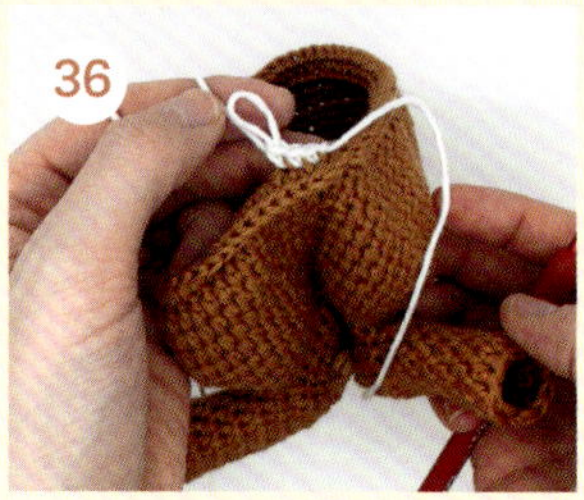

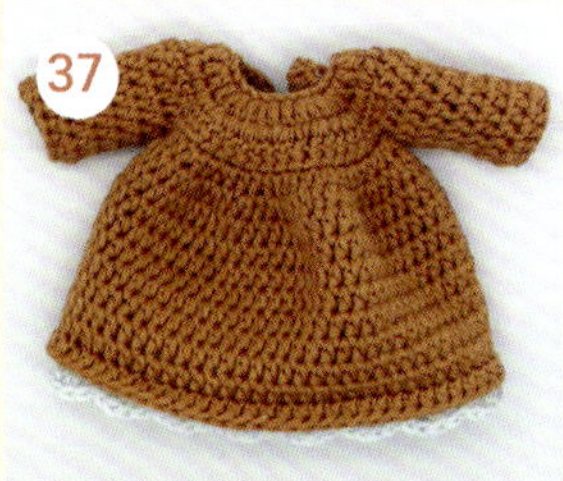

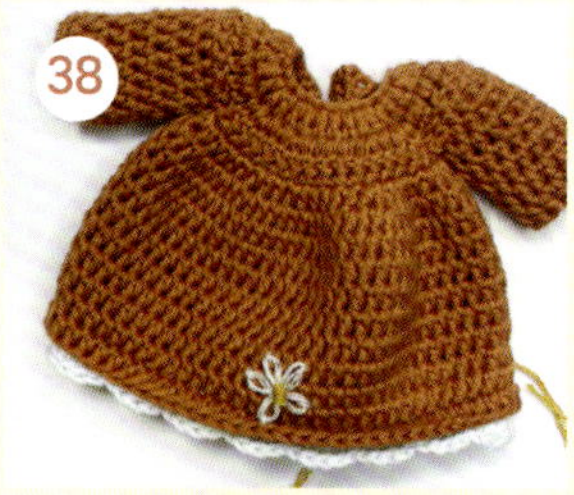

ÄRMEL (2 x)

Es wird in Spiral-Rd gehäkelt.
Beginne in Fb E.

1. Rd: Mit einer stehenden hStb in den Ärmelausschnitt beginnen (in die 2 Lm und die 12 fM der R3 des Kleides), weitere 13 hStb häkeln. (14) Bild 33

2.–6. Rd: 14 hStb. (14)

7. Rd: 13 hStb, 1 fM. (14)

Mit 1 Km beenden, Fd vernähen. Bild 34

Auf der Rückseite des Kleides oben rechts einen Knopf annähen, der dann zwischen 2 Stb der 1. R verschlossen werden kann. Bild 35

WELLENSAUM AM KLEID

Es wird in Spiral-Rd gehäkelt.
Beginne in Fb F.

1. Rd: Beginne mit einer stehenden fM ins ihM der letzten Rd des Kleides, 63 fM. (64) Bild 36

2. Rd: 64 fM häkeln. (64)

3. Rd: (1 Km, 1 fM, 2 hStb in eine M, 1 fM) x 16. (16 Wellen)

Mit 1 Km zur 1. Km der Rd schließen. Fd abschneiden. Beide Fd vernähen. Bild 37

STICKEREI AUF DEM KLEID

Schneide ein kleines Stück aus dem Stickpapier. Zeichne eine Blume auf und fixiere das Papier auf dem Kleid. Nimm den ersten Fd der Blüten-Fb und sticke mithilfe des Margeritenstichs die Blütenblätter auf. Mit der 2. Fb sticke mit dem Knötchenstich die Blütenmitte auf. Entferne vorsichtig das Stickpapier und vernähe alle Fd auf der Innenseite des Kleides. Bild 38

Sticke 5 weitere Blumen am unteren Rand des Kleides auf.

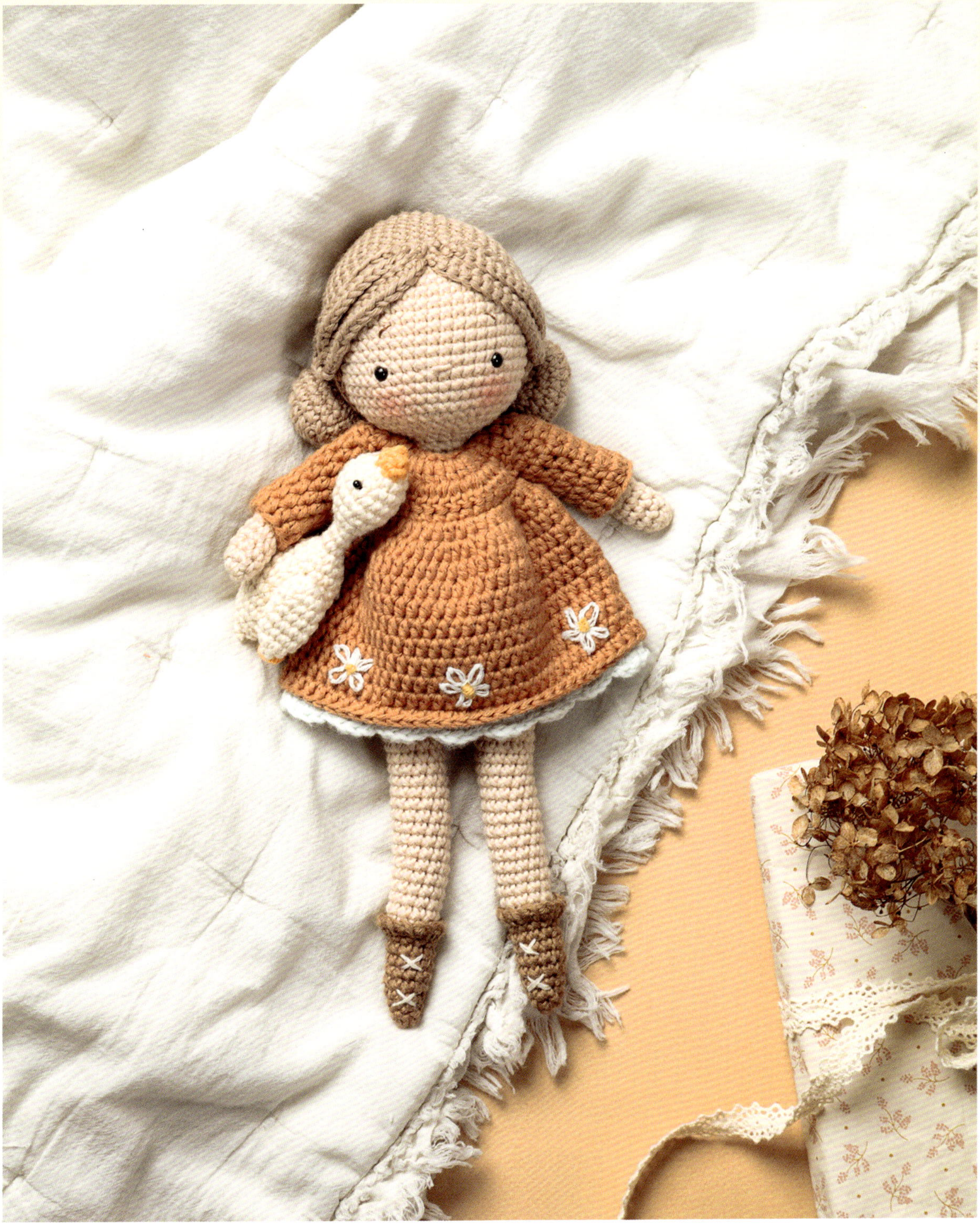

05

Georgie

DER JUNGE

Georgie ist der beste Freund von Elodie. Gemeinsam erkunden sie die Wälder und Felder, sammeln wilde Beeren und bauen aus Ästen und Laub kleine Hütten. Sie lachen viel, teilen Geheimnisse und träumen davon, dass ihre Freundschaft für immer halten wird!

GRÖSSE: 27 CM

MATERIALIEN

- Baumwolle in sieben verschiedenen Farben
- Häkelnadel in Größe 2,5 mm
- Sicherheitsaugen, 5 mm ∅
- Spitze Nähnadel zum Annähen und Sticken
- Füllwatte
- Stecknadeln
- Maschenmarkierer
- Schere
- Pinkes Rouge plus Pinsel für Wangen
- zwei Knöpfe, 1 cm ∅

FARBEN

- **Kopf und Körper (Farbe A):** Babytoly 434 Ecru, 31 g
- **Haare (Farbe B):** Babytoly 018 Sand, 15 g
- **Schuhe (Farbe C):** Babytoly 470 Mink, 6 g
- **Socken und Stickerei Hose (Farbe D):** Babytoly 014 Natural, kleine Menge
- **Oberteil (Farbe E):** Ecobebek 545 Marple, 16 g
- **Latzhose (Farbe F):** Ecobebek 969 Steel, 15 g
- **Stickerei Hose (Farbe G):** Babytoly 780 Mustard, kleine Menge

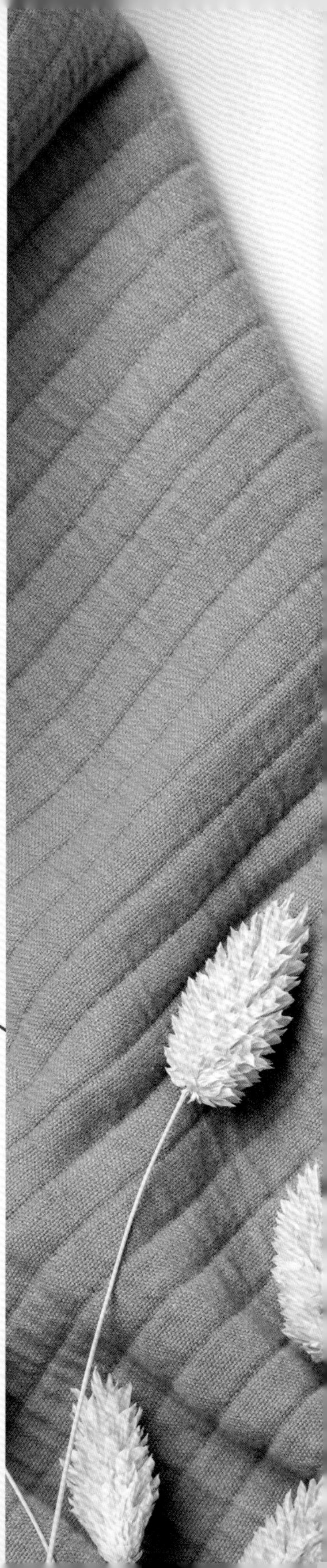

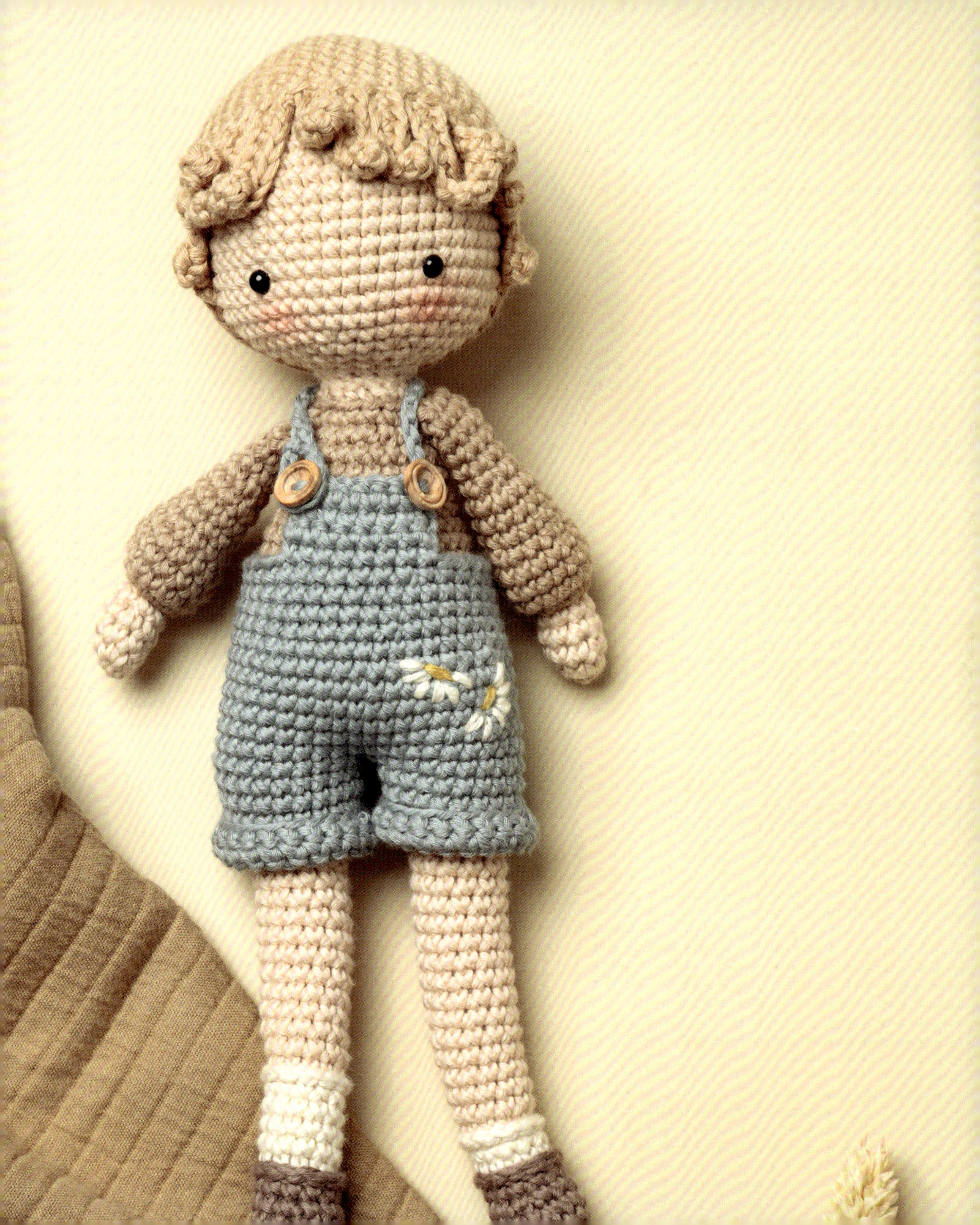

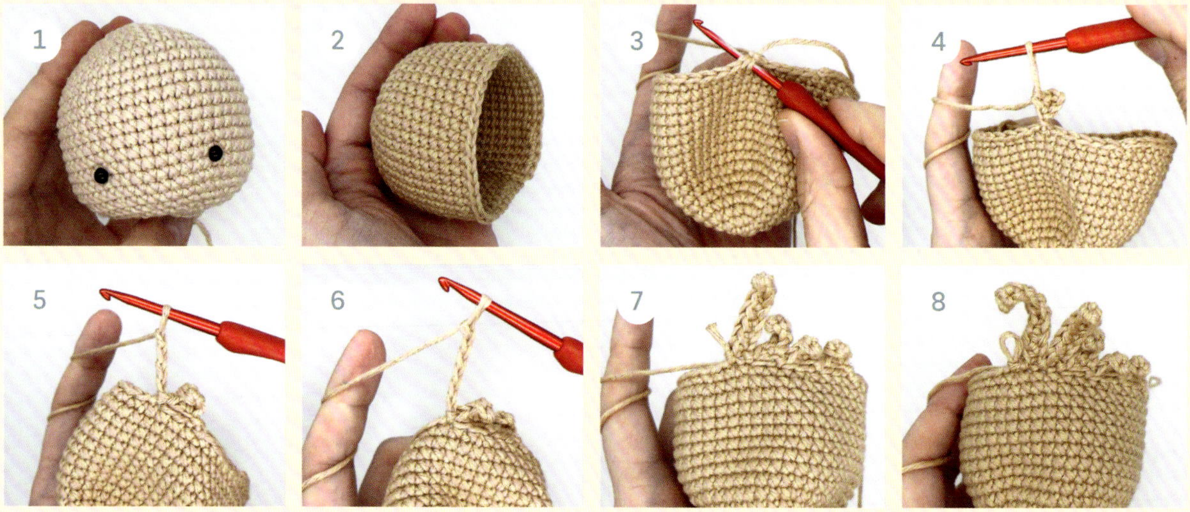

UND SO GEHT'S

KOPF

Es wird in Spiral-Rd gehäkelt. Fb A.

1. Rd: 6 fM in einen Fadenring. (6)
2. Rd: Zun x 6. (12)
3. Rd: (1 fM, Zun) x 6. (18)
4. Rd: 1 fM, Zun, (2 fM, Zun) x 5, 1 fM. (24)
5. Rd: (3 fM, Zun) x 6. (30)
6. Rd: 2 fM, Zun, (4 fM, Zun) x 5, 2 fM. (36)
7. Rd: (5 fM, Zun) x 6. (42)
8. Rd: 3 fM, Zun, (6 fM, Zun) x 5, 3 fM. (48)
9.–19. Rd: 48 fM häkeln. (48)
20. Rd: 3 fM, Abn, (6 fM, Abn) x 5, 3 fM. (42)
21. Rd: (5 fM, Abn) x 6. (36)
22. Rd: 2 fM, Abn, (4 fM, Abn) x 5, 2 fM. (30)
23. Rd: (3 fM, Abn) x 6. (24)
24. Rd: 1 fM, Abn, (2 fM, Abn) x 5, 1 fM. (18)

Befestige die Sicherheitsaugen zwischen der 17. und 18. Rd mit einem sichtbaren Abstand von ca. 8 M. Beginne den Kopf mit Füllwatte zu füllen.

25. Rd: (1 fM, Abn) x 6. (12)

Beende die Arbeit mit 1 Km, schneide einen langen Fd ab, damit du den Kopf später an den Körper nähen kannst. Füge noch mehr Füllwatte ein, allerdings nicht zu fest, da später noch ein Stabilisator in den Halsbereich hinzukommt. Bild 1

HAARE

HAARTEIL

Es wird in Spiral-Rd gehäkelt. Fb B.

1. Rd: 6 fM in einen Fadenring. (6)
2. Rd: Zun x 6. (12)
3. Rd: (1 fM, Zun) x 6. (18)
4. Rd: 1 fM, Zun, (2 fM, Zun) x 5, 1 fM. (24)
5. Rd: (3 fM, Zun) x 6. (30)
6. Rd: 2 fM, Zun, (4 fM, Zun) x 5, 2 fM. (36)
7. Rd: (5 fM, Zun) x 6. (42)
8. Rd: 3 fM, Zun, (6 fM, Zun) x 5, 3 fM. (48)
9.–16. Rd: 48 fM häkeln. (48)

Mit 1 Km beenden, Fd abschneiden und vernähen. Bild 2

HAARSTRÄHNEN

Nimm das Haarteil, lege es verkehrt herum vor dir hin und beginne mit einer stehenden Km in die 7. M der 16. Rd. Bild 3

1. Strähne: Häkle 4 Lm, häkle ab 2. M von der Nd 3 fM, überspr. 2 M. Bild 4
2. Strähne: 1 Km in die nächste M, 4 Lm, 3 fM, überspr. 2 M. Bild 5
3. Strähne: 1 Km in die nächste M, häkle 6 Lm, 5 fM, überspr. 1 M. Bild 6
4. Strähne: 1 Km in die nächste M, 8 Lm, 7 fM. Bild 7
5. Strähne: 1 Km in die nächste M, 10 Lm, 9 fM. Bild 8
6. Strähne: 2 Km in die nächsten 2 M (Scheitel), 8 Lm, 7 fM.
7. Strähne: 1 Km in die nächste M, 8 Lm, 7 fM.

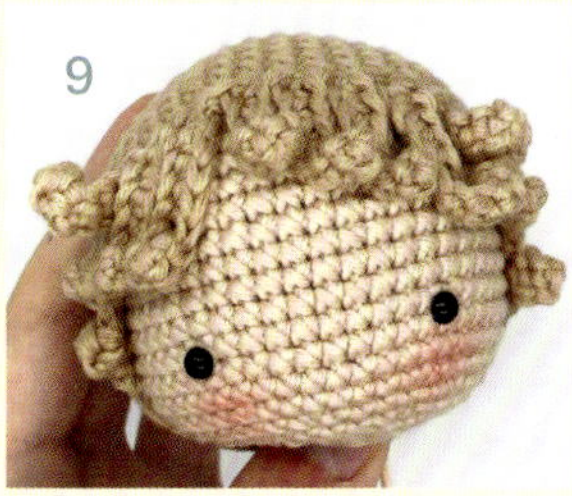

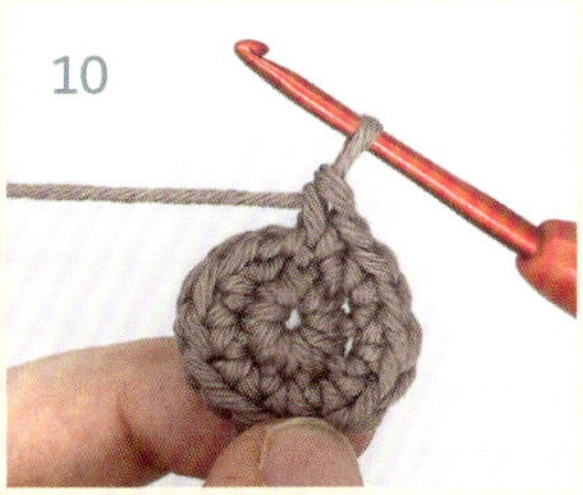

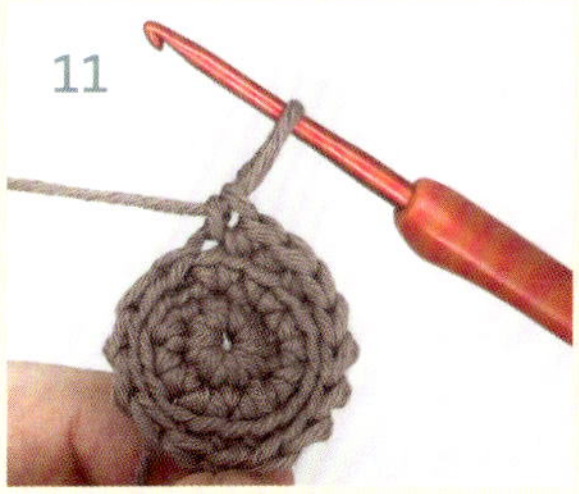

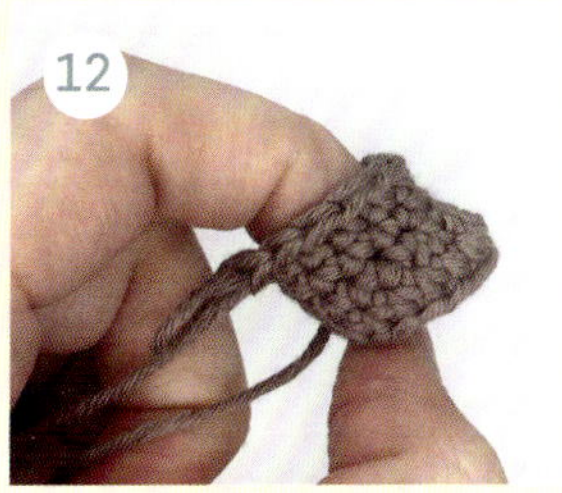

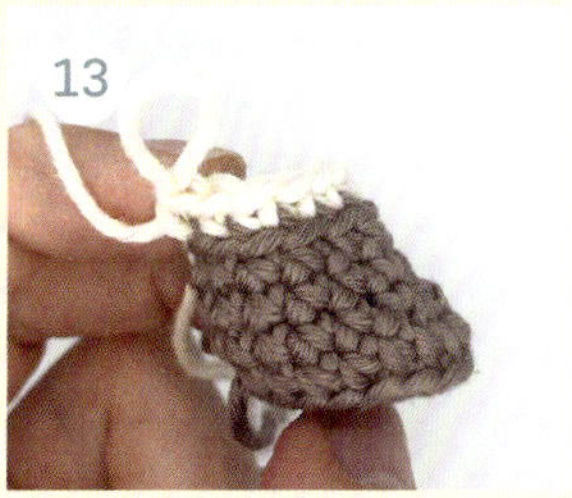

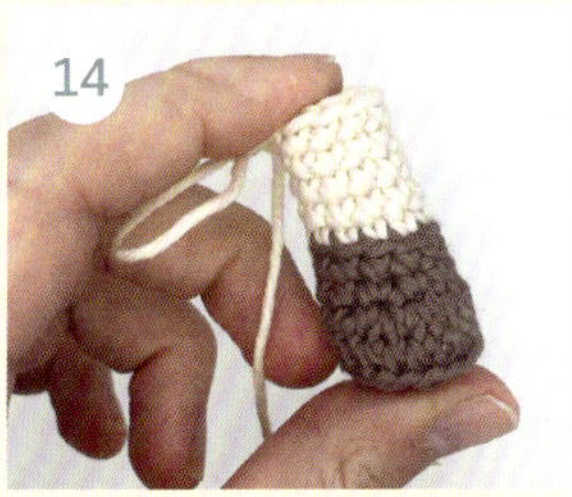

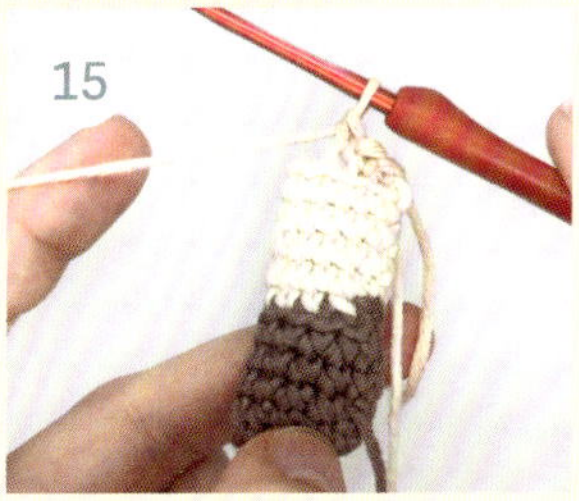

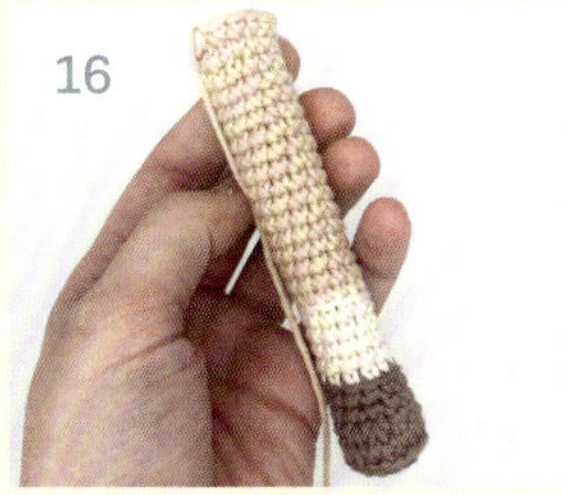

8. Strähne: 1 Km in die nächste M, 8 Lm, 7 fM.
9. Strähne: 1 Km in die nächste M, 11 Lm, 10 fM, überspr. 2 M.
10. Strähne: 1 Km in die nächste M, 8 Lm, 7 fM, überspr. 2 M.
11. Strähne: 1 Km in die nächste M, 4 Lm, 3 fM, überspr. 2 M.
12. Strähne: 1 Km in die nächste M, 4 Lm, 3 fM, überspr. 2 M, 1 Km in die nächste M.
Den Fd abschneiden, durch die Schlaufe ziehen. Alle Fd im Inneren des Haarteils vernähen.

Setze das Haarteil auf den Kopf, und zwar so, dass die 2 untersten Strähnen links und rechts ca. auf Augenhöhe sind. Bild 9

Zwischen der 5. und. 6. Strähne ist der Scheitel. Hier sollten sich die Strähnen jeweils nach links und nach rechts formen. Stecke jede der längeren Strähnen einzeln mit Stecknadeln fest. An diesen Punkten werden sie dann angenäht.

Spalte einen Fd von Fb B in der Hälfte, nimm eine dünne, spitze Nadel und nähe Strähne für Strähne mit einigen Stichen an den Stellen, die du mit den Stecknadeln markiert hast, an.
Mit dem pinken Rouge und einem Pinsel male rote Bäckchen unter die Augen.

BEINE UND KÖRPER

ERSTES BEIN

Es wird in Spiral-Rd gehäkelt. Starte mit Fb C.
1. Rd: 8 fM in einen Fadenring. (8)
2. Rd: Zun x 8. (16) Bild 10
3. Rd: 16 fM ihM. (16) Bild 11
4. Rd: 5 fM, Abn x 3, 5 fM. (13)
5. Rd: 5 fM, Abn, 6 fM. (12)
6. Rd: 12 fM häkeln. (12) Bild 12
Fb-Wechsel zu Fb D.
7. Rd: ihM, Abn, 10 fM. (11) Bild 13
8.–10. Rd: 11 fM häkeln. (11)
Beginne das Bein gleichmäßig mit Füllwatte zu befüllen.
11. Rd: 11 fM häkeln. (11) Bild 14
Fb-Wechsel zu Fb A
12. Rd: 11 fM ihM. (11) Bild 15
13. Rd: 11 fM häkeln. (11)
14. Rd: Zun, 10 fM. (12)
Fülle weiterhin Füllwatte ins Bein.
15.–26. Rd: 12 fM häkeln. (12)
27. Rd: (5 fM, Zun) x 2. (14)
28. Rd: 14 fM häkeln. (14) Bild 16
Beende das Bein mit 1 Km, Fd abschneiden und restliches Bein mit Füllwatte füllen.

ABSCHLUSS AM SCHUH UND AN DER SOCKE (2 x)

Nimm Fb C, drehe das Bein kopfüber und starte auf der Rückseite ivM der 6. Rd mit einer stehenden Km. Häkle weitere 11 Km. Schließe mit 1 Km zur ersten Km, schneide den Fd ab und vernähe beide Fd. Bild 17
Für den Sockenabschluss nimm Fb D, beginne wieder auf der Rückseite der übrig gebliebenen ivM der 11. Rd (bzw. 8. Rd beim 2. Bein) mit einer stehenden Km und häkle weitere 10 Km. Schließe mit 1 Km in die erste Km, Fd abschneiden und beide Fd vernähen. Bild 18

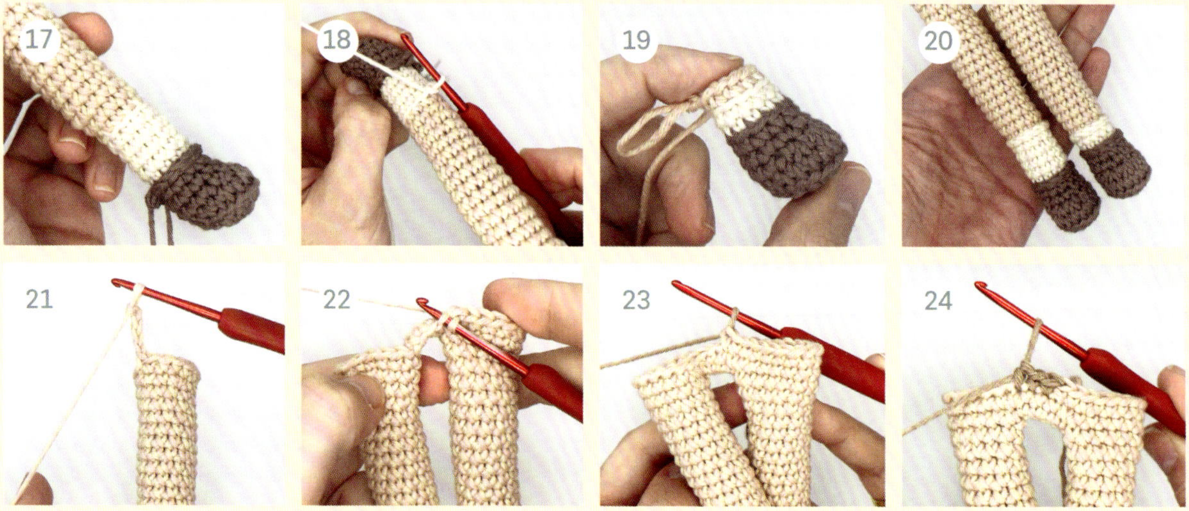

ZWEITES BEIN

Es wird in Spiral-Rd gehäkelt.
Starte mit Fb C.
1. Rd: 8 fM in einen Fadenring. (8)
2. Rd: Zun x 8. (16)
3. Rd: 16 fM ihM,. (16)
4. Rd: 5 fM, Abn x 3, 5 fM. (13)
5. Rd: 5 fM, Abn, 6 fM. (12)
6. Rd: 12 fM häkeln. (12)
Fb-Wechsel zu Fb D.
7. Rd: ihM, Abn, 10 fM. (11) Bild 19
8. Rd: 11 fM häkeln. (11)
Fb-Wechsel zu Fb A.
9. Rd: 11 fM ihM. (11)
Beginne das Bein gleichmäßig mit Füllwatte zu befüllen.
10.–13. Rd: 11 fM häkeln. (11)
14. Rd: Zun, 10 fM. (12)
Fülle weiterhin Füllwatte ins Bein.
15.–26. Rd: 12 fM häkeln. (12)
27. Rd: (5 fM, Zun) x 2. (14)
28. Rd: 14 fM häkeln. (14)
Befülle das restliche Bein mit Füllwatte. Schneide den Fd nicht ab. Bild 20

VERBINDUNG BEIDER BEINE UND KÖRPER

Häkle 2 fM in das zweite Bein, danach 4 Lm. Bild 21
29. Rd: (beide Füße sind in deine Richtung gerichtet), verbinde mit 1 fM zum ersten Bein, häkle weitere 13 fM ums Bein, 4 fM ihM der 4-Lm-Kette, 14 fM ums zweite Bein, und 4 fM ivM der 4-Lm-Kette. (36) Bild 22
30. Rd: 36 fM, häkle weitere 16 fM und beende hier diese Rd (für den Abschluss am Rücken). (52)
Fb-Wechsel zu Fb E. Bild 24
31.–36. Rd: 36 fM häkeln. (36) Bild 25
37. Rd: 2 fM, Abn, (4 fM, Abn) x 5, 2 fM. (30) Bild 26
38.-41. Rd: 30 fM häkeln. (30)
42. Rd: (3 fM, Abn) x 6. (24)
43.–46. Rd: 24 fM häkeln. (24)
47. Rd: 1 fM, Abn, (2 fM, Abn) x 5, 1 fM. (18)
Fülle den Körper gleichmäßig mit Füllwatte.
48. Rd: 18 fM häkeln. (18)
Fb-Wechsel zu A. Bild 27
49. Rd: ihM, (1 fM, Abn) x 6. (12)
Beende die Arbeit mit 1 Km, Fd abschneiden, durch die Schlaufe ziehen und vernähen. Befülle den Körper noch leicht mit Füllwatte. Lass aber noch ein wenig Platz für den Stabilisator.

STABILISATOR FÜR DEN KOPF

Es wird in Spiral-Rd gehäkelt. Fb A.
1. Rd: 5 fM in einen Fadenring. (5)
2. Rd: Zun x 5. (10)
3.–10. Rd: 10 fM häkeln. (10)
Befülle den Stabilisator fest mit Füllwatte.
11. Rd: Abn x 5. (5)
Beende die Arbeit mit 1 Km, schneide den Fd ab und ziehe ihn durch die Schlaufe. Verschließe das Loch mit einer Nähnadel. Bild 28

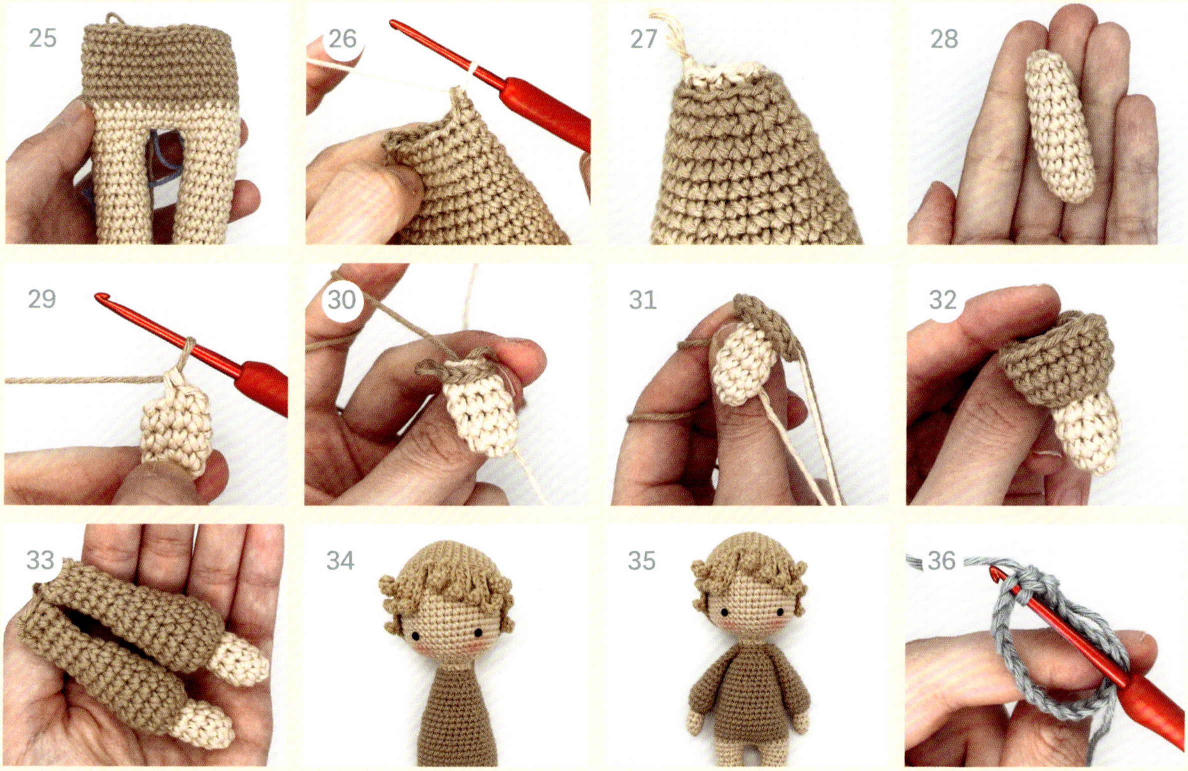

ARM (2x)

Es wird in Spiral-Rd gehäkelt.
Starte mit Fb A.
1. Rd: 4 fM in einen Fadenring. (4)
2. Rd: Zun x 4. (8)
3.–5. Rd: 8 fM häkeln. (8)
Fb-Wechsel zu E. Bild 29
6. Rd: 8 Km häkeln. (8) Bild 30
Befülle den Handbereich leicht mit Füllwatte.
7. Rd: Zun x 8 ivM der Km Vor-Rd. (16) Bild 31
8.–10. Rd: 16 fM. (16) Bild 32
11. Rd: (2 fM, Abn) x 4. (12)
12.–14. Rd: 12 fM häkeln. (12)
Befülle den breiten Teil des Ärmels leicht mit Füllwatte.
15. Rd: (1 fM, Abn) x 4. (8)
16.–19. Rd: 8 fM häkeln. (8)
Den Arm zusammendrücken, 1 Lm, beide Seiten des Arms mit 3 fM zusammenhäkeln. Bild 33

FERTIGSTELLUNG DER PUPPE

Stecke den Stabilisator zu ⅓ in den Körper. Platziere den Kopf auf dem Stabilisator und nähe dann den Kopf auf den Körper. Bild 34
Die Arme werden direkt an die übrig gebliebenen ivM der 48. Rd des Körpers links und rechts am Körper angenäht. Bild 35

LATZHOSE

ERSTES HOSENBEIN

Es wird in Spiral-Rd gehäkelt. Fb F. Häkle 21 Lm.
1. Rd: Schließe die Lm-Kette zu einem Kreis mit 1 Km in die erste Lm. Häkle 1 Lm (= 1. M), häkle weitere 20 fM in die Lm-Kette. (21) Bild 36
2.–7. Rd: 21 fM häkeln. (21) Bild 37
Beende mit 1 Km. Schneide den Fd ab und vernähe ihn auf der Innenseite.

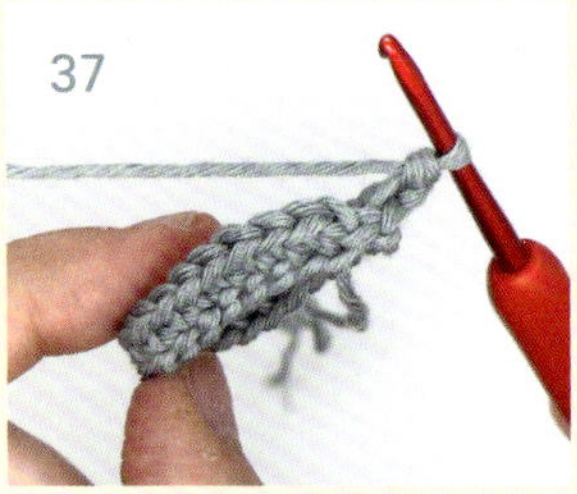
37

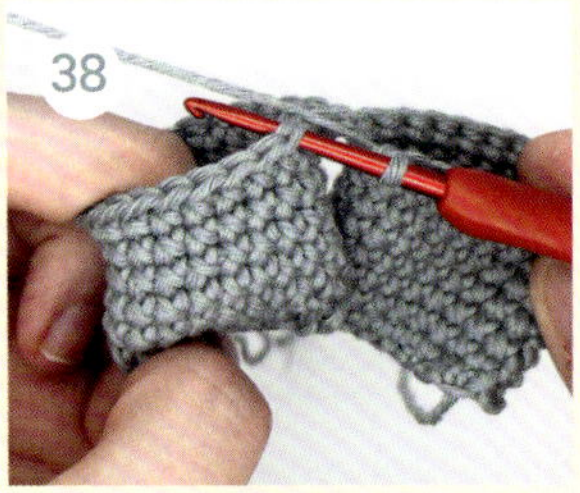
38

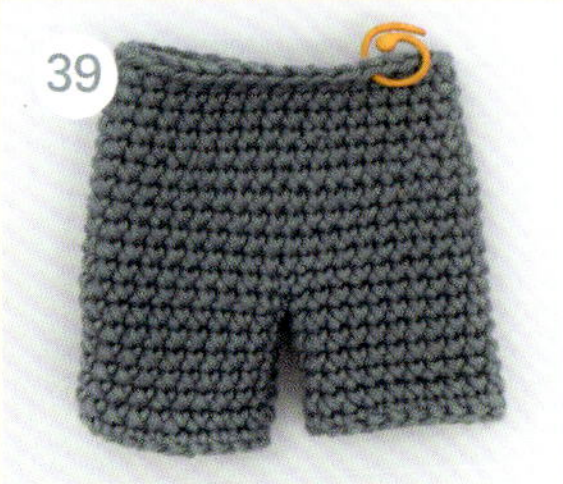
39

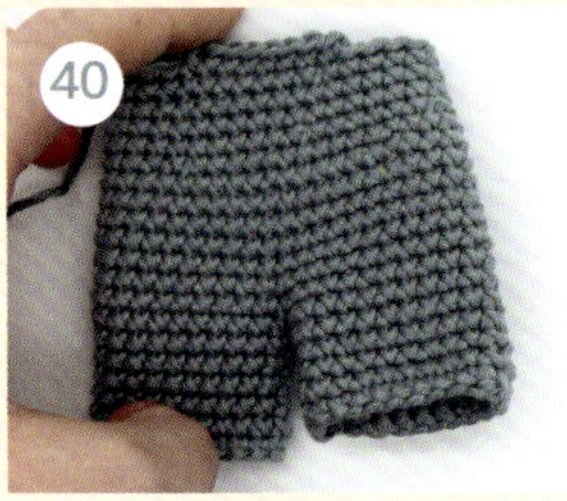
40

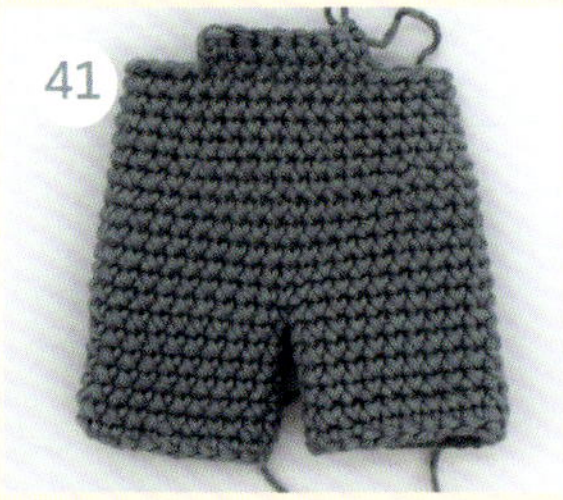
41

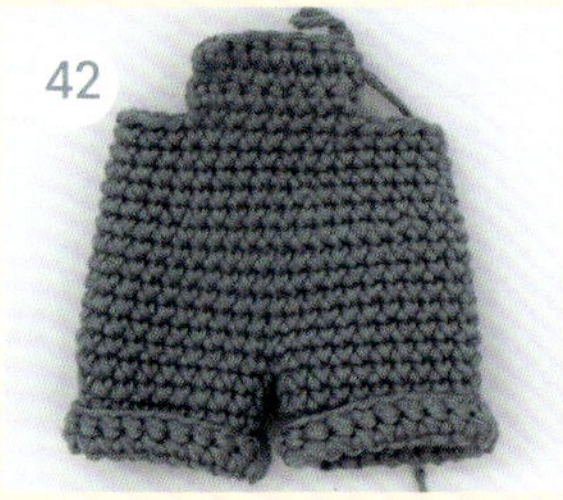
42

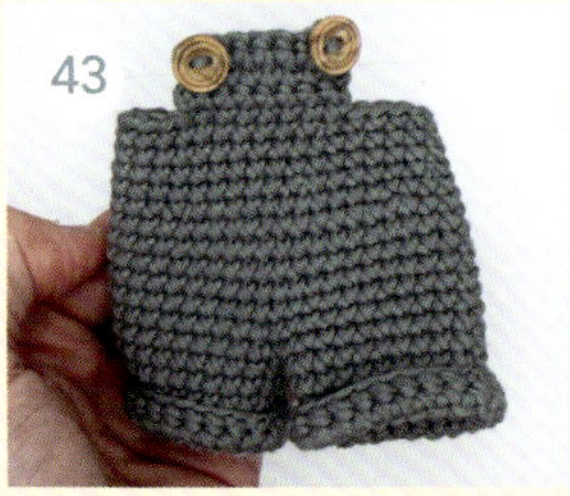
43

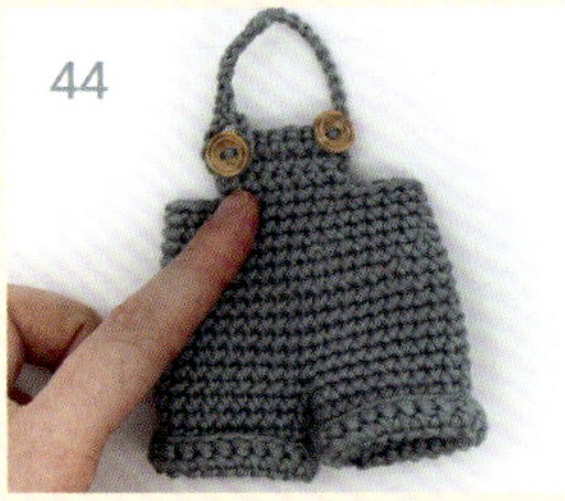
44

ZWEITES HOSENBEIN UND VERBINDUNG BEIDER HOSENBEINE

Häkle das zweite Hosenbein wie das erste Hosenbein. Schneide den Fd nach der 7. Rd nicht ab.

8. Rd: Verbinde beide Hosenbeine mit 1 fM, häkle 20 fM ums zweite Bein, häkle weitere 21 fM ums erste Bein. (42) Bild 38

9.–14. Rd: 42 fM häkeln. (42)

15. Rd: (5 fM, Abn) x 6. (36)

16.–17. Rd: 36 fM häkeln. (36)

18. Rd: (10 fM, Abn) x 3 (33)

19. Rd: 18 fM (Ende der Rd auf der Hinterseite). (18)

Beende mit 1 Km, schneide den Fd ab und vernähe ihn. Kremple beide Hosenbeine auf.

LATZ

Lege die Hose glatt gestrichen vor dir hin und zähle 5 M von rechts nach links. Markiere diese 5. M mit einem Maschenmarkierer. Bild 39

1. R: Starte hier mit einer stehenden fM. Häkle weitere 7 fM. 1 Lm, wenden. Häkle in R. (8) Bild 40

2. R: 8 fM, 1 Lm, wenden. (8) Bild 41

3. R: 8 fM, 1 Lm, wenden. (8)

4. R: 8 fM, Fd nicht abschneiden. (8) Bild 42

Nähe am linken und rechten oberen Rand des Latzes zwei Knöpfe an. Bild 43

Nimm den Fd wieder auf und häkle 30 Lm. Markiere die 19. Lm. Schließe mit 1 Km in diese M, um eine Schlaufe zu bilden. Schneide den Fd ab und vernähe ihn auf der Innenseite der Lm-Kette. Bild 44

Für die Stickerei auf der Hose nimm 2 Fd von Fb D und Fb G. Spalte die Fd zur Hälfte und sticke mit einem einfachen Vorstich 2 kleine Blumen auf. Bild 45

Ziehe dem Jungen die Hose an. Die Hosenträger verlaufen hinten im Nacken und kommen auf der anderen Schulter wieder hervor. Dort kannst du dann mit der Schlaufe den Knopf schließen.

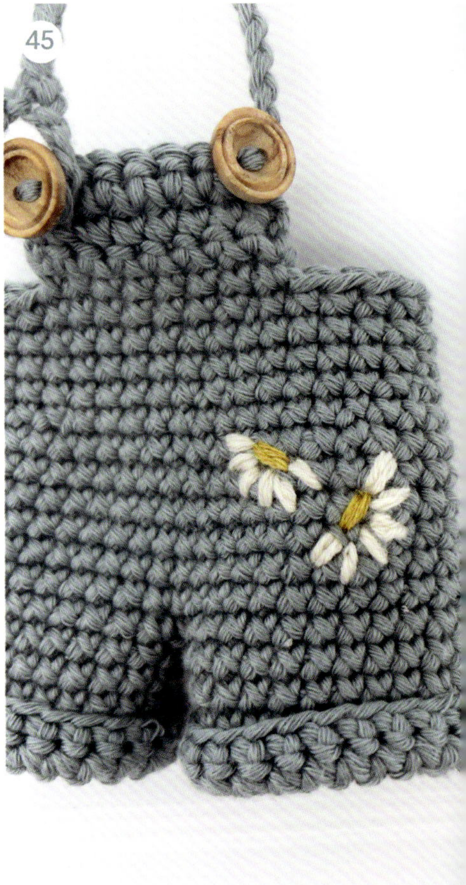
45

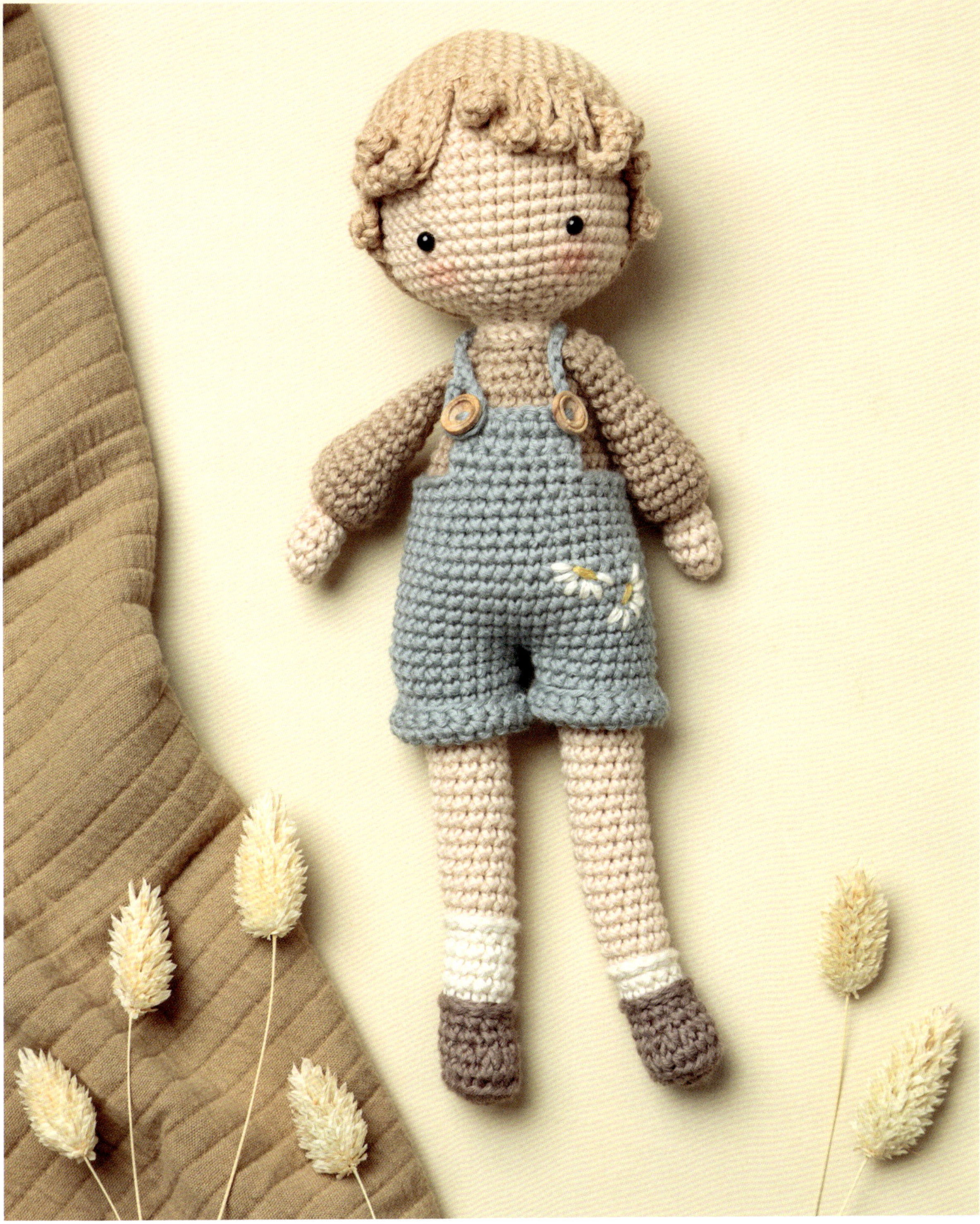

06

Rosie

DAS REHMÄDCHEN

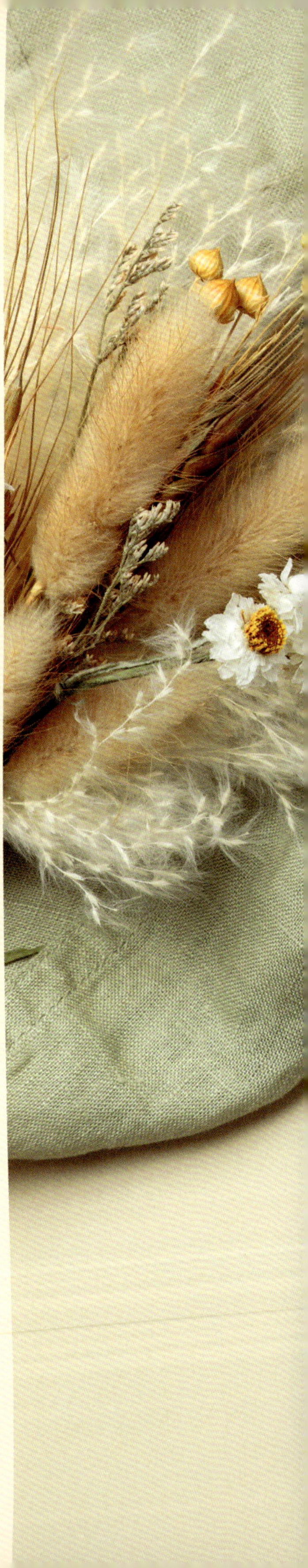

Verborgen hinter moosbewachsenen Bäumen lebt ein entzückendes Rehmädchen namens Rosie. Sie trägt stets ein bezauberndes grünes Kleid mit einer liebevollen Stickerei. Jeden Morgen, wenn die Sonnenstrahlen durch das Blätterdach fallen, tanzt Rosie fröhlich über die Wiesen.

GRÖSSE: 28 CM (INKL. GEWEIH)

MATERIALIEN

- Baumwolle in sechs verschiedenen Farben plus zwei weitere Farben für die Stickerei am Kleid
- Häkelnadel in Größe 2,5 mm
- Sicherheitsaugen, 5 mm ∅
- Spitze Nähnadel zum Annähen
- Schwarzes Nähgarn für die Schnauze
- Beiges Nähgarn für die Stirn
- Füllwatte
- Stecknadeln
- Maschenmarkierer
- Schere
- Pinkes Rouge plus Pinsel für Wangen

FARBEN

- **Kopf (Farbe A):** Babytoly 250 Beige, 15 g
- **Kappe, Ohren, Arme, Beine und Körper (Farbe B):** Babytoly 812 Camel, 45 g
- **Geweih (Farbe C):** Babytoly 470 Mink, kleine Menge
- **Schuhe und Stickerei am Kleid (Farbe D):** Babytoly 014 Natural, 11 g
- **Oberteil (Farbe E):** Babytoly 004 Snow, 16 g
- **Kleid (Farbe F):** Babytoly 205 Sage, 36 g
- **Stickerei am Kleid (Farbe G):** Babytoly 350 Cinnamon, kleine Menge

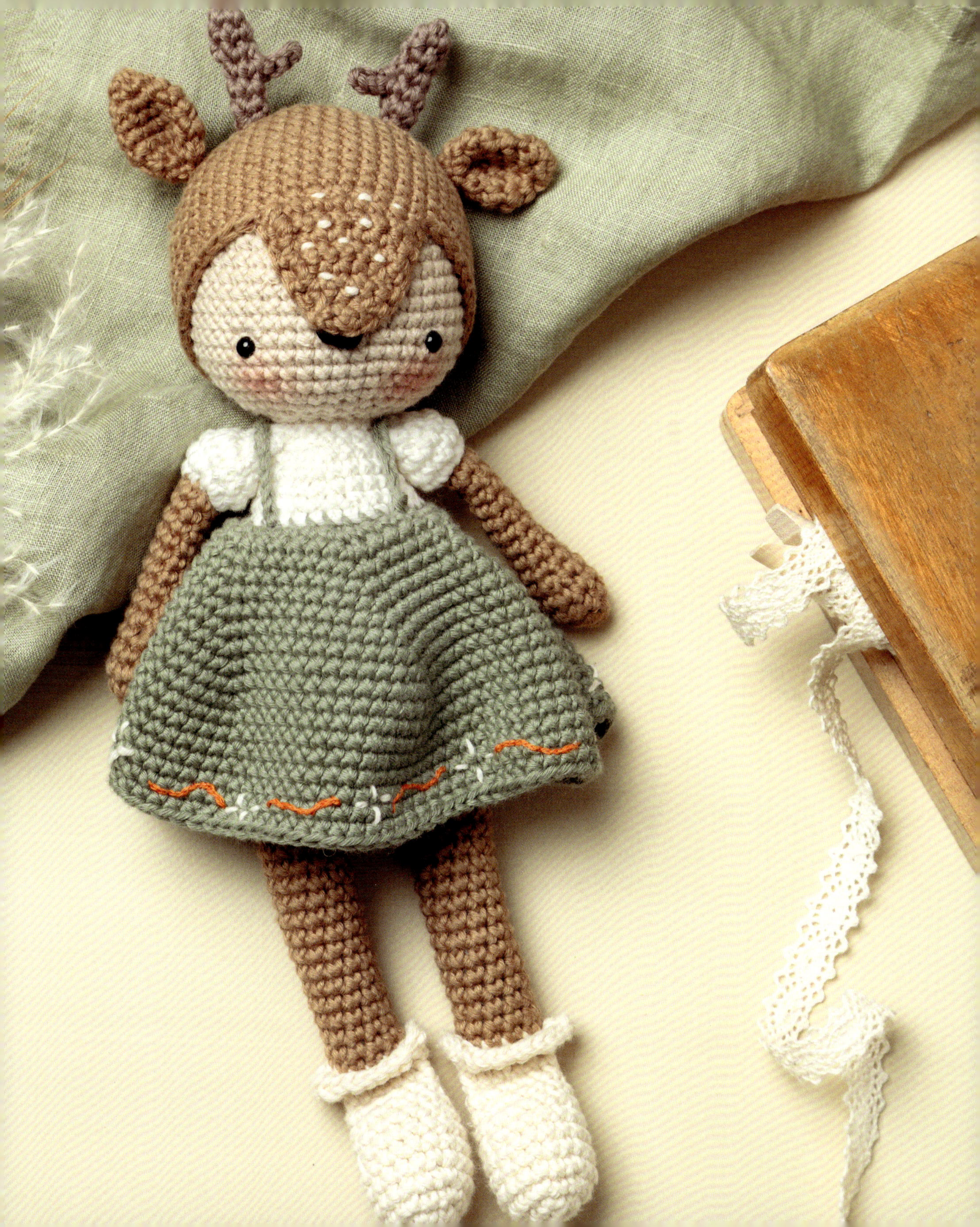

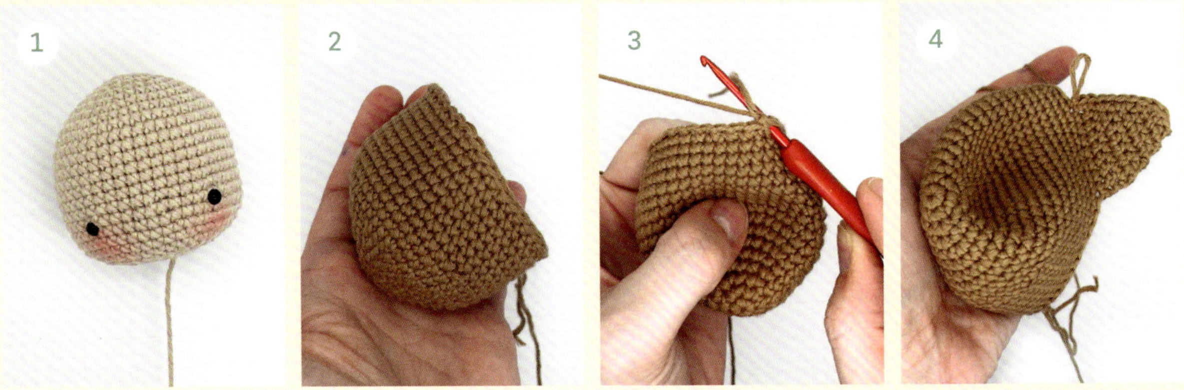

UND SO GEHT'S

KOPF

Es wird in Spiral-Rd gehäkelt. Fb A.
1. Rd: 6 fM in einen Fadenring. (6)
2. Rd: Zun x 6. (12)
3. Rd: (1 fM, Zun) x 6. (18)
4. Rd: 1 fM, Zun, (2 fM, Zun) x 5, 1 fM. (24)
5. Rd: (3 fM, Zun) x 6. (30)
6. Rd: 2 fM, Zun, (4 fM, Zun) x 5, 2 fM. (36)
7. Rd: (5 fM, Zun) x 6. (42)
8. Rd: 3 fM, Zun, (6 fM, Zun) x 5, 3 fM. (48)
9.–19. Rd: 48 fM häkeln. (48)
20. Rd: 3 fM, Abn, (6 fM, Abn) x 5, 3 fM. (42)
21. Rd: (5 fM, Abn) x 6. (36)
22. Rd: 2 fM, Abn, (4 fM, Abn) x 5, 2 fM. (30)
23. Rd: (3 fM, Abn) x 6. (24)
24. Rd: 1 fM, Abn, (2 fM, Abn) x 5, 1 fM. (18)
Beende die Arbeit mit 1 Km. Schneide den Fd lang genug ab und ziehe ihn durch die Schlaufe.

Befestige die Sicherheitsaugen zwischen der 17. und 18. Rd mit einem sichtbaren Abstand von ca. 9 M. Befülle den Kopf mit reichlich Füllwatte. Male mit dem Rouge und dem Pinsel 2 rote Bäckchen direkt unterhalb der Augen. Bild 1

KAPPE

Es wird in Spiral-Rd gehäkelt. Fb B.
1. Rd: 6 fM in einen Fadenring. (6)
2. Rd: Zun x 6. (12)
3. Rd: (1 fM, Zun) x 6. (18)
4. Rd: 1 fM, Zun, (2 fM, Zun) x 5, 1 fM. (24)
5. Rd: (3 fM, Zun) x 6. (30)
6. Rd: 2 fM, Zun, (4 fM, Zun) x 5, 2 fM. (36)
7. Rd: (5 fM, Zun) x 6. (42)
8. Rd: 3 fM, Zun, (6 fM, Zun) x 5, 3 fM. (48)
9.–17. Rd: 48 fM häkeln. (48)
18. Rd: 3 fM, Abn, (6 fM, Abn, x 5, 3 fM. (42)
Beende die Arbeit mit 1 Km, schneide den Fd ab und vernähe ihn im Inneren der Kappe. Bild 2

Setze die Kappe auf den Kopf und lege das Teil verkehrt herum vor dir hin. Der Abschluss der Kappe ist auf der Unterseite. Es wird ab hier in R gehäkelt.
1. R: Beginne mit 1 stehenden fM rechts oben und häkle weitere 7 fM. 1 Lm, wenden (8)
2. R: 8 fM, 1 Lm, wenden. (8)
3. R: 8 fM, wenden. (8)
4. R: 1 M überspringen, 7 fM, wenden. (7)
5. R: 1 M überspringen, 6 fM, wenden. (6)
6. R: 1 M überspringen, 5 fM, wenden. (5)
7. R: 1 M überspringen, 4 fM, wenden. (4)
8. R: 1 M überspringen, 3 fM, wenden. (3)
9. R: 1 M überspringen, 2 fM. (2)
Bild 3
Häkle nun am Rand der gehäkelten R, um einen sauberen Abschluss zu erhalten. Schneide den Fd nicht ab, sondern häkle am Rand entlang ca. 8 fM. Bild 4

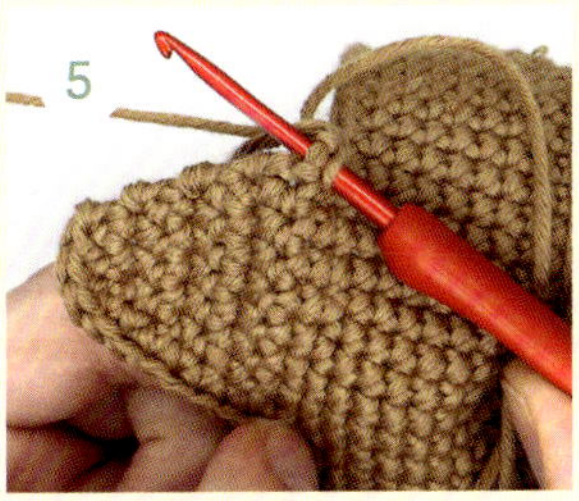

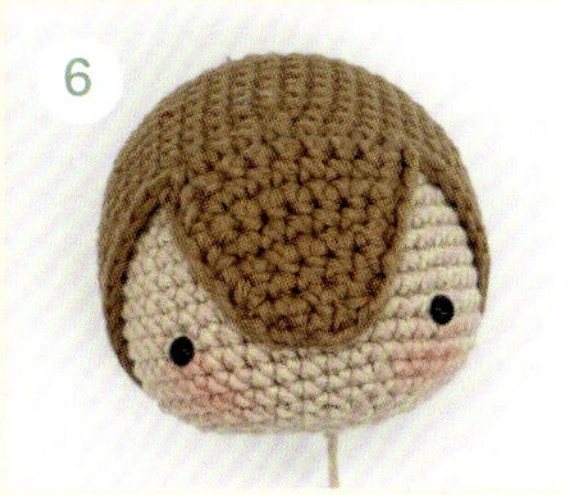

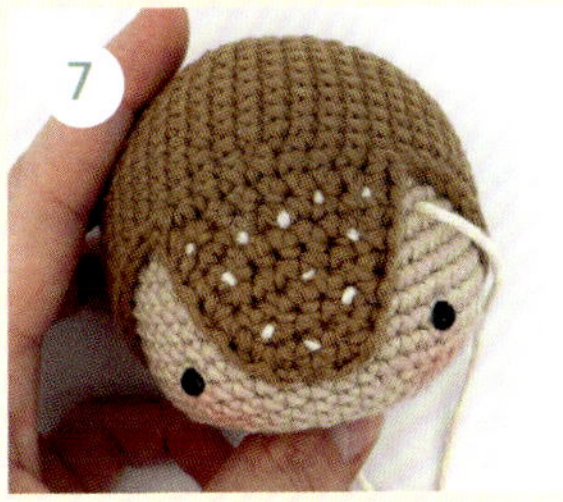

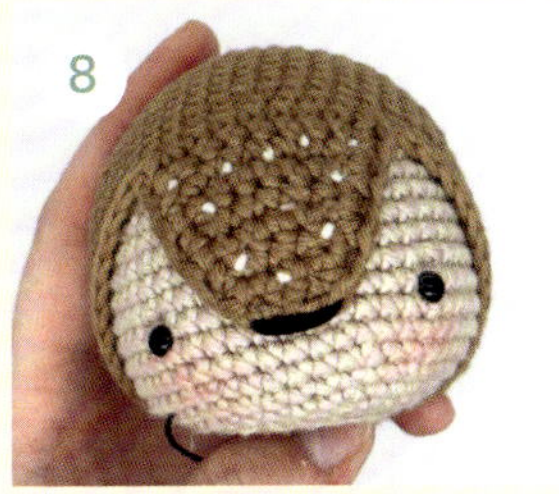

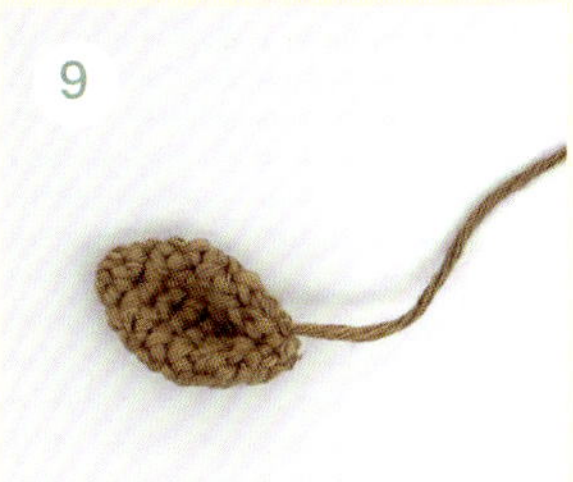

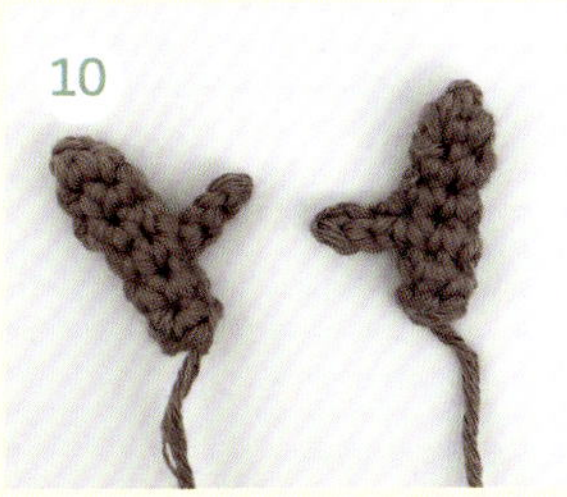

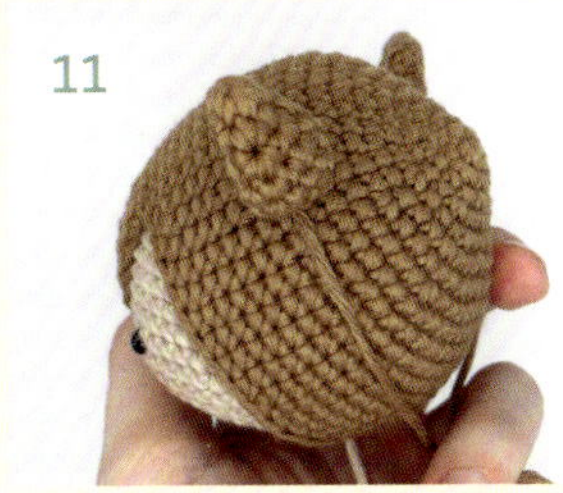

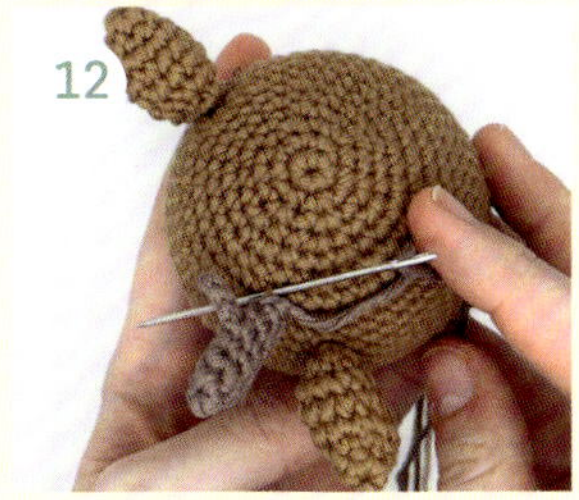

Beende mit 1 Km und schneide den Fd ab. Beginne nun mit einer stehenden fM auf der anderen Seite und häkle weitere 7 fM am Rand entlang. Schneide den Fd ab. Bild 5
Stülpe die Kappe auf den Kopf und stecke den vorderen Teil mit Stecknadeln fest. Mit einer Nähnadel und einem der übrig gebliebenen Fd kannst du jetzt den vorderen Teil am Kopf festnähen. Bild 6
Sticke mit Fb D einige weiße Punkte auf das vordere Teil der Kappe. Bild 7
Sticke mit einem schwarzen Näh-Fd und einer spitzen Nadel am Rand des unteren Teils der Kappe mit einigen waagerechten Stichen die Schnauze auf. Bild 8

OHR (2x)

Es wird in Spiral-Rd gehäkelt. Fb B.
1. Rd: 6 fM in einen Fadenring. (6)
2. Rd: 6 fM häkeln. (6)
3. Rd: Zun x 6. (12)
4. Rd: 12 fM häkeln. (12)
5. Rd: (3 fM, Zun) x 3. (15)
6. Rd: 15 fM häkeln. (15)
7. Rd: Abn x 7, 1 fM. (8)
Mit 1 Km beenden und einen langen Fd lassen für das spätere Annähen. Falte das Ohr und nähe es mit 2 Stichen zusammen. Bild 9

GEWEIH (2x)

Es wird in Spiral-Rd gehäkelt. Fb C.
1. Rd: 5 fM in einen Fadenring. (5)
2.–3. Rd: 5 fM häkeln. (5)
4. Rd: 4 Lm, in die 2. Lm von der Nd 1 Km, 2 weitere Km, 5 fM. (5)
5.–6. Rd: 5 fM häkeln. (5)
Mit 1 Km beenden und einen langen Fd lassen fürs spätere Annähen. Bild 10

ANNÄHEN DER OHREN UND DES GEWEIHS

Stecke die Position der Ohren zwischen 9. und 10. Rd mit Stecknadeln fest: Zwischen den beiden Ohren ist ein Abstand von 16 bis 17 M. Hast du die richtige Position gefunden, kannst du die Ohren annähen. Bild 11
Danach nähe das Geweih symmetrisch zwischen den Ohren zwischen der 7. und 8. Rd an. Zwischen dem Geweih ist ein Abstand von 7 M. Bild 12

ERSTES BEIN

Häkle in Spiral-Rd, starte mit Fb D.
1. Rd: 6 fM in einen Fadenring. (6)
2. Rd: Zun x 6. (12)
3. Rd: (1 fM, Zun) x 6. (18)
4.–6. Rd: 18 fM häkeln. (18)
7. Rd: (4 fM, Abn) x 3. (15)
8. Rd: 15 fM häkeln. (15)
9. Rd: (3 fM, Abn) x 3. (12)
10. Rd: 12 fM häkeln. (12)
Befülle den Fuß mit Füllwatte.
11. Rd: 1 Lm, schließe das Loch, indem du beide Seiten zusammenhäkelst mit 5 fM, 1 Lm. Danach

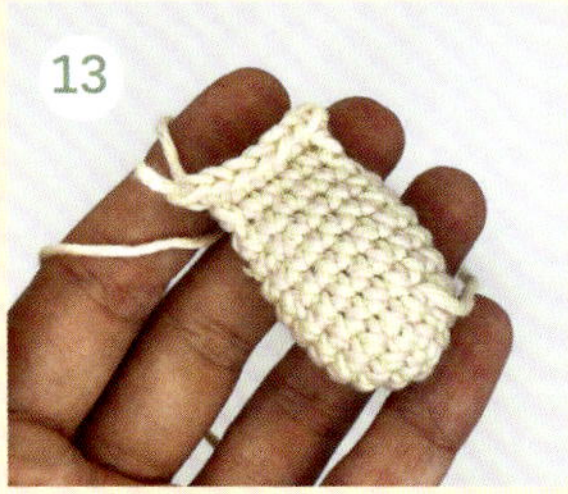

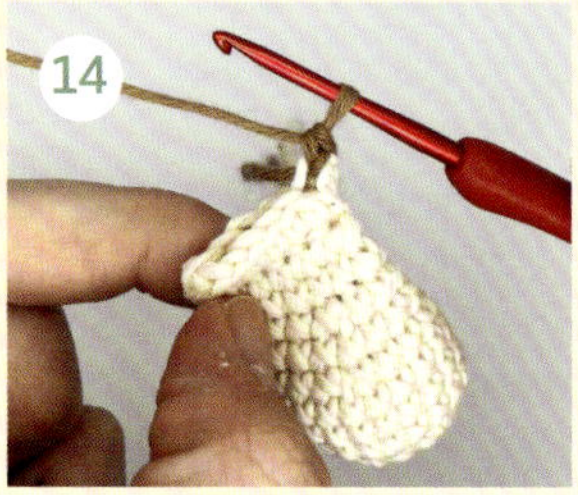

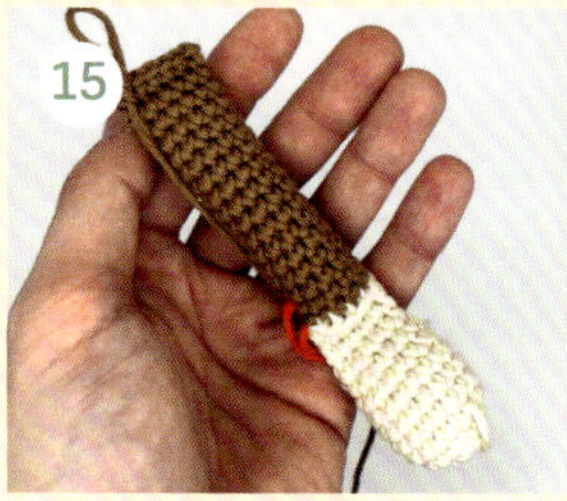

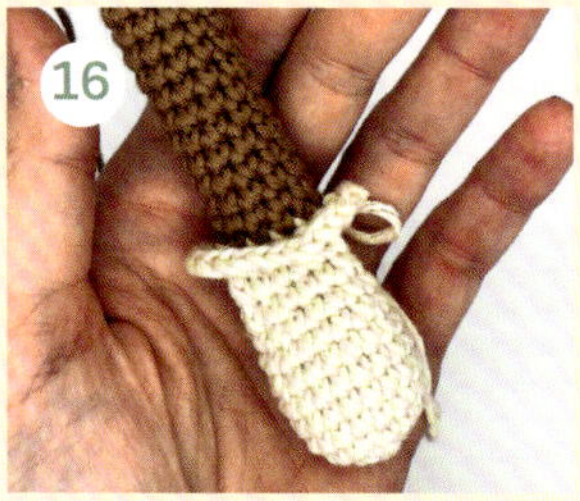

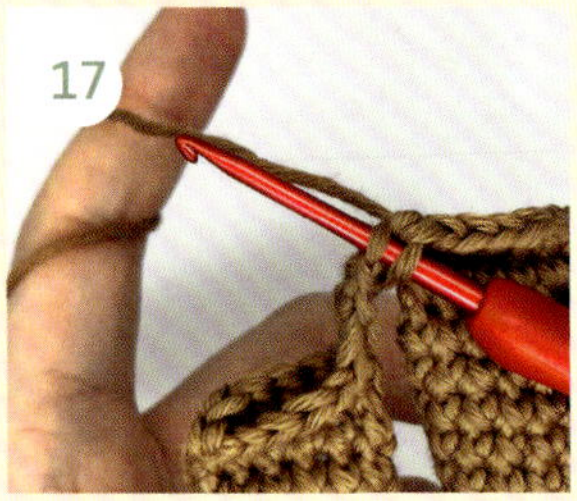

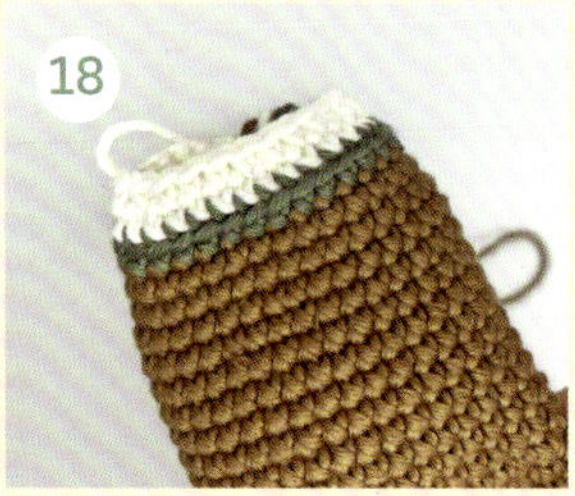

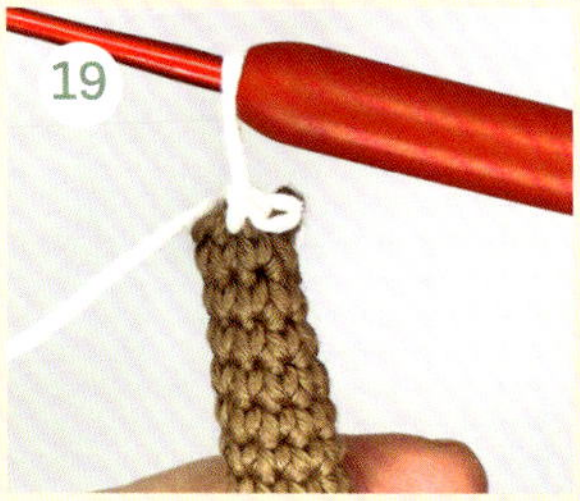

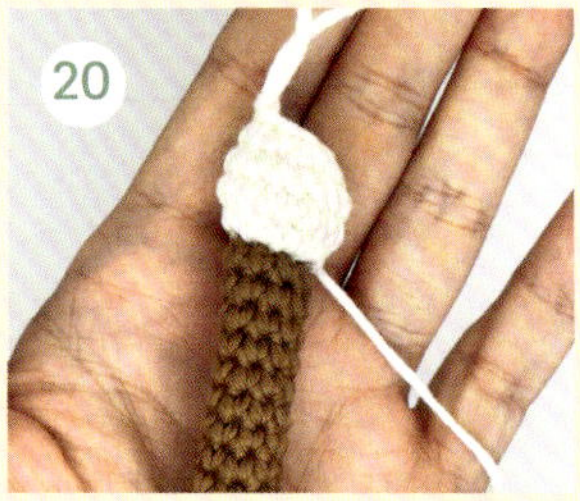

häkelst du auf der einen Seite der fM ivM je 5 fM, Zun in die erste Lm in der Ecke, weitere 5 fM ihM, und eine weitere Zun in die 2. Lm in der Ecke. (14) Bild 13

Fb-Wechsel zu Fb B.

12. Rd: ihM, (5 fM, Abn) x 2. (12) Bild 14

13. Rd: Abn, 10 fM. (11)

14.–20. Rd: 11 fM häkeln. (11)

21. Rd: 5 fM, Zun, 5 fM. (12)

22.–27. Rd: 12 fM häkeln. (12)

Befülle das restliche Bein mit Füllwatte.

28. Rd: 11 fM häkeln. (11)

Häkle 1 Lm und schließe das Loch, indem du es mit 5 fM zusammenhäkelst. Vernähe den Fd gut. Bild 15

BORDÜRE AM SCHUH (2 x)

Häkle mit Fb D. Halte das Bein mit der Rückseite kopfüber vor dir. Beginne mit einer stehenden fM in das erste ivM der 11. Rd plus 1 weitere fM in dieselbe M. In alle weiteren M jeweils 1 Zun. (24)

Mit 1 Km in die erste fM schließen. Beide Fd vernähen. Bild 16

ZWEITES BEIN UND VERBINDUNG DER BEIDEN BEINE ZUM KÖRPER

Häkle das 2. Bein wie das 1. Bein, schneide jedoch den Fd am Ende der 28. Rd nicht ab. Häkle 4 Lm.

29. Rd: Verbinde nun das zweite Bein zum ersten Bein mit 1 fM in die Lm nach der 28. Rd. Häkle 5 fM ivM, 1 Lm, häkle auf der Rückseite weiter: 5 fM ihM, 4 fM in die 4-Lm-Kette, 5 fM ihM vom zweiten Bein, 1 fM in die Lm am Eck, 1 Lm, 5 fM ivM, 4 fM ivM der 4-Lm-Kette. (32) Bild 17

30.–40. Rd: 32 fM häkeln. (32)

41. Rd: 7 fM, Abn, 13 fM, Abn, 8 fM. (30)

42. Rd: 15 fM, ab hier startet eine neue Rd.

Fb-Wechsel zu Fb F.

43. Rd: 30 fM häkeln. (30)

Fb-Wechsel zu Fb E.

44. Rd: 30 fM ihM. (30)

45. Rd: (3 fM, Abn) x 6. (24) Bild 18

46.–47. Rd: 24 fM häkeln. (24)

48. Rd: 1 fM, Abn, (2 fM, Abn) x 5, 1 fM. (18)

49. Rd: 18 fM häkeln. (18)

Beende die Arbeit mit 1 Km. Schneide den Fd ab und vernähe ihn. Befülle den Körper mit Füllwatte.

ARM (2x)

Es wird in Spiral-Rd gearbeitet, starte mit Fb B.

1. Rd: 4 fM in einen Fadenring. (4)

2. Rd: Zun x 4. (8)

3. Rd: (3 fM, Zun) x 2. (10)

4. Rd: 10 fM häkeln. (10)

5. Rd: (3 fM, Abn) x 2. (8)

6.–14. Rd: 8 fM häkeln. (8)

Befülle den unteren Armbereich leicht mit Füllwatte.

Fb-Wechsel zu Fb E.

15. Rd: 8 Km. (8) Bild 19

16. Rd: Zun x 8. (16)

17.–18. Rd: 16 fM häkeln. (16)

19. Rd: Abn x 8. (8) Bild 20

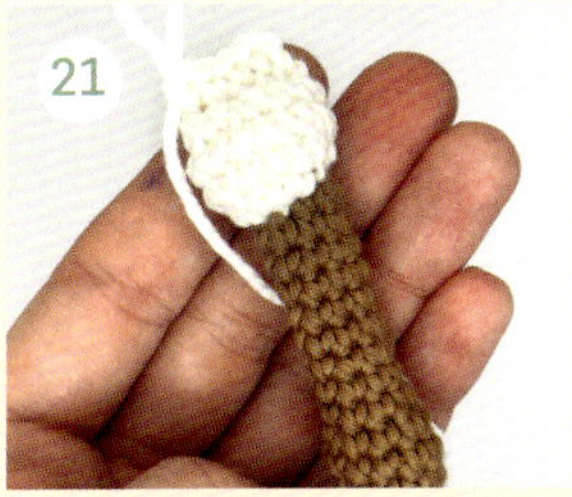

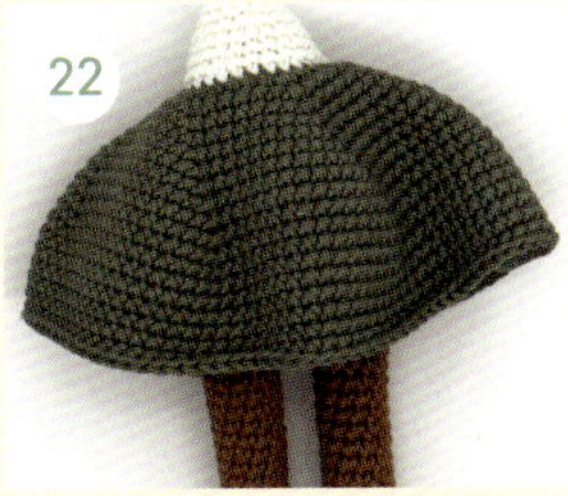

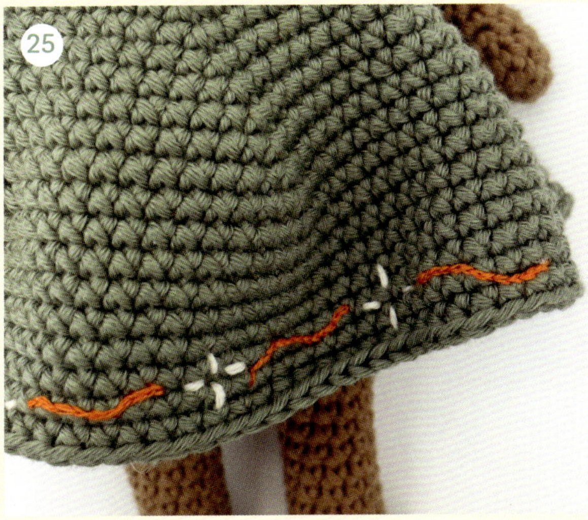

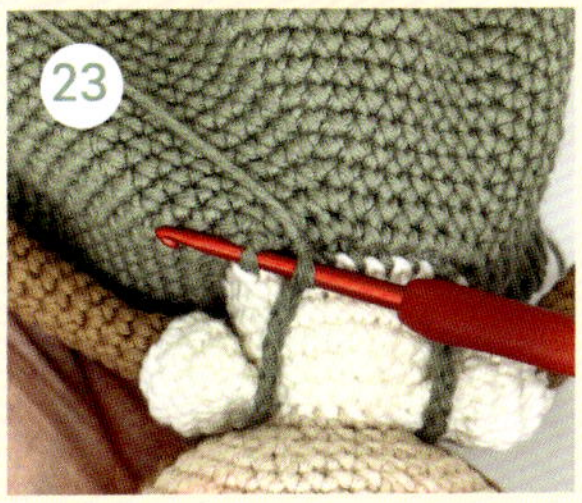

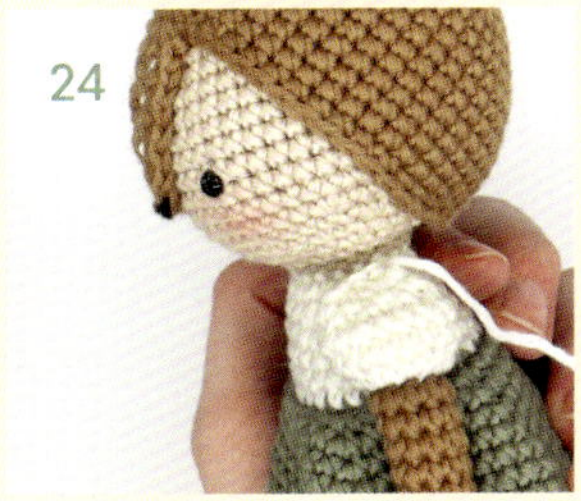

1 Lm, schließe das Loch, indem du beide Seiten mit 3 fM zusammenhäkelst. Schneide den Fd lang genug ab fürs spätere Annähen. Bild 21

KLEID

Es wird in Spiral-Rd gehäkelt.
Häkle mit Fb F.

1. Rd: Lege das Rehmädchen verkehrt herum vor dir hin und starte hinten am Rücken bei der ersten M der übrig gebliebenen ivM aus 43. Rd mit einer stehenden fM. Häkle in diesem Schema weiter: 3 fM, Zun, (4 fM, Zun) x 5. (36)
2. Rd: (5 fM, Zun) x 6. (42)
3. Rd: (6 fM, Zun) x 6. (48)
4. Rd: (7 fM, Zun) x 6. (54)
5. Rd: (8 fM, Zun) x 6. (60)
6. Rd: (9 fM, Zun) x 6. (66)
7. Rd: (10 fM, Zun) x 6. (72)
8. Rd: (11 fM, Zun) x 6. (78)
9. Rd: (12 fM, Zun) x 6. (84)
10. Rd: (13 fM, Zun) x 6. (90)
11. Rd: (14 fM, Zun) x 6. (96)
12.–18. Rd: 96 fM häkeln. (96)

Beende das Kleid mit 1 Km, schneide den Fd ab und vernähe ihn auf der Innenseite des Kleides. Bild 22
Für die Träger am Kleid nimm Fb F, beginne mit einer stehenden Km auf der Hinterseite am oberen Rand des Kleides und häkle 17 Lm. Führe die Lm-Kette diagonal über den Rücken und die Schulter nach vorne und schließe mit 1 Km an den oberen Rand des Kleides. Schneide den Fd ab und vernähe beide Fd. Wiederhole diese Schritte mit dem 2. Träger auf der gegenüberliegenden Seite. Bild 23

ANNÄHEN DER RESTLICHEN KÖRPERTEILE

Nähe den Kopf an den Körper. Die Arme nähst du direkt unter dem Kopf links und rechts am Körper an. Bild 24

STICKEREI AM KLEID

Für die Stickerei am Kleid nimm zur Hälfte gesplittete Fd von Fb D und G. Zeichne dir ein Muster vor auf einem Stickpapier, welches du dann klein zuschneidest und mit Stecknadeln an der gewünschten Stelle befestigst. Mit dem Spaltstich und Fb G kannst du kleine Wellen aufsticken. Das Muster in Fb D wird mit dem Vorstich aufgestickt. Sticke das Muster rund um das Kleid am Rand entlang. Vernähe alle Fd auf der Innenseite des Kleides. Bild 25

07

Vince
DAS LÄMMCHEN

In einem kleinen Dorf, umgeben von sanften Hügeln und blühenden Wiesen, lebt Vince, das Lämmchen. Jeden Morgen, wenn die Sonne über die Hügel klettert und die Vögel ihr fröhliches Lied anstimmen, springt Vince in seine Latzhose und macht sich auf den Weg, neue Abenteuer zu erleben.

GRÖSSE: 28 CM

MATERIALIEN

- Baumwolle in fünf verschiedenen Farben
- Häkelnadeln in den Größe 2,5 mm und 3 mm
- Sicherheitsaugen, 5 mm ∅
- Spitze Nähnadel zum Annähen und Sticken
- Rosa Stickgarn
- Füllwatte
- Stecknadeln
- Maschenmarkierer
- Schere
- Pinkes Rouge plus Pinsel für Wangen
- zwei Knöpfe für die Latzhose

FARBEN

- **Kopf und Körper (Farbe A):** Babytoly 250 Beige, 45 g
- **Fell am Kopf und Aussenseite Ohr (Farbe B):** Babytoly 014 Natural, 30 g
- **Innenseite Ohr (Farbe C):** Babytoly 116 Pastel Pink, 5 g
- **Oberteil und Kragen (Farbe D):** Babytoly 004 Snow, 23 g
- **Latzhose (Farbe E):** Babytoly 812 Camel, 11 g

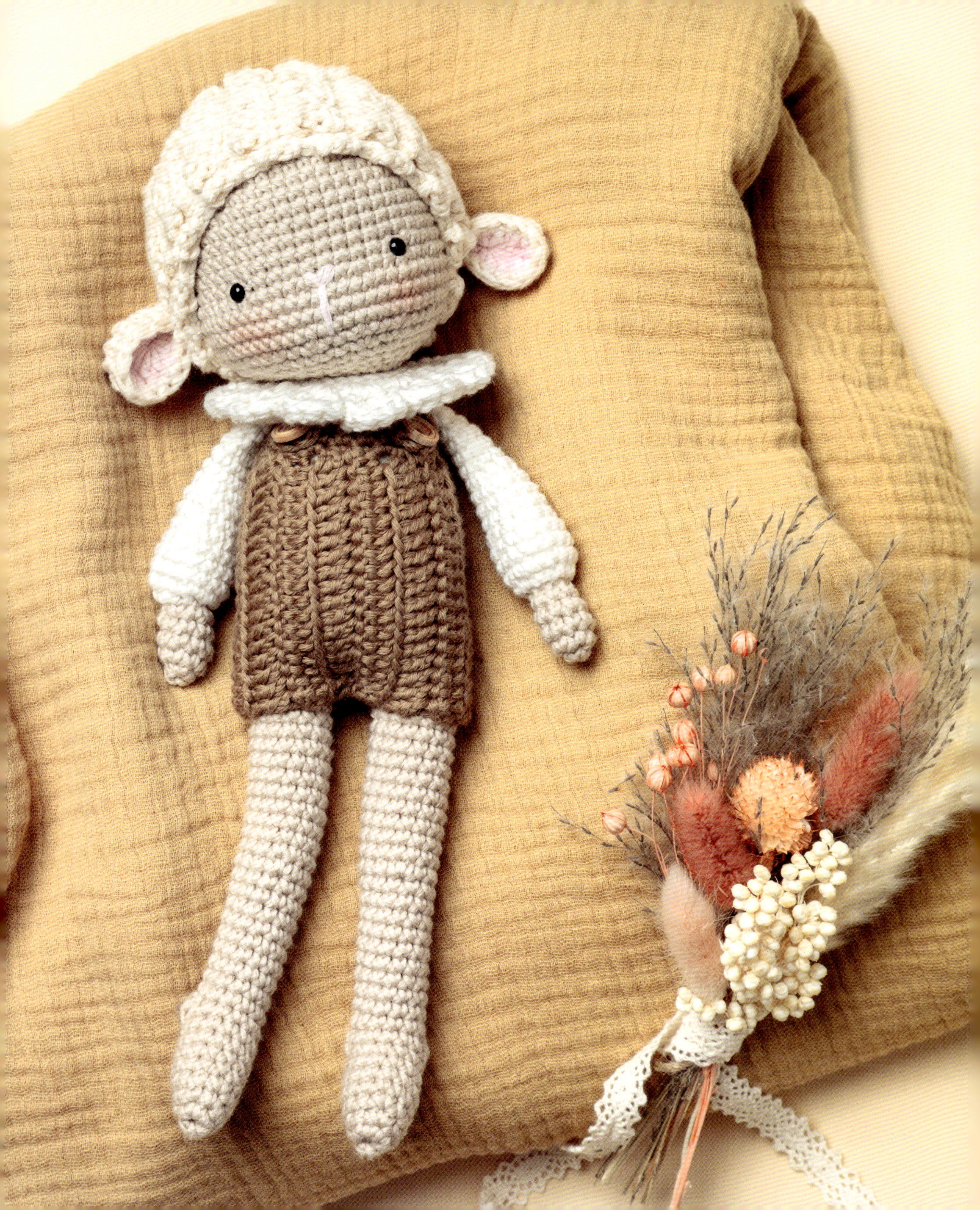

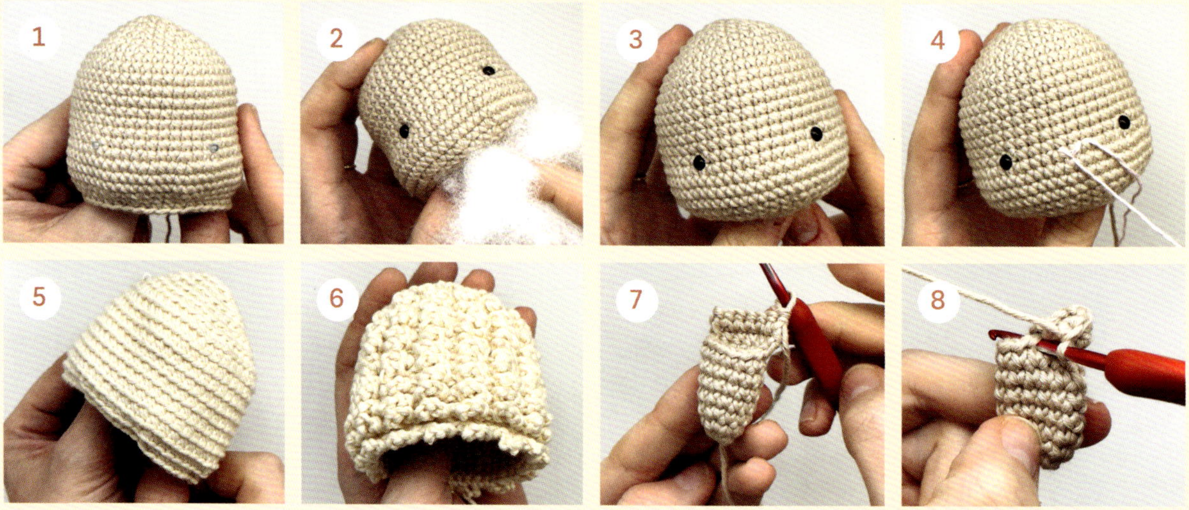

UND SO GEHT'S

KOPF

Es wird in Spiral-Rd gehäkelt.
Nd 2,5 mm. Fb A.

1. Rd: 6 fM in einen Fadenring. (6)
2. Rd: Zun x 6. (12)
3. Rd: (1 fM, Zun) x 6. (18)
4. Rd: 1 fM, Zun, (2 fM, Zun) x 5, 1 fM. (24)
5. Rd: (3 fM, Zun) x 6. (30)
6. Rd: 2 fM, Zun, (4 fM, Zun) x 5, 2 fM. (36)
7. Rd: (5 fM, Zun) x 6. (42)
8. Rd: 3 fM, Zun, (6 fM, Zun) x 5, 3 fM. (48)
9.–16. Rd: 48 fM häkeln. (48)
17. Rd: 13 fM, (2 fM, Zun) x 7, 14 fM. (55)
18.–20. Rd: 55 fM häkeln. (55)
21. Rd: 13 fM, (2 fM, Abn) x 7, 14 fM. (48)
22. Rd: 3 fM, Abn, (6 fM, Abn) x 5, 3 fM. (42)
23. Rd: 5 fM, Abn x 6. (36)

Befestige die Sicherheitsaugen zwischen der 16.–17. Rd mit einem sichtbaren Abstand von 10 M. Benutze dafür zuerst Stecknadeln, um die richtige Position der Augen zu finden. Der Backenbereich sollte dafür symmetrisch nach vorne zeigen. Bild 1

24. Rd: 2 fM, Abn, (4 fM, Abn) x 5, 2 fM. (30)
25. Rd: (3 fM, Abn) x 6. (24)
26. Rd: 1 fM, Abn, (2 fM, Abn) x 5, 1 fM. (18)

Beende die Arbeit mit 1 Km, schneide einen langen Fd ab, damit du den Kopf später an den Körper nähen kannst. Fülle den Kopf gleichmäßig mit Füllwatte aus. Achte darauf, dass der Kopf eine schöne, runde Form erhält ohne Beulen. Sobald du merkst, dass sich die M anfangen zu dehnen und die Füllwatte durch die Löcher hindurch sichtbar ist, hast du bereits zu viel gefüllt. In diesem Fall solltest du wieder ein wenig Füllwatte entfernen. Bild 2–3

Das Näschen wird mit hellpinkem Stickgarn und einer kleinen Nähnadel symmetrisch zwischen den Augen zwischen 17. und 18. Rd aufgestickt. Sticke zuerst ein kleines „V“ auf Bild 4 und davon ausgehend einen senkrechten Strich nach unten verlaufend über 3 Rd. Vernähe die Fd. Mit pinkem Rouge und einem Pinsel werden die Bäckchen aufgemalt.

FELL

Es wird in Spiral-Rd gehäkelt.
Nd 2,5 mm. Häkle ihM. Fb B.

1. Rd: 6 fM in einen Fadenring. (6)
2. Rd: Zun x 6. (12)
3. Rd: (1 fM, Zun) x 6. (18)
4. Rd: 1 fM, Zun, (2 fM, Zun) x 5, 1 fM. (24)
5. Rd: (3 fM, Zun) x 6. (30)
6. Rd: 2 fM, Zun, (4 fM, Zun) x 5, 2 fM. (36)
7. Rd: (5 fM, Zun) x 6. (42)
8. Rd: 3 fM, Zun, (6 fM, Zun) x 5, 3 fM. (48)

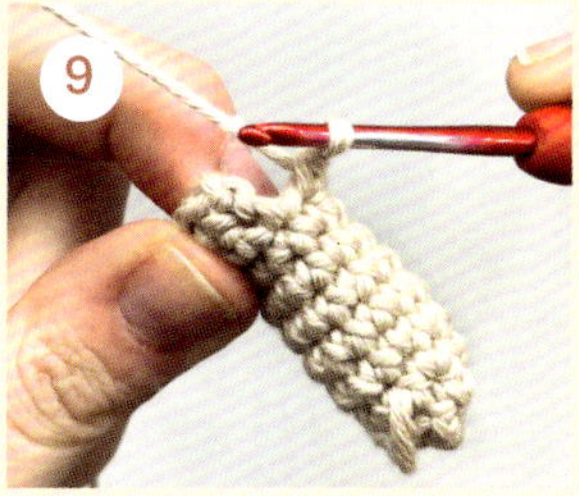

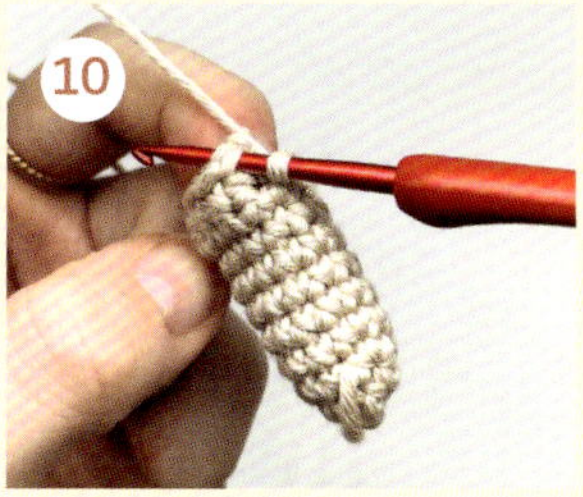

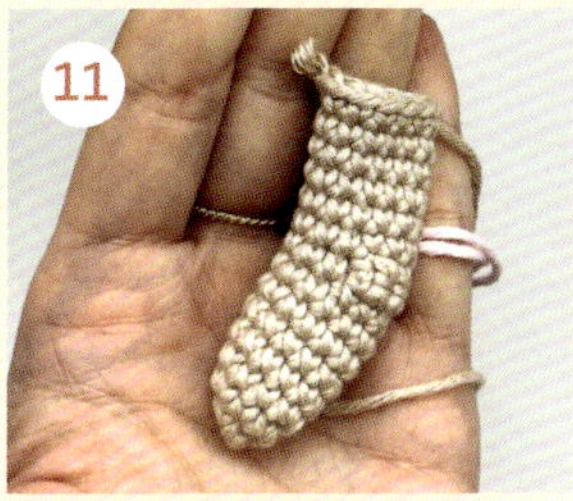

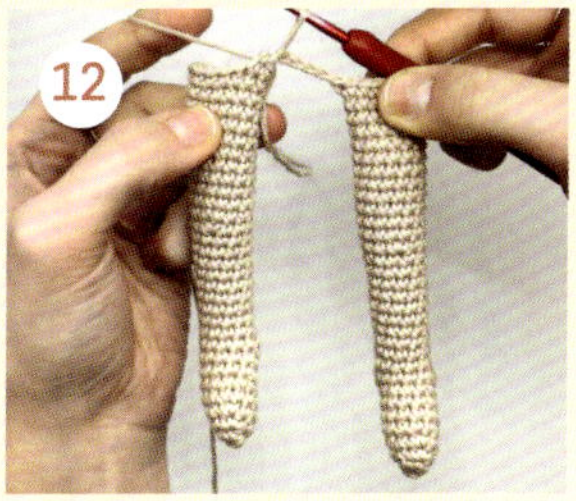

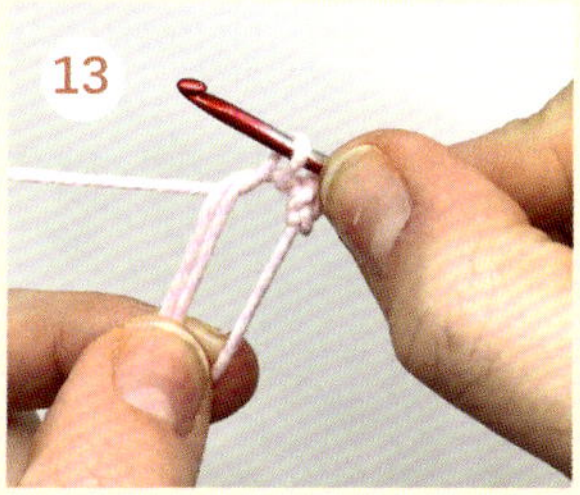

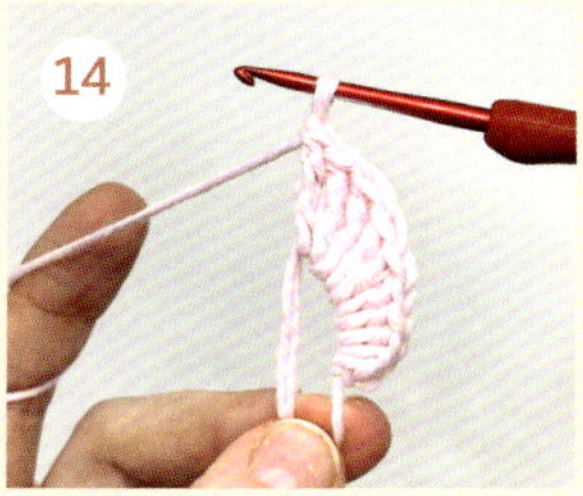

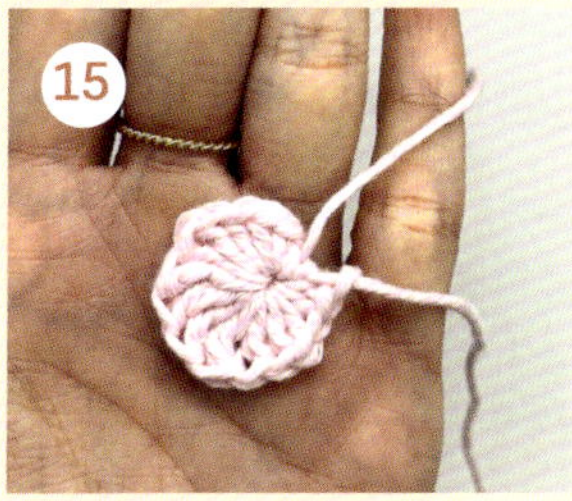

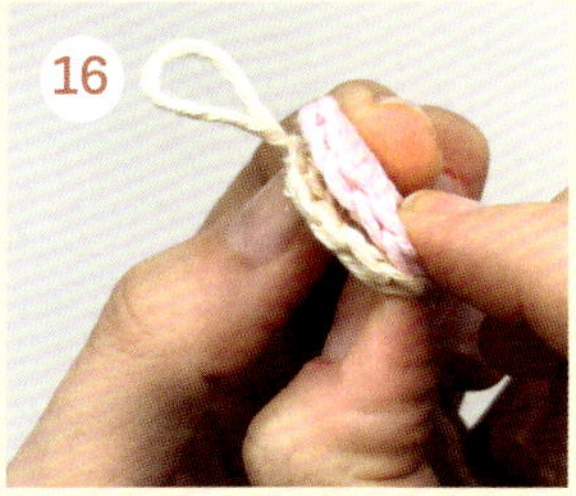

9.–17. Rd: 48 fM häkeln. (48)
18. Rd: 3 fM, Abn, (6 fM, Abn) x 5, 3 fM. (42)
Beende die Arbeit mit 1 Km und vernähe den Fd gut. Bild 5

LÖCKCHEN

Nd 3 mm. Fb B. Nimm das Haarteil und beginne in der 1. M des übrig gebliebenen ivM (ganz oben beim Fadenring). Von dort wird dann gegen den Uhrzeigersinn Locke für Locke gehäkelt.

Stecke die Nadel in die Schlaufe, hole den Fd und ziehe ihn durch die Schlaufe. Wiederhole 4 Lm, 3 Km in die 3 folgenden ivM bis zum Ende der ivM. Zusätzlich wird auch noch in der 18. Rd nach dem vorangegangenen Schema gearbeitet. Mit 1 Km beenden und alle Fd vernähen. Bild 6

ERSTES BEIN

Es wird in Spiral-Rd gehäkelt.
Nd 2,5 mm. Fb A.
1. Rd: 6 fM in einen Fadenring. (6)
2. Rd: (1 fM, Zun) x 3. (9)
3. Rd: (2 fM, Zun) x 3. (12)
4.–7. Rd: 12 fM häkeln. (12)
Ab nun wird in R weitergehäkelt, um den leichten Knick im Fuß zu formen, danach geht es bei 8. Rd in Spiral-Rd weiter.
6 fM, 1 Lm, wenden.
6 fM, 1 Lm, wenden.
6 fM, ab hier wird nicht mehr gewendet, sondern einfach wieder in Rd weitergemacht. Bild 7
Versuche beim Übergang von den R runter in 7. Rd eine ganz enge fM zu machen, damit kein großes Loch entsteht. Bild 8
8. Rd: nur 6 fM! (dann bist du wieder am Anfang angekommen, wo deine Rd gestartet sind) Bild 9–10

9.–18. Rd: 12 fM häkeln. (12)
19. Rd: (5 fM, Zun) x 2. (14) Bild 11
Starte damit, das Bein mit Füllwatte zu füllen.
20.–29. Rd: 14 fM häkeln. (14)
Beende das Bein mit 1 Km, schneide den Fd ab und vernähe ihn gut. Befülle das restliche Bein mit Füllwatte.

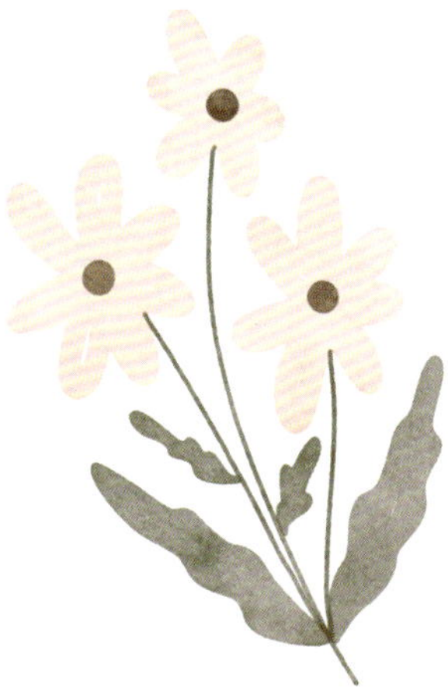

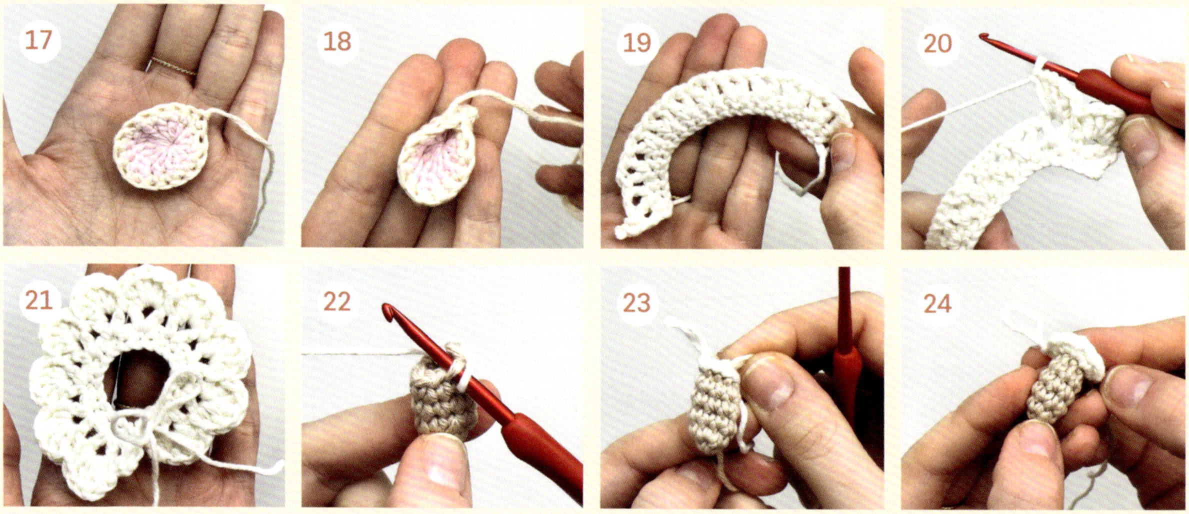

ZWEITES BEIN UND VERBINDUNG DER BEIDEN BEINE ZUM KÖRPER

Fb A und D.
Häkle das 2. Bein wie Bein 1 bis 28. Rd.
29. Rd: 4 fM häkeln. (4)
Häkle 4 Lm.
30. Rd: verbinde mit 1 fM zu Bein 1 (die beiden Fußspitzen zeigen dabei nach vorne), 13 fM, 4 fM in die 4-Lm-Kette, 14 fM um das zweite Bein, 4 fM ivM der LM-Kette. (36)
Bild 12
31. Rd: 17 fM (damit der Rd-Abschluss am Rücken endet). Fb-Wechsel zu Fb D. (17)
32.–43. Rd: 36 fM häkeln. (36)
44. Rd: 2 fM, Abn, (4 fM, Abn) x 5, 2 fM. (30)
45.–46. Rd: 30 fM häkeln. (30)
47. Rd: (3 fM, Abn) x 6. (24)
48.–49. Rd: 24 fM häkeln. (24)
50. Rd: 1 fM, Abn, (2 fM, Abn) x 5, 1 fM. (18)
51. Rd: 18 fM häkeln. (18)
Beende den Körper mit 1 Km. Schneide den Fd ab und vernähe ihn sorgfältig. Befülle den Körper mit Füllwatte.

OHR (2x IN FB B, 2x IN FB C)

Beginne mit Fb C. Nd 2,5 mm. Häkle in den Fadenring 2 fM, 2 hStb, 2 Stb, 4 DStb, 2 Stb, 2 hStb, 2 fM. Ziehe am Anfangs-Fd, damit sich der Ring schließt. Bild 13–15
Beide Fd vernähen.

Häkle dasselbe Teil nun in Fb B. Vernähe nur den Anfangs-Fd. Lege die 2 Teile deckungsgleich übereinander, sodass die richtigen Häkelseiten sichtbar sind und häkle wie folgt weiter: 1 Lm, beide Ohrenteile mit 16 fM zusammenhäkeln.
Bild 16–17

Beende die Arbeit mit 1 Km und schneide den Fd ab. Falte das Ohr und nähe das Ohr mit einigen Stichen zusammen. Bild 18

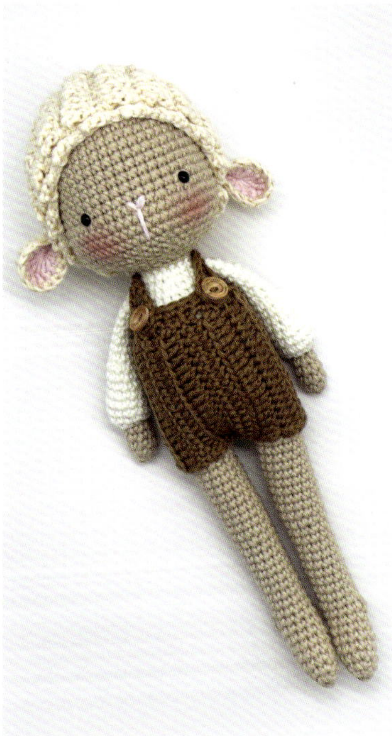

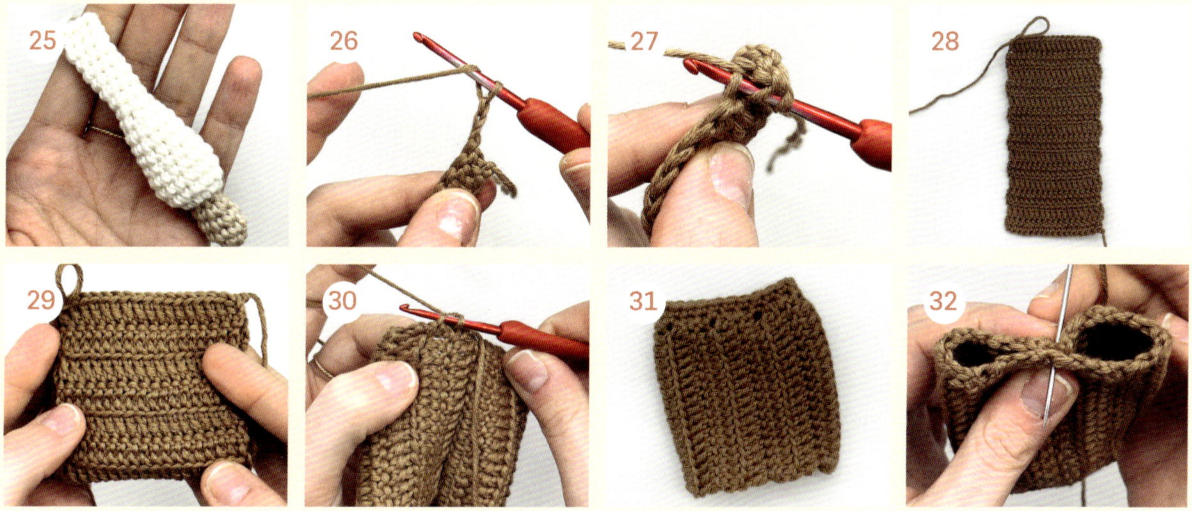

KRAGEN

Es wird in R gehäkelt. Nd 2,5 mm. Fb D.

Beginne mit einem langen Anfangs-Fd. Häkle 24 Lm.

1. R: Beginne in der 2. M von der Nd. 23 fM, 2 Lm, wenden.

2. R: 1 Stb in die 1. M. (1 M überspringen, 1 Stb, 1 Lm, 1 Stb) x 10 (= 10 „V"s), 1 Stb in die letzte M, 1 Lm, wenden. Bild 19

3. R: 1 Km in die 1. M, (5 Stb in das „V", 1 Km in die nächste M) x 10, 1 Km in das letzte Stb (10 Bögen). Bild 20

Schneide den Fd ab und vernähe den End-Fd. Der Anfangs-Fd bleibt unbearbeitet. Nähe einen 2. Fd auf die Hinterseite des Kragens. Mit beiden Fd kannst du dann den Kragen mit einer Schleife schließen. Bild 21

ARM (2x)

Es wird in Spiral-Rd gehäkelt. Starte mit Fb A. Wechsel zu Fb D im weiteren Verlauf.

1. Rd: 4 fM in einen Fadenring. (4)

2. Rd: Zun x 4. (8)

3.–5. Rd: 8 fM häkeln. (8)

Fb-Wechsel zu Fb D. Bild 22

6. Rd: 8 Km. (8) Bild 23

Befülle den Handbereich leicht mit Füllwatte.

7. Rd: Zun x 8 ivM der Km der Vor-Rd. (16) Bild 24

8.–10. Rd: 16 fM häkeln. (16)

11. Rd: (2 fM, Abn) x 4. (12)

12.–14. Rd: 12 fM häkeln. (12)

Befülle den breiten Teil des Ärmels leicht mit Füllwatte.

15. Rd: (1 fM, Abn) x 4. (8)

16.–21. Rd: 8 fM häkeln. (8)

22. Rd: 5 fM häkeln. (5)

Den Arm zusammendrücken, 1 Lm, beide Seiten des Arms mit 3 fM zusammenhäkeln. Bild 25

Fd lang genug abschneiden für das spätere Annähen.

LATZHOSE

Fb E. Es wird in R gehäkelt.

Jedes Stb in jeder R wird ivM der Vor-Rd gehäkelt.

19 Lm.

1. R: 1 Stb in die 3. M von der Nd, weitere 16 Stb, 2 Lm, wenden. Bild 26

2.–13. R: 17 Stb, 2 Lm, wenden. Bild 27

14. R: 17 Stb. Bild 28

Das Rechteck falten, 1 Lm und beide Seiten mit 17 Km zusammenhäkeln. Bild 29

Fd abschneiden und durch die Schlaufe ziehen. Alle Fd vernähen. Den nun entstandenen Schlauch auf „links" drehen, sodass die 17 Km innen sind.

1. Rd: Für das Bündchen am oberen Rand der Hose mit einer stehenden fM beginnen und rundherum in Spiral-Rd ca. weitere 24 fM in den Rand häkeln. Bild 30

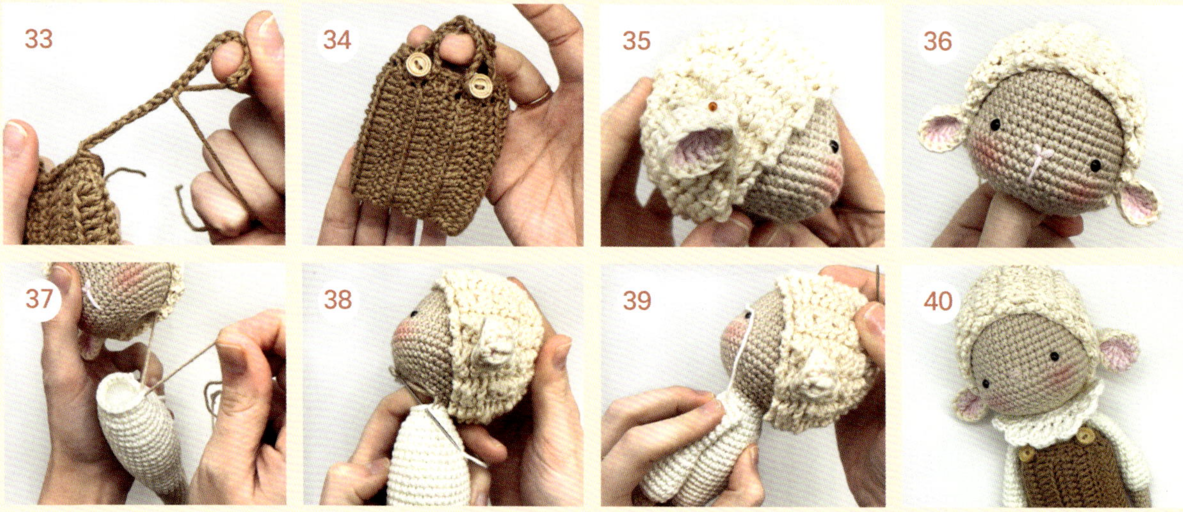

2. Rd: 25 fM häkeln. Bild 31
Mit 1 Km beenden, Fd abschneiden und vernähen. Mit einem Fd der Fb E und einer Nähnadel wird am unteren Rand mit einigen Stichen zusammengenäht, sodass 2 Hosenbeine entstehen. Fd vernähen. Bild 32

Am Bündchen am Rücken werden 2 Hosenträger angehäkelt: 1 stehende Km in das Bündchen erst links, dann rechts der Hose, 23 Lm. Fd durch die Schlaufe ziehen, langen Fd abschneiden. Eine Knopfschlaufe bilden und den Fd an der Hinterseite der Lm-Kette vernähen. Bild 33
Am Bündchen 2 Knöpfe annähen. Bild 34

KÖRPERTEILE ANNÄHEN

Setze das Fell auf den Kopf und platziere die beiden Ohren links und rechts auf Wangenhöhe mit Stecknadeln. Bild 35
Nähe die Ohren schräg verlaufend nach oben an das Fell. Bild 36
Nähe den Kopf an den Körper. Bild 37–38
Die Arme werden zwischen der 51. und 52. Rd links und rechts am Körper angenäht. Bild 39
Ziehe dem Schäfchen die Latzhose an, überkreuze die Hosenträger am Rücken und knöpfe sie zu. Binde dem Schäfchen den Kragen um den Hals. Bild 40

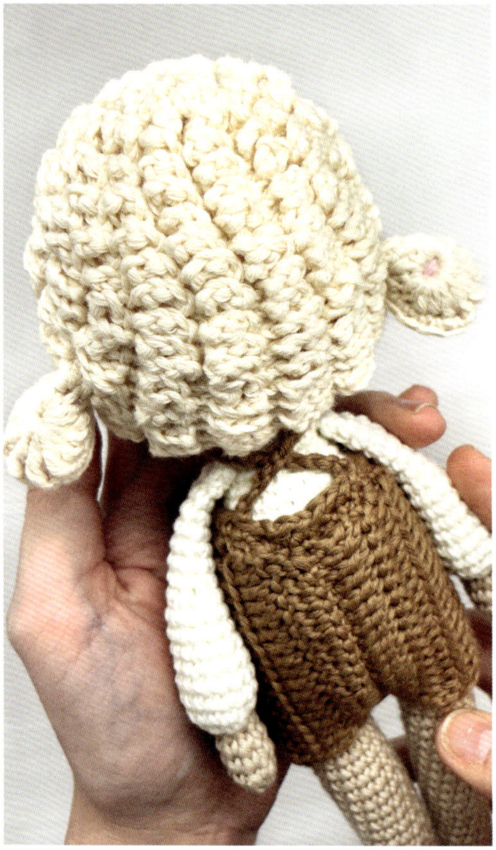

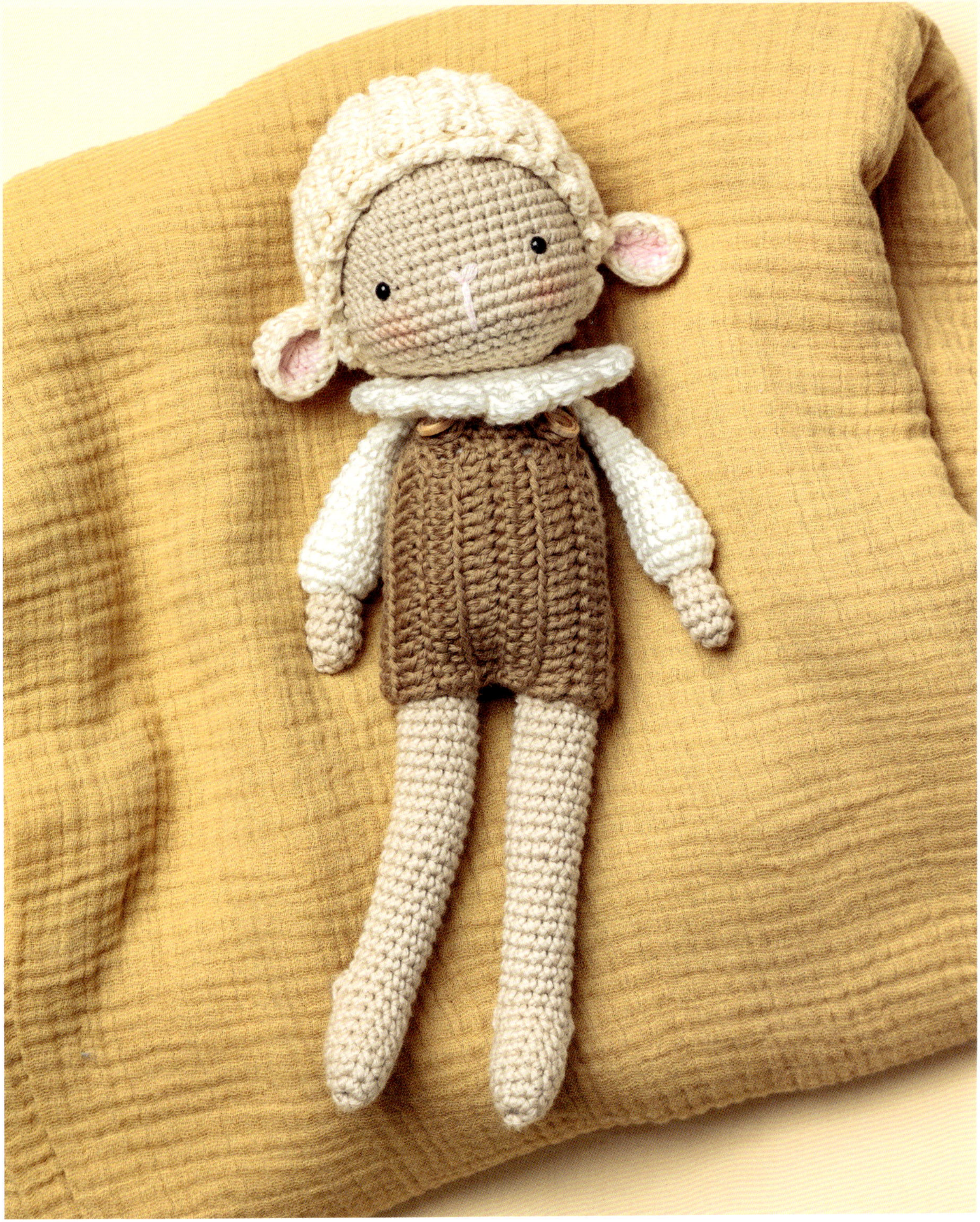

08

Emil
DER ELEFANT

Emil liebt es, durch die weiten Länder zu reisen, sei es über goldene Wiesen, durch dichte Wälder oder entlang der glitzernden Küsten. Jedes neue Abenteuer bringt Emil eine neue Geschichte, die er mit seinen Freunden und seiner Familie teilt, wenn er nach Hause zurückkehrt.

GRÖSSE: 26 CM

MATERIALIEN

- Baumwolle in fünf verschiedenen Farben
- Häkelnadel in Größe 2,5 mm
- Sicherheitsaugen, 6 mm ∅
- Spitze Nähnadel zum Annähen und Sticken
- Stickgarn in Schwarz für die Augenbrauen
- Füllwatte
- Stecknadeln
- Maschenmarkierer
- Schere
- Pinkes Rouge plus Pinsel für Wangen

FARBEN

- **Kopf und Körper (Farbe A):** Babytoly 975 Silver, 50 g
- **Pulli (Farbe B):** Babytoly 014 Natural, 10 g
- **Pulli (Farbe C):** Ecobebek 969 Steel, 5 g
- **Hose (Farbe D):** Babytoly 780 Mustard, 15 g
- **Kappe (Farbe E):** Babytoly 812 Camel, 2 g

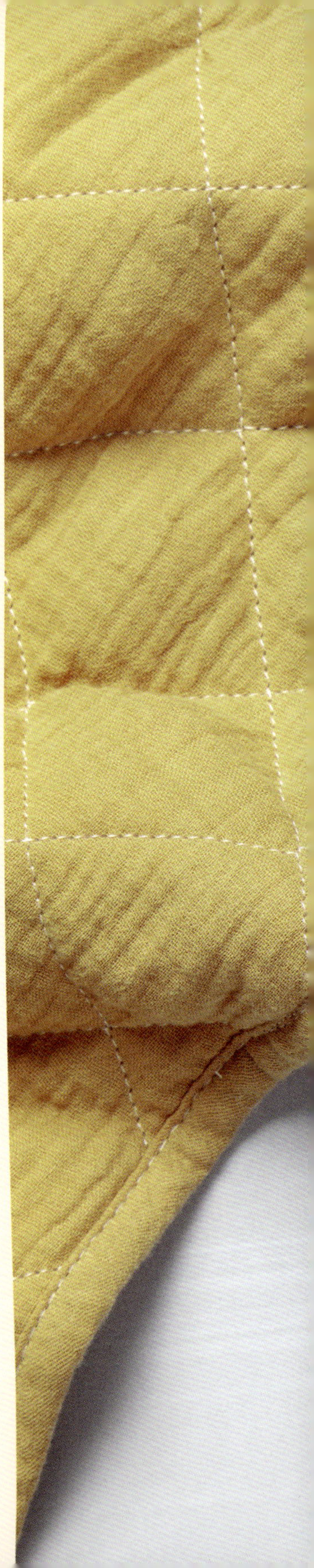

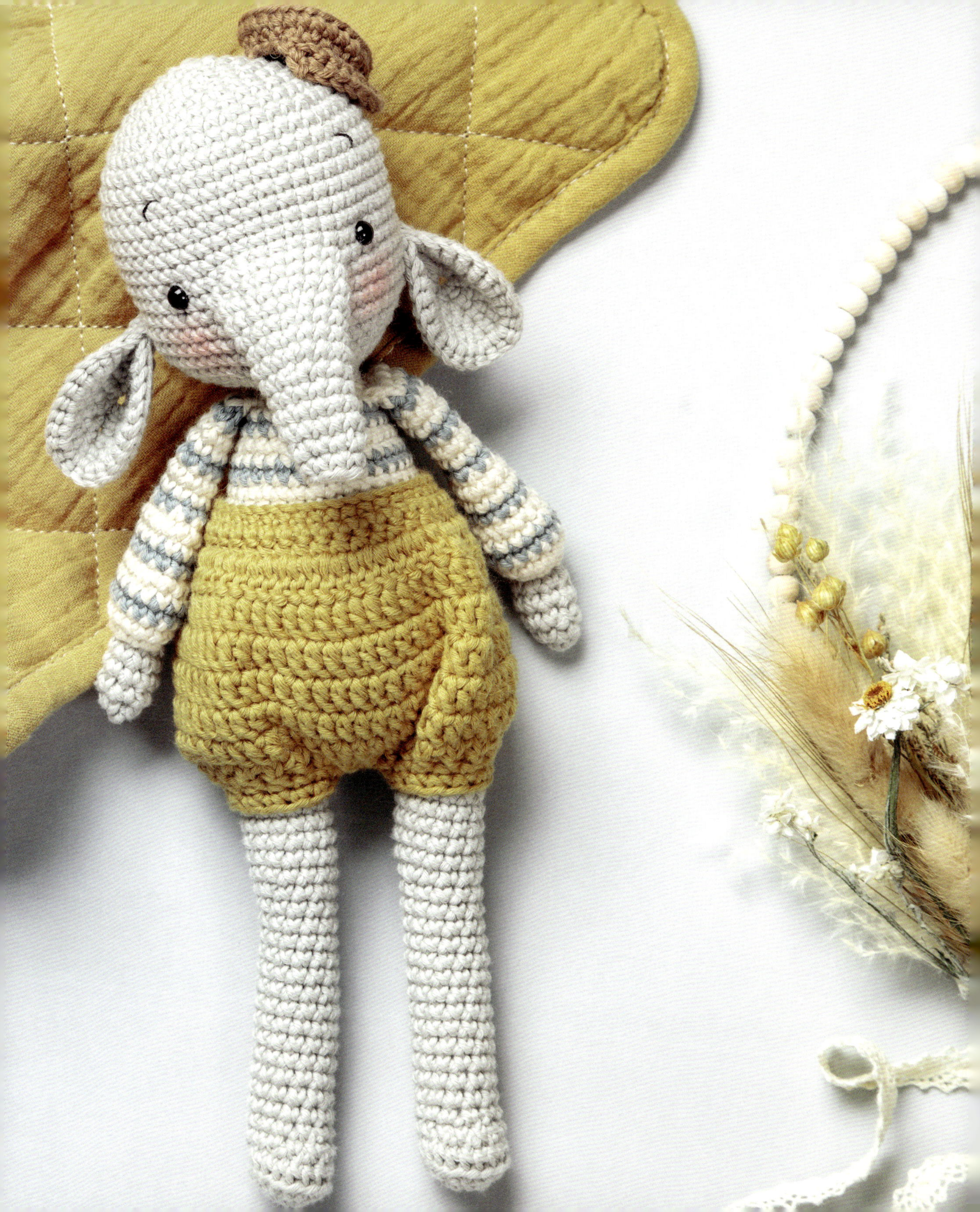

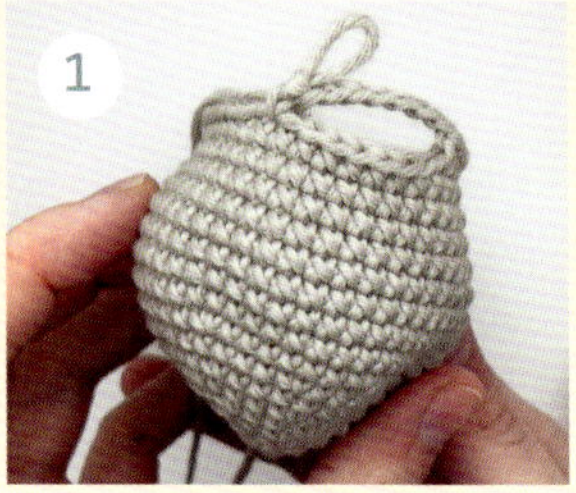

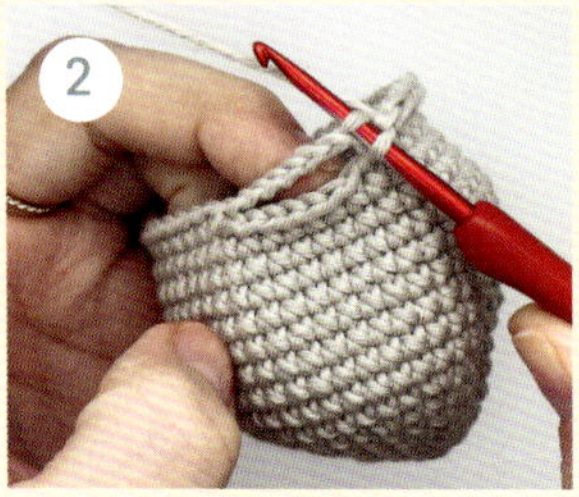

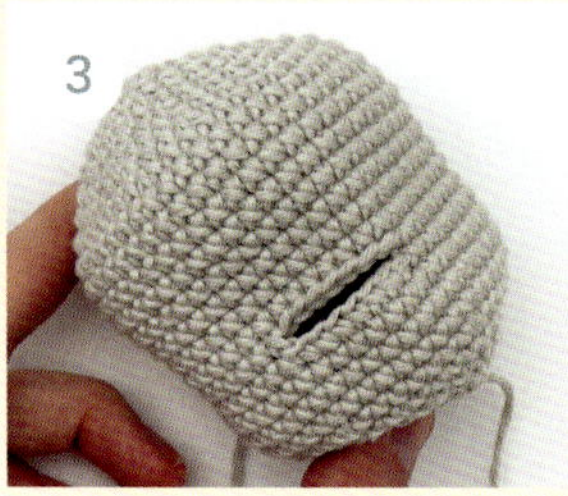

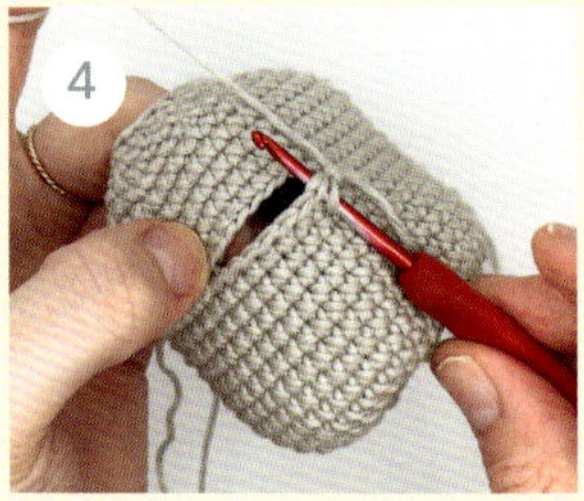

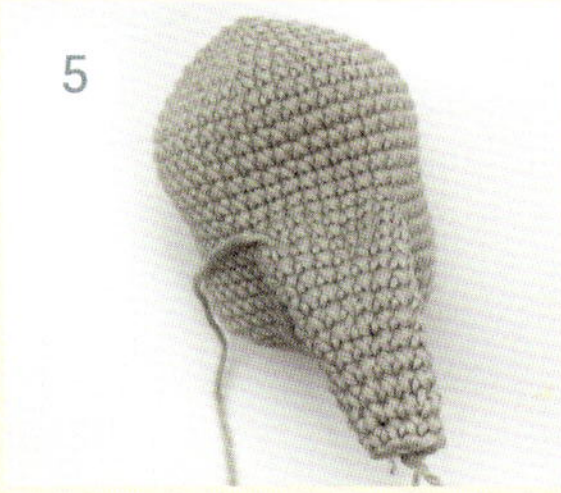

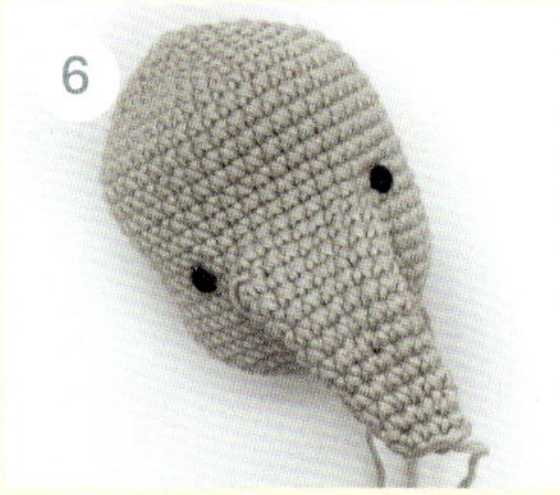

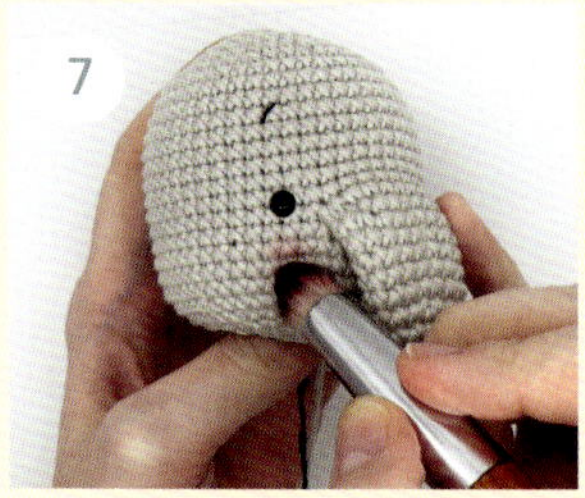

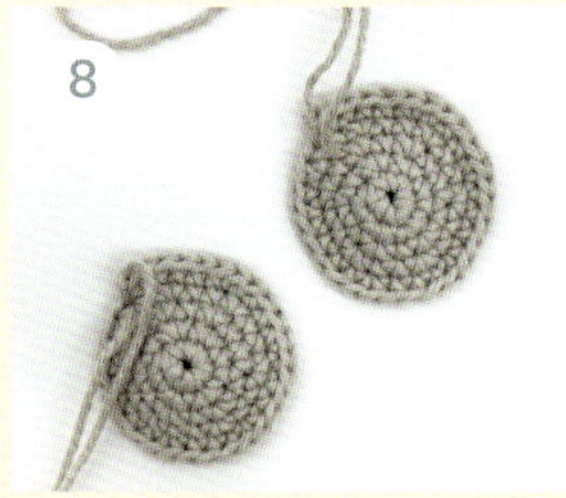

UND SO GEHT'S

KOPF

Es wird in Spiral-Rd gehäkelt.
Nd 2,5 mm. Beginne in Fb A.

1. Rd: 6 fM in einen Fadenring. (6)
2. Rd: Zun x 6. (12)
3. Rd: (1 fM, Zun) x 6. (18)
4. Rd: 1 fM, Zun, (2 fM, Zun) x 5, 1 fM. (24)
5. Rd: (3 fM, Zun) x 6. (30)
6. Rd: 2 fM, Zun, (4 fM, Zun) x 5, 2 fM. (36)
7. Rd: (5 fM, Zun) x 6. (42)
8. Rd: 3 fM, Zun, (6 fM, Zun) x 5, 3 fM. (48)
9.–16. Rd: 48 fM. (48)
17. Rd: 20 fM, 7 Lm, 7 M auslassen, 21 fM (hier entsteht die Öffnung für den späteren Rüssel). (48) Bild 1
18. Rd: 20 fM, 7 fM in die Lm-Kette der Vor-Rd, 21 fM. (48) Bild 2
19.–21. Rd: 48 fM häkeln. (48)
22. Rd: 3 fM, Abn, (6 fM, Abn) x 5, 3 fM. (42)
23. Rd: (5 fM, Abn) x 6. (36)
24. Rd: 2 fM, Abn, (4 fM, Abn) x 5, 2 fM. (30)
25. Rd: (3 fM, Abn) x 6. (24)
26. Rd: 1 fM, Abn, (2 fM, Abn) x 5, 1 fM. (18)
Beende die Arbeit mit 1 Km, schneide einen langen Fd ab, damit du den Kopf später an den Körper nähen kannst. Bild 3

RÜSSEL

1. Rd: Nimm wieder Fb A und arbeite jetzt so, dass der Kopf kopfüber vor dir ist und beginne am rechten unteren Rand der Öffnung mit einer stehenden fM. Häkle weitere 6 fM in die M, 2 fM in die erste Ecke der Öffnung, 7 fM in die Lm-Kette, weitere 2 fM, in die 2. Ecke. (18) Bild 4
2. Rd: 18 fM häkeln. (18)
3. Rd: 10 fM, 6 Km, 2 fM. (18)
4. Rd: (4 fM, Abn) x 3. (15)
5–6. Rd: 15 fM häkeln. (15)
7. Rd: 9 fM, 6 Km. (15)
8. Rd: (3 fM, Abn) x 3. (12)
9.–10. Rd: 12 fM häkeln. (12)
11. Rd: 1 Km, 8 fM, 3 Km. (12)
12. Rd: (2 fM, Abn) x 3. (9)
13. Rd: 9 fM häkeln. (9)
Beende den Rüssel mit 1 Km. Schneide den Fd ab und vernähe ihn. Bild 5
Füge die Augen zwischen der 16. und 17. Rd ein mit je 2 M Abstand zum Rüssel links und rechts. Bild 6
Befülle den Kopf mit Füllwatte, ebenso den Anfang des Rüssels. Der Rest bleibt unbefüllt. Die Augenbrauen werden 5 Rd oberhalb der Augen diagonal verlaufend über eine M aufgestickt. Mit pinkem Rouge und einem Pinsel kannst du Wangen unter den Augen aufmalen. Bild 7

OHR (2x)

Es wird in Spiral-Rd gehäkelt.
Nd 2,5 mm. Beginne in Fb A.
1. Rd: 6 fM in einen Fadenring. (6)
2. Rd: Zun x 6. (12)
3. Rd: (1 fM, Zun) x 6. (18)
4. Rd: 1 fM, Zun, (2 fM, Zun) x 5, 1 fM. (24)
5. Rd: (3 fM, Zun) x 6. (30)
Beende die Arbeit mit 1 Km. Schneide den Fd lang genug ab fürs spätere Annähen. Bild 8

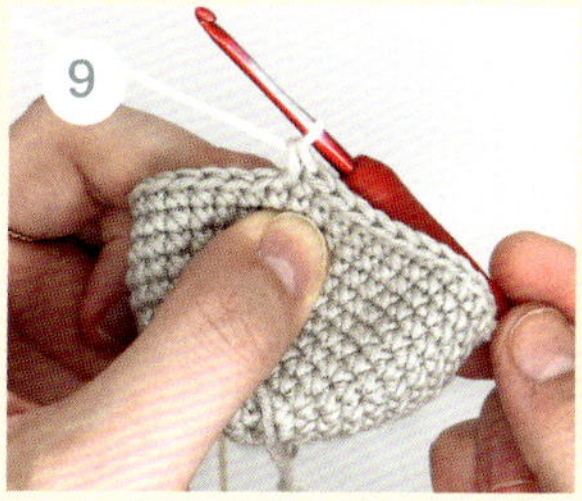

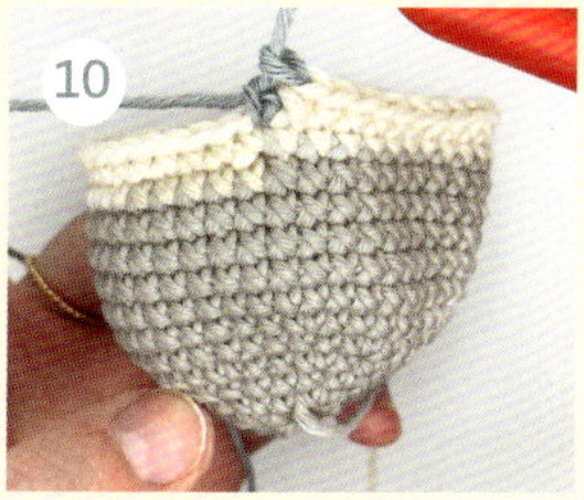

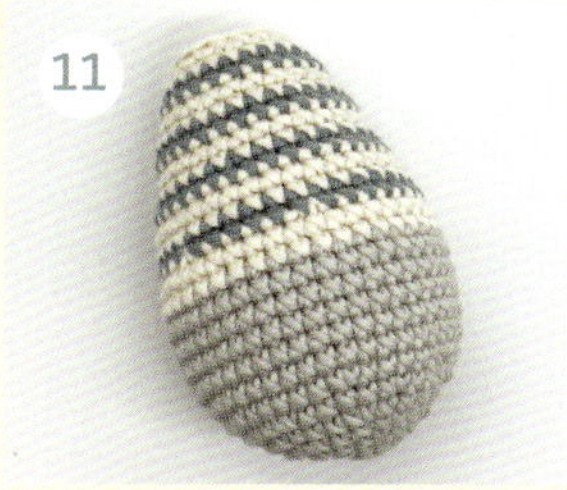

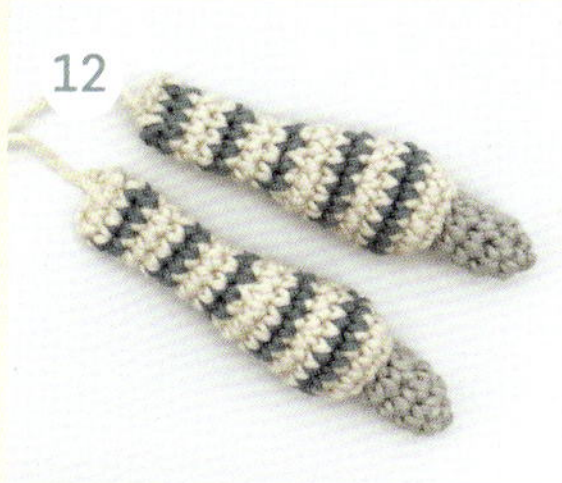

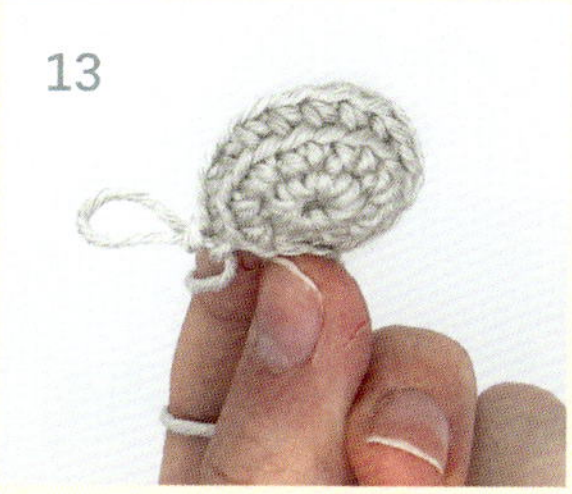

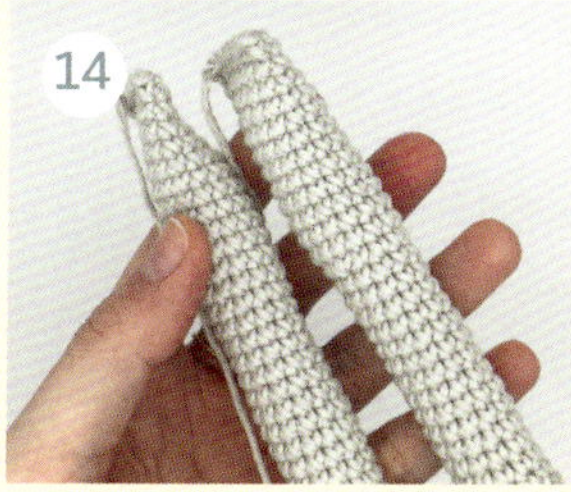

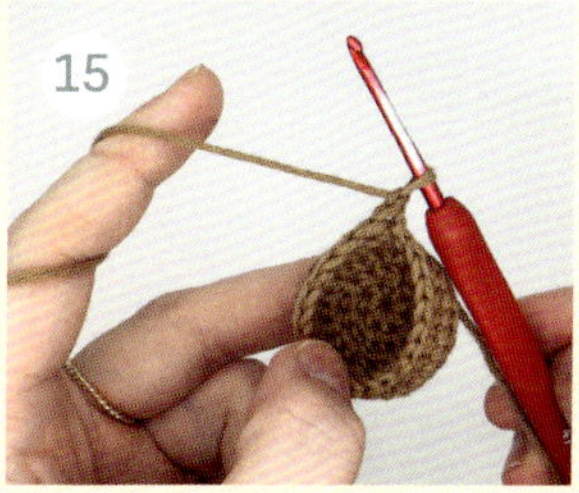

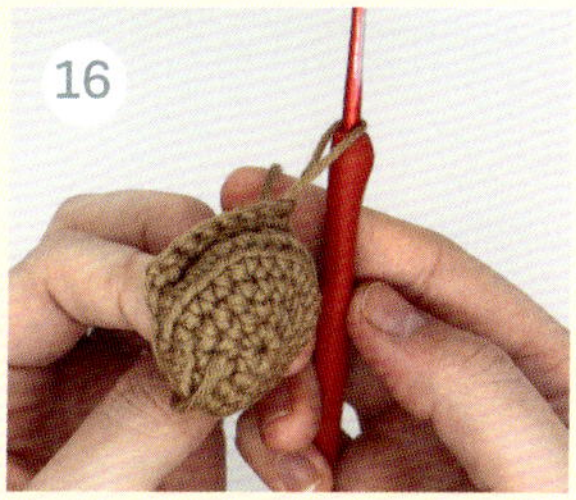

KÖRPER

Es wird in Spiral-Rd gehäkelt.
Nd 2,5 mm. Beginne mit Fb A.
1. Rd: 6 fM in einen Fadenring. (6)
2. Rd: Zun x 6. (12)
3. Rd: (1 fM, Zun) x 6. (18)
4. Rd: 1 fM, Zun, (2 fM, Zun) x 5, 1 fM. (24)
5. Rd: (3 fM, Zun) x 6. (30)
6. Rd: 2 fM, Zun, (4 fM, Zun) x 5, 2 fM. (36)
7. Rd: (5 fM, Zun) x 6. (42)
8.–12. Rd: 42 fM häkeln. (42)
Fb-Wechsel zu Fb B. Bild 9
13.–14. Rd: 42 fM häkeln. (42)
Fb-Wechsel zu Fb C. Bild 10
15. Rd: (5 fM, Abn) x 6. (36)
Fb-Wechsel zu Fb B.
16.–17. Rd: 36 fM häkeln. (36)
Fb-Wechsel zu Fb C.
18. Rd: 36 fM häkeln. (36)
Fb-Wechsel zu Fb B.
19. Rd: 2 fM, Abn, (4 fM, Abn) x 5, 2 fM. (30)
20. Rd: 30 fM häkeln. (30)
Fb-Wechsel zu Fb C.
21. Rd: 30 fM häkeln. (30)
Fb-Wechsel zu B.
22. Rd: 30 fM häkeln. (30)
23. Rd: (3 fM, Abn) x 6. (24)
Fb-Wechsel zu Fb C.
24. Rd: 24 fM häkeln. (24)
Fb-Wechsel zu Fb B.
25. Rd: 24 fM häkeln. (24)
26. Rd: 1 fM, Abn, (2 fM, Abn) x 5, 1 fM. (18)
Arbeit mit 1 Km beenden und Fd vernähen. Den Körper mit Füllwatte füllen. Bild 11

ARME

LINKER ARM

Es wird in Spiral-Rd gehäkelt.
Beginne mit Fb A.
1. Rd: 4 fM in einen Fadenring. (4)
2. Rd: Zun x 4. (8)
3.–5. Rd: 8 fM häkeln. (8)
Befülle den Handbereich leicht mit Füllwatte.
Fb-Wechsel zu Fb B.
6. Rd: 8 Km. (8)
7. Rd: Zun x 8. (16)
8. Rd: 16 fM häkeln. (16)
Fb-Wechsel zu Fb C.
9. Rd: 16 fM häkeln. (16)
Fb-Wechsel zu Fb B.
10. Rd: 16 fM häkeln. (16)
11. Rd: (2 fM, Abn) x 4. (12)
Fb-Wechsel zu Fb C.
12. Rd: 12 fM häkeln.(12)
Befülle den unteren breiten Armbereich leicht mit Füllwatte.
Fb-Wechsel zu Fb B.
13.–14. Rd: 12 fM häkeln. (12)
Fb-Wechsel zu Fb C.
15. Rd: (1 fM, Abn) x 4. (8)
Fb-Wechsel zu Fb B.
16.–17. Rd: 8 fM häkeln. (8)
Fb-Wechsel zu Fb C.
18. Rd: 8 fM häkeln. (8)
Fb-Wechsel zu Fb B.
19.–20. Rd: 8 fM häkel. (8)
Fb-Wechsel zu Fb C.
21. Rd: 8 fM häkeln. (8)
Fb-Wechsel zu Fb B.
22. Rd: 8 fM häkeln. (8)
1 Lm. Danach wird das Loch des Armes verschlossen, indem mit 3 fM beide Seiten zusammengehäkelt werden. Den Fd lang genug abschneiden für das spätere Annähen an den Körper.

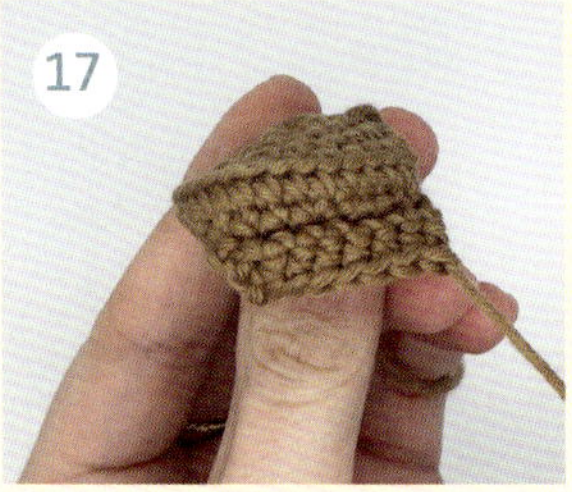
17

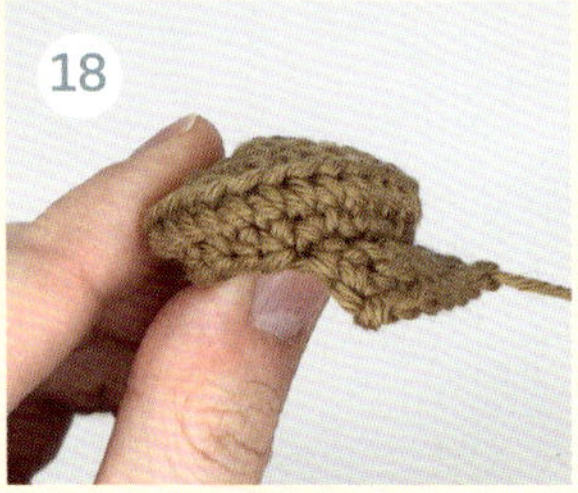
18

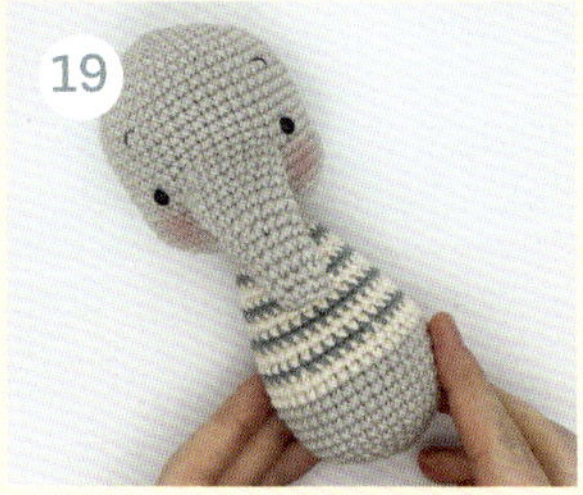
19

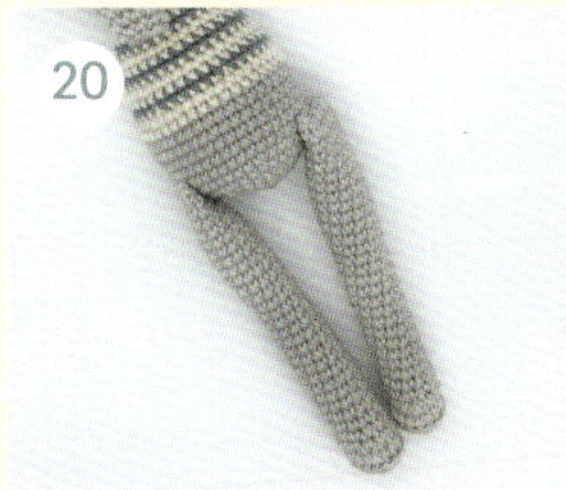
20

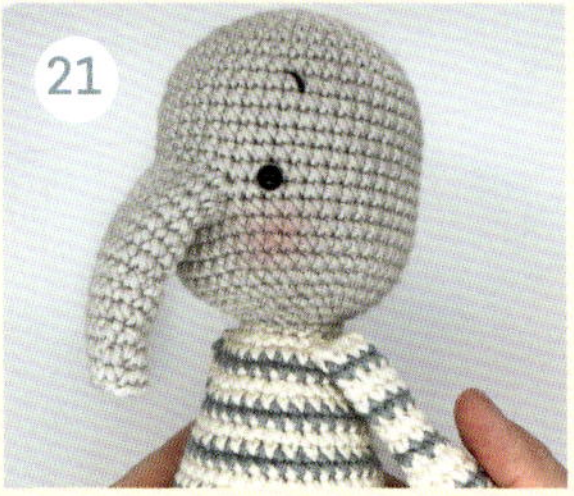
21

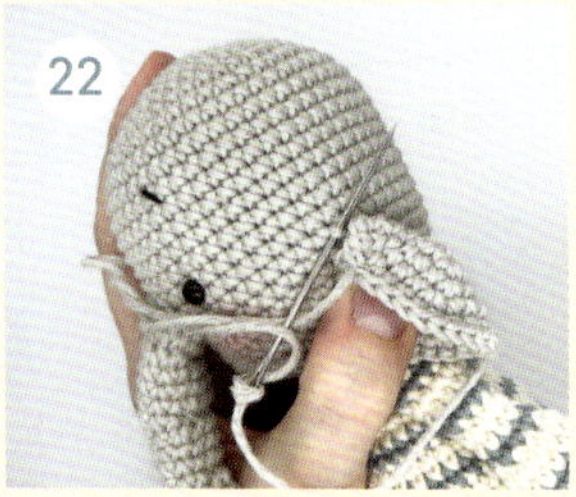
22

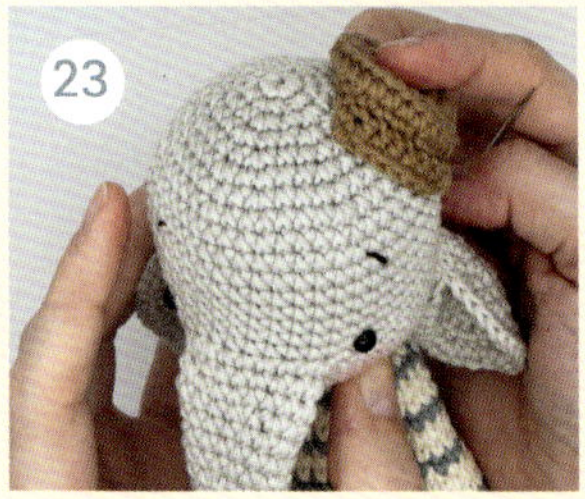
23

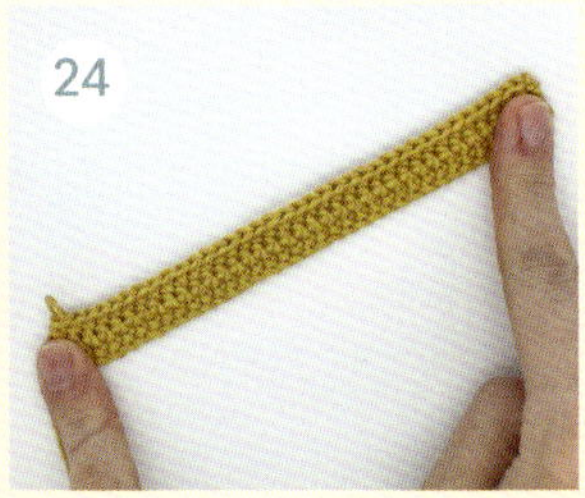
24

RECHTER ARM

Häkle bis zur 21. Rd wie den linken Arm. Beende die 22. Rd nach 2 fM. Verschließe die Öffnung wie den linken Arm. Bild 12

BEIN (2x)

Es wird in Spiral-Rd gehäkelt. Fb A.
1. Rd: 8 fM in einen Fadenring. (8)
2. Rd: Zun x 8. (16)
3. Rd: 16 fM ihM. (16) Bild 13
4. Rd: 5 fM, Abn x 3, 5 fM. (13)
5. Rd: 5 fM, Abn, 6 fM. (12)
6.–18. Rd: 12 fM häkeln. (12)
19. Rd: (5 fM, Zun) x 2. (14)
20.–30. Rd: 14 fM häkeln. (14)
Das Bein bis oben fest mit Füllwatte befüllen, 1 Lm, danach die Öffnung des Beines mit 6 fM zusammenhäkeln. Bild 14
Schneide den Fd lang genug ab und ziehe ihn durch die Schlaufe.

KAPPE

Häkle in Spiral-Rd. Beginne in Fb E. Am Ende wird in R gehäkelt.
1. Rd: 7 fM in einen Fadenring. (7)
2. Rd: Zun x 7. (14)
3. Rd: (1 fM, Zun) x 7. (21)
4. Rd: 1 fM, Zun, (2 fM, Zun) x 6, 1 fM. (28)
5. Rd: 28 fM ihM. (28)
6. Rd: 1 fM, Abn, (2, fM, Abn) x 6, 1 fM. (21)
Häkle ab hier in R weiter. 1 Lm, wenden. Bild 15
1. R: 1 Abn, 5 fM, 1 Abn, 1 Lm, wenden. (7) Bild 16
2. R: 7 fM häkeln. (7)
Schneide den Fd lang genug ab und ziehe ihn durch die Schlaufe. Vernähe den Fd nicht, da er später zum Annähen an den Kopf gebraucht wird. Bild 17–18

ANNÄHEN DER KÖRPERTEILE

Nähe zuerst den Kopf an den Körper, und zwar so, dass die Farbwechsel am Rücken sind. Bild 19
Die Beine werden links und rechts zwischen der 8. und 9. Rd am Körper angenäht mit ca. 12–13 M Abstand zwischen den beiden Beinen. Bild 20
Die Arme werden unterhalb des Kopfes zwischen 25. und 26. Rd des Körpers angenäht. Bild 21
Falte das Ohr und nähe es mit einer Nähnadel mit 3 Stichen über 3 M verlaufend zusammen. Die beiden Ohren werden auf Höhe der Augen ca. 8 M nach hinten angenäht. Bild 22
Nähe die Kappe seitlich auf Höhe des Fadenrings an. Bild 23

HOSE

Es wird zuerst in R gehäkelt. Im Verlauf wird in geschlossenen Rd gehäkelt. Beginne in Fb D.
Häkle 37 Lm. Beginne in der 2. M ab der Nd.
1.–2. R: 36 fM, 1 Lm, wenden. (36) Bild 24
3. R: 36 fM, 3 Lm, wenden. (36)
4. R: (1 Stb, Zun) x 18, 3 Lm, wenden. (54) Bild 25
5. R: 54 Stb (54) Bild 26
Mit 1 Km zur 3. Lm der Vor-Rd schließen. Ab hier in geschlossenen Rd häkeln. Bild 27

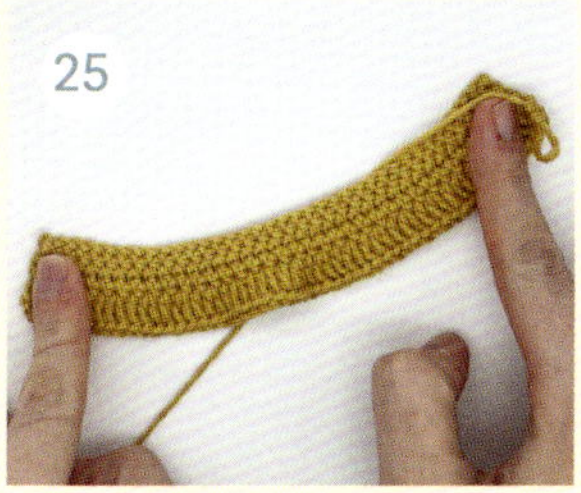
25

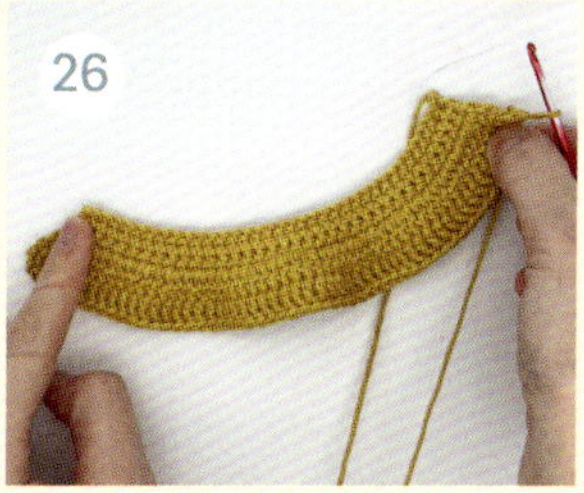
26

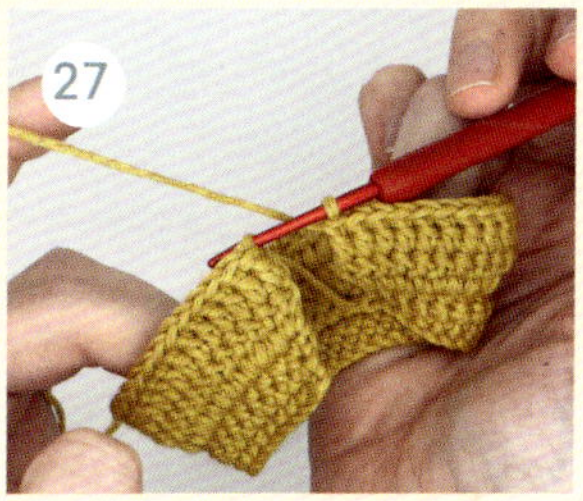
27

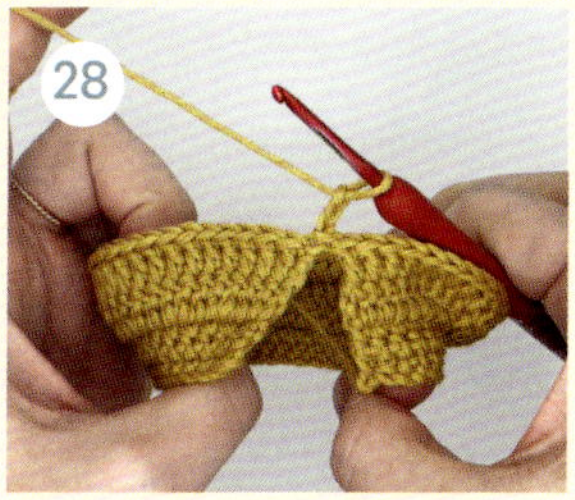
28

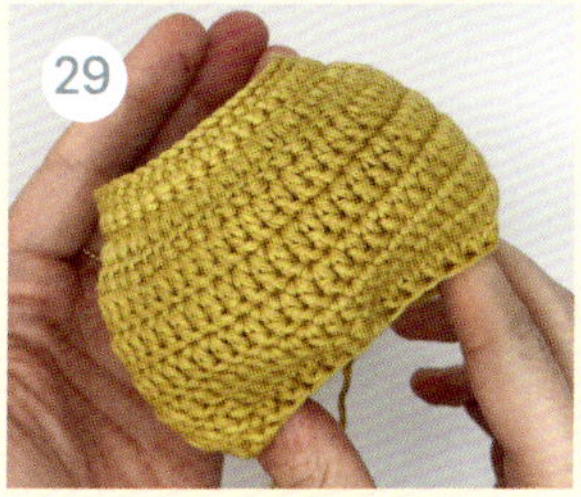
29

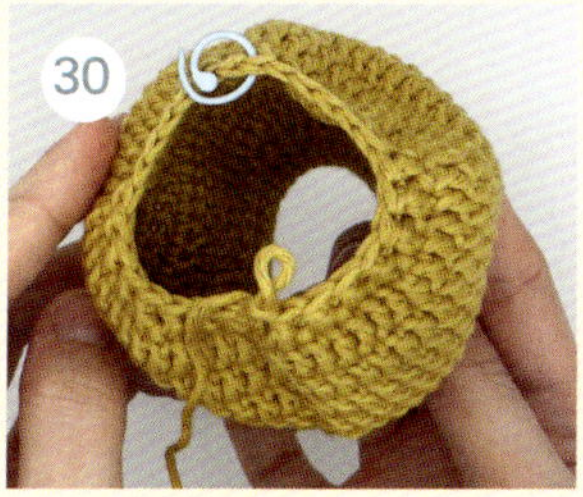
30

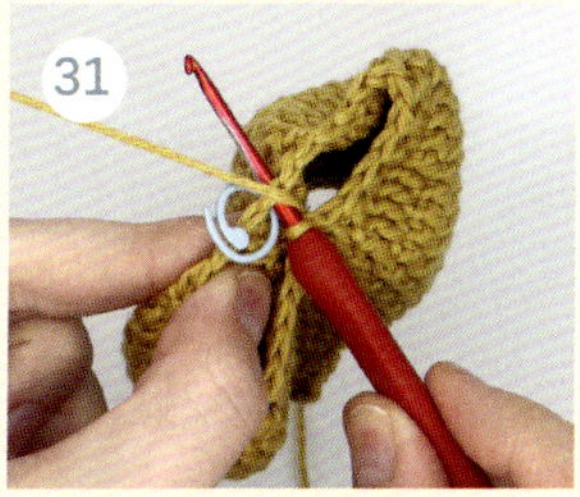
31

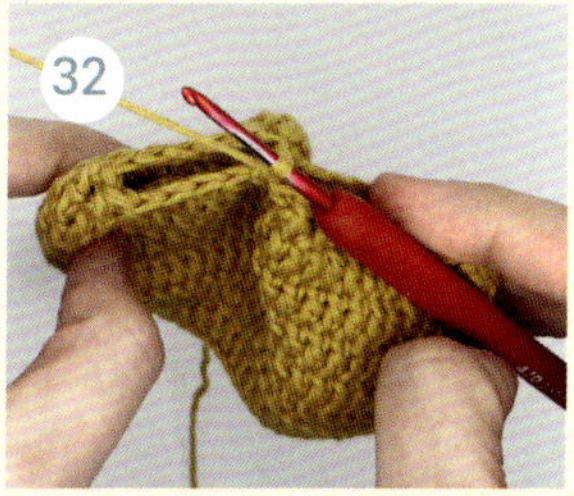
32

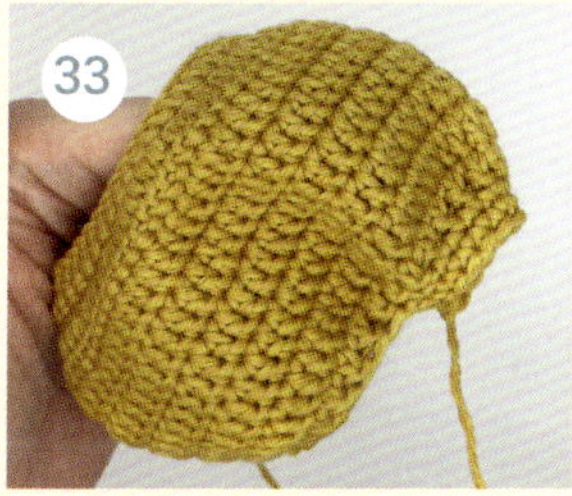
33

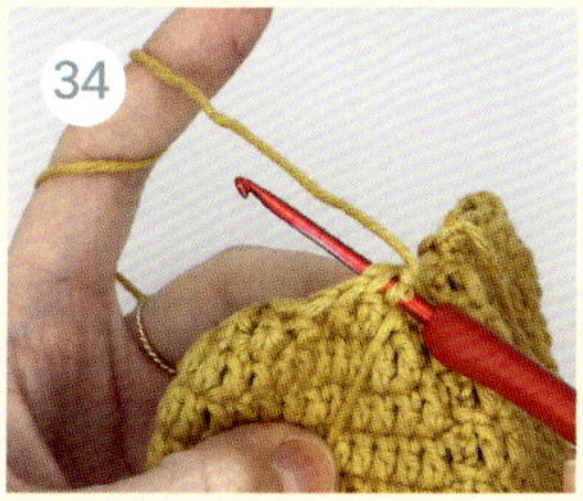
34

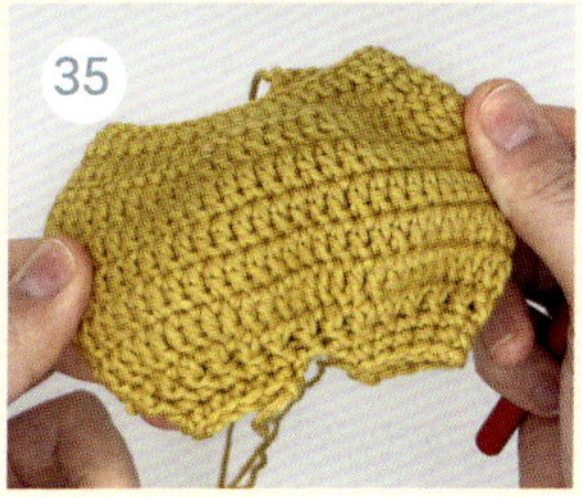
35

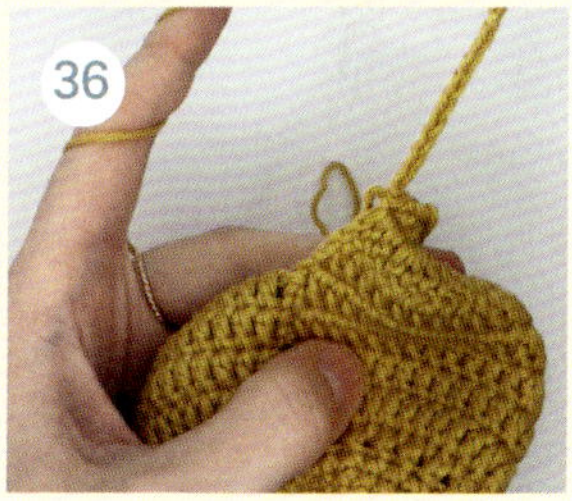
36

1.–4. Rd: 3 Lm, 54 Stb, 1 Km (54) Bild 28
5. Rd: 3 Lm, Stb Abn x 27, 1 Km (27) Bild 29
Jetzt werden die Hosenbeine gebildet. Zähle vom letzten Stb aus 13 Stb zurück und markiere diese 13. M mit einem Maschenmarkierer. Bild 30
1. Rd: Häkle nun 1 fM in diese 13. M, um einen kleinen Ring zu bilden. Es wird in Spiral-Rd weitergehäkelt. Häkle weitere 12 fM. (13) Bild 31–32
2. Rd: 13 fM häkeln. (13)
Beende die Arbeit mit 1 Km. Bild 33
Für das 2. Hosenbein beginne mit einer stehenden fM auf der Hinterseite der Hose in einem unbearbeiteten Stb. Fahre fort mit der 1. und 2. Rd des 1. Hosenbeines. Bild 34–35
Vernähe das Loch zwischen den beiden Hosenbeinen mit dem Anfangs-Fd des 2. Hosenbeines. Danach alle Fd auf der Innenseite der Hose vernähen.
An die Rückseite der Hose werden jetzt noch 2 Bänder gehäkelt, um die Hose mit einer Schleife verschließen zu können. Beginne mit einer stehenden Km an einer Seite, häkle 23 Lm, schneide den Fd ab und ziehe ihn durch die Schlaufe. Am anderen Rand wird dasselbe gemacht. Bild 36
Ziehe dem Elefanten die Hose an und binde die beiden Bänder zu einer Schleife. Bild 37

37

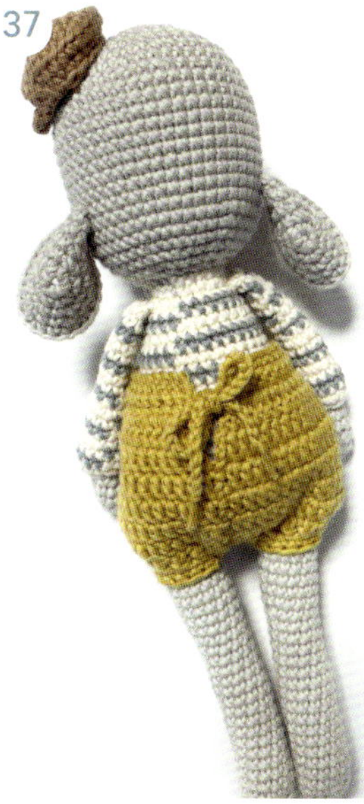

09

Bennett
DIE GRAUGANS

Bennett ist ein echter Abenteurer. Jeden Herbst, wenn der Wind sanft über die Felder streicht, spürt er das Kribbeln in seinen Federn. „Es ist Zeit", sagt er und hebt seine Flügel. Bennett liebt es, in ferne Länder zu fliegen, wo die Sonne wärmer scheint und die Wiesen grün und saftig sind. Doch egal, wie weit auch immer er fliegt, es ist doch immer am schönsten, nach Hause zurückzukehren zu seinen Freunden.

GRÖSSE: 28 CM

MATERIALIEN
- Baumwolle in fünf verschiedenen Farben
- Häkelnadel in Größe 2,5 mm
- Sicherheitsaugen, 7 mm ∅
- Dünnes Nähgarn in Schwarz für die Augenbrauen
- Spitze Nähnadel zum Annähen und Sticken
- Füllwatte
- Stecknadeln
- Maschenmarkierer
- Schere

FARBEN
- **Kopf und Körper (Farbe A):** Babytoly 950 Pigeon, 58 g
- **Schnabel (Farbe B):** Babytoly 490 Golden Brown, kleine Menge
- **Beine (Farbe C):** Babytoly 350 Cinnamon, 27 g
- **Hose (Farbe D):** Ecobebek 715 Sage, 10 g
- **Schleife (Farbe E):** Babytoly 850 Duck Egg Blue, kleine Menge

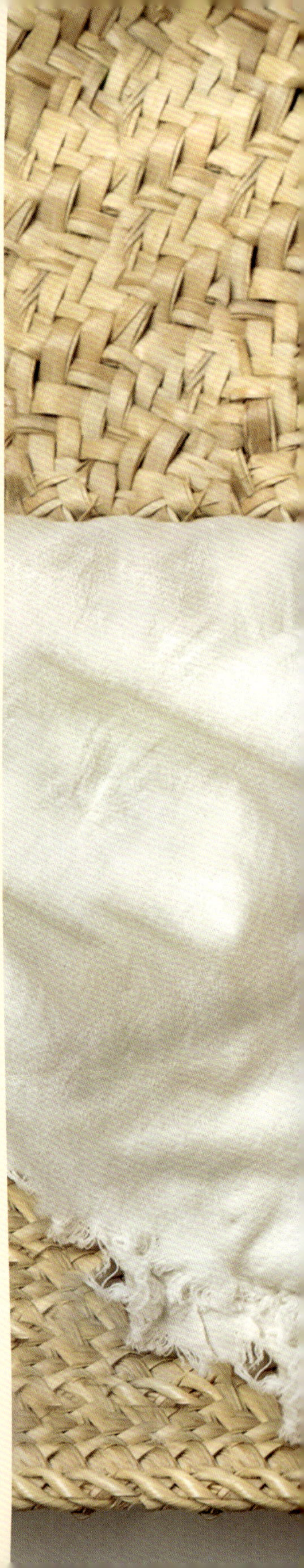

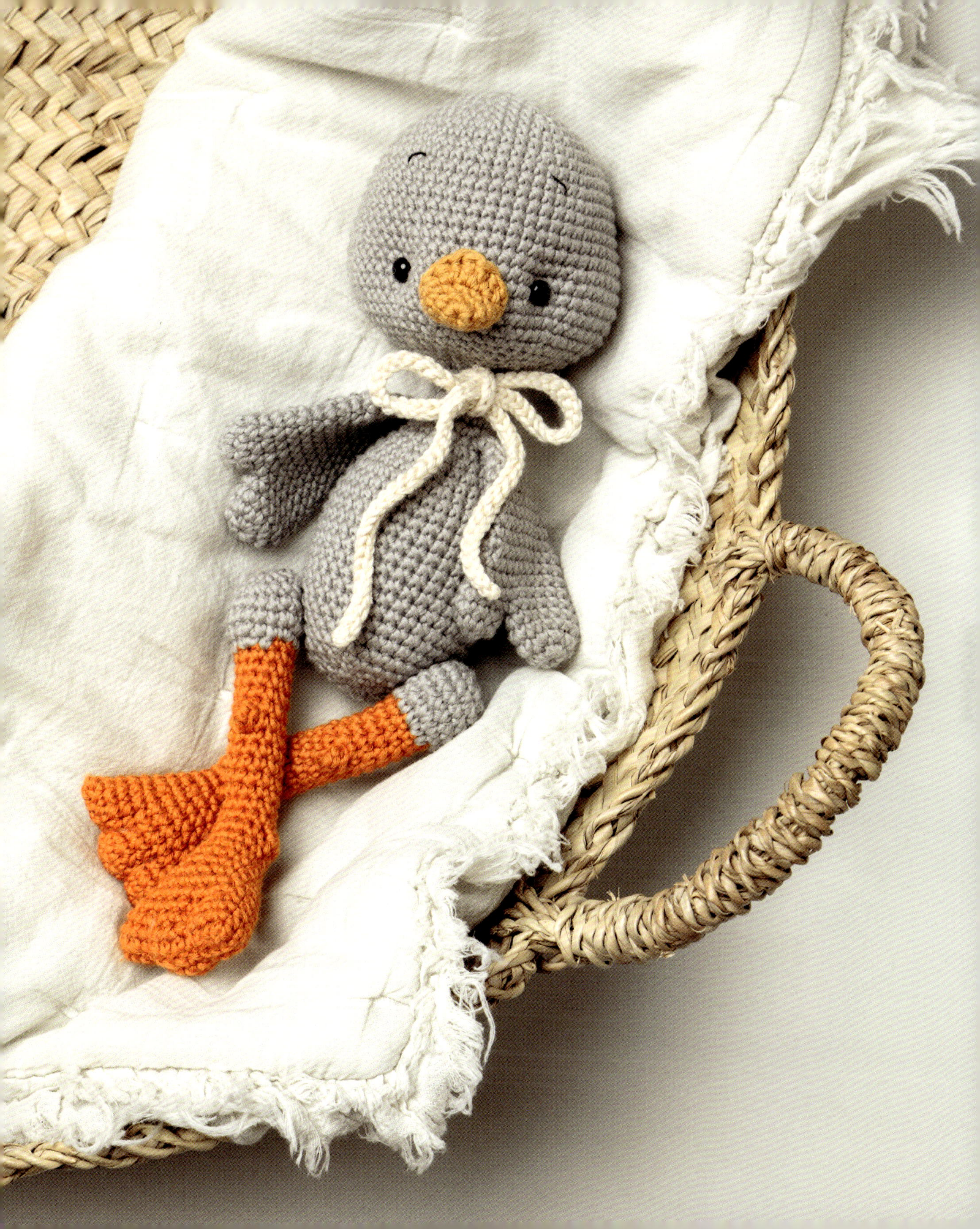

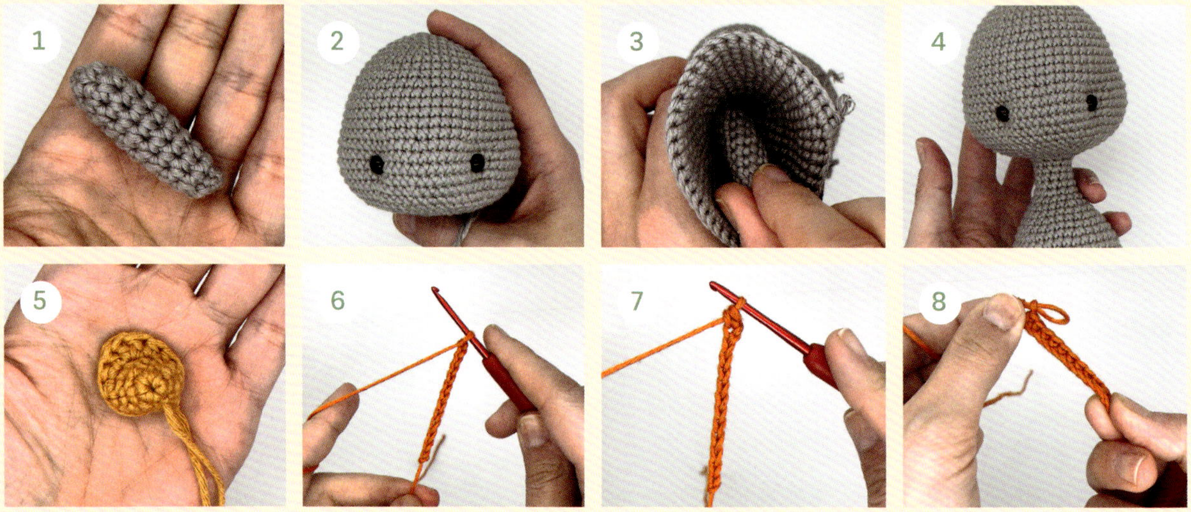

UND SO GEHT'S

STABILISATOR FÜR DEN KOPF

Es wird in Spiral-Rd gehäkelt. Fb A.
1. Rd: 4 fM in einen Fadenring. (4)
2. Rd: Zun x 4. (8)
3.–10. Rd: 8 fM häkeln. (8)
Fülle den Stabilisator mit Füllwatte.
11. Rd: Abn x 4. (4)
Fülle mit einer Pinzette noch etwas Füllwatte ein.
Beende die Arbeit mit 1 Km, schneide den Fd ab und schließe das Loch mit einer Nähnadel. Bild 1

KOPF, HALS UND KÖRPER

Kopf, Hals und Körper werden in einem Stück gehäkelt, von oben nach unten startend.
Es wird in Spiral-Rd gehäkelt. Fb A.
1. Rd: 6 fM in einen Fadenring. (6)
2. Rd: Zun x 6. (12)
3. Rd: (1 fM, Zun) x 6. (18)
4. Rd: 1 fM, Zun, (2 fM, Zun) x 5, 1 fM. (24)
5. Rd: (3 fM, Zun) x 6. (30)
6. Rd: 2 fM, Zun (4 fM, Zun) x 5, 2 fM. (36)
7. Rd: (5 fM, Zun) x 6. (42)
8. Rd: 42 fM häkeln. (42)
9. Rd: 3 fM, Zun, (6 fM, Zun) x 5, 3 fM. (48)
10. Rd: 48 fM häkeln. (48)
11. Rd: (7 fM, Zun) x 6. (54)
12.–15. Rd: 54 fM häkeln. (54)
16. Rd: 4 fM, Zun, (8 fM, Zun) x 5, 4 fM. (60)
17. Rd: (9 fM, Zun) x 6. (66)
18. Rd: 5 fM, Zun, (10 fM, Zun) x 5, 5 fM. (72)
19. Rd: 72 fM häkeln. (72)
20. Rd: 5 fM, Abn, (10 fM, Abn) x 5, 5 fM. (66)
21. Rd: (9 fM, Abn) x 6. (60)
22. Rd: 4 fM, Abn, (8 fM, Abn) x 5, 4 fM. (54)
23. Rd: (7 fM, Abn) x 6. (48)
24. Rd: 3 fM, Abn, (6 fM, Abn) x 5, 3 fM. (42)
25. Rd: (5 fM, Abn) x 6. (36)
26. Rd: 2 fM, Abn, (4 fM, Abn) x 5, 2 fM. (30)
27. Rd: (3 fM, Abn) x 6. (24)
Füge die Augen ein zwischen der 18.und 19. Rd mit einem Abstand von ca. 12 M. Vertiefe die Augen nach Anleitung auf Seite 25. Bild 2
28. Rd: 1 fM, Abn, (2, fM, Abn) x 5, 1 fM. (18)
29. Rd: (1 fM, Abn) x 6. (12)
30.–33. Rd: 12 fM häkeln. (12)
34. Rd: (1 fM, Zun) x 6. (18)
35. Rd: 18 fM häkeln. (18)
36. Rd: 1 fM, Zun, (2 fM, Zun) x 5, 1 fM. (24)
37. Rd: 24 fM häkeln. (24)
38. Rd: (3 fM, Zun) x 6. (30)
39. Rd: 30 fM häkeln. (30)
40. Rd: 2 fM, Zun, (4 fM, Zun) x 5, 2 fM. (36)
41.–45. Rd: 36 fM häkeln. (36)
Stecke den Stabilisator in den Halsbereich. Bild 3
46.–53. Rd: 36 fM häkeln. (36)
54. Rd: 2 fM, Abn, (4 fM, Abn) x 5, 2 fM. (30)

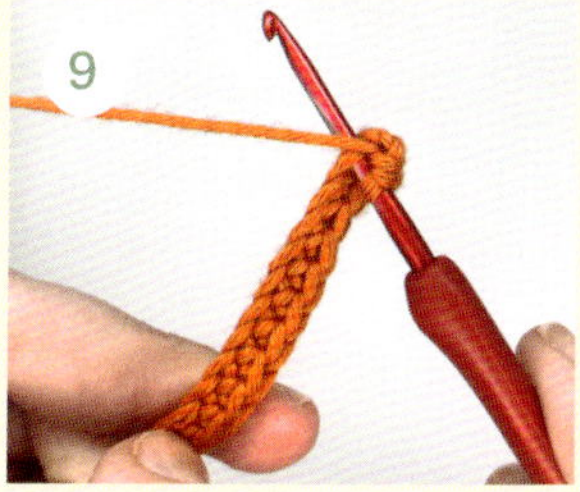

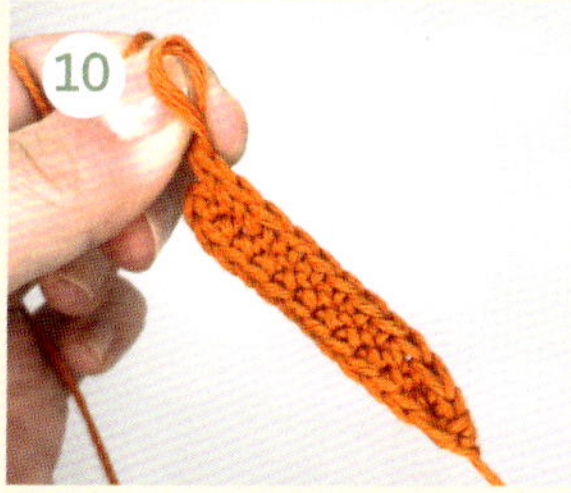

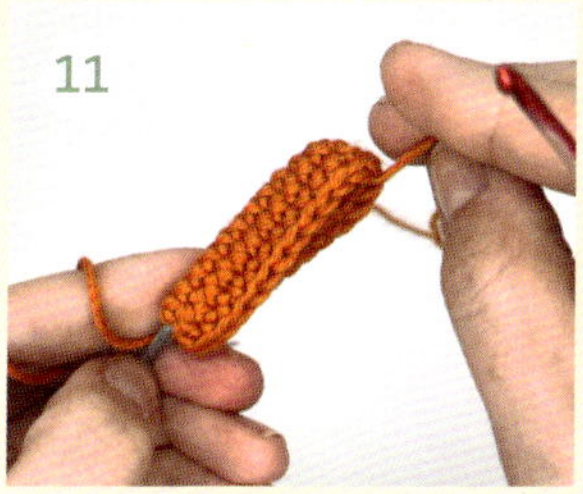

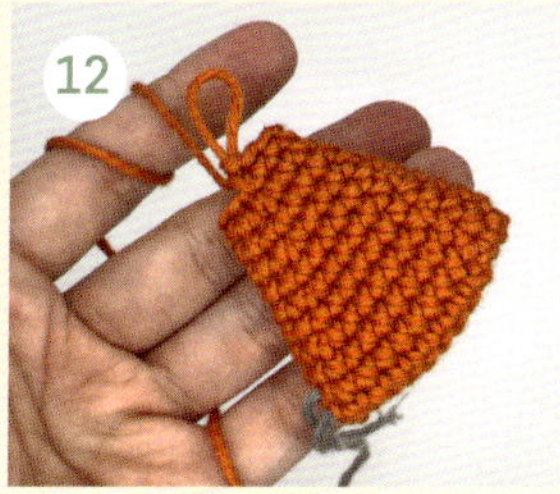

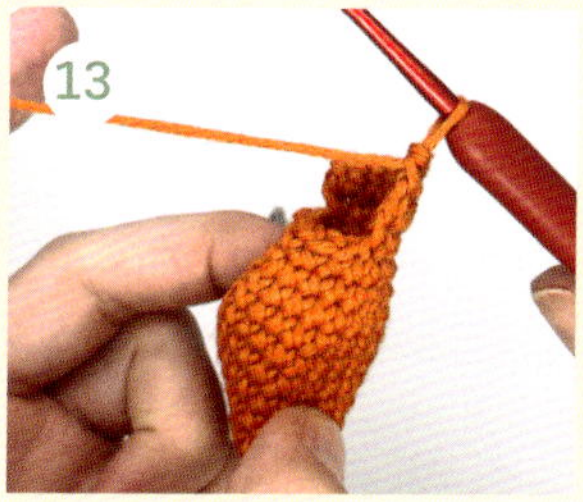

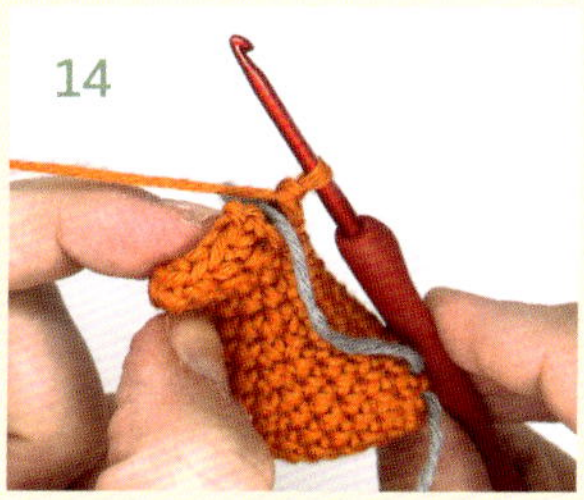

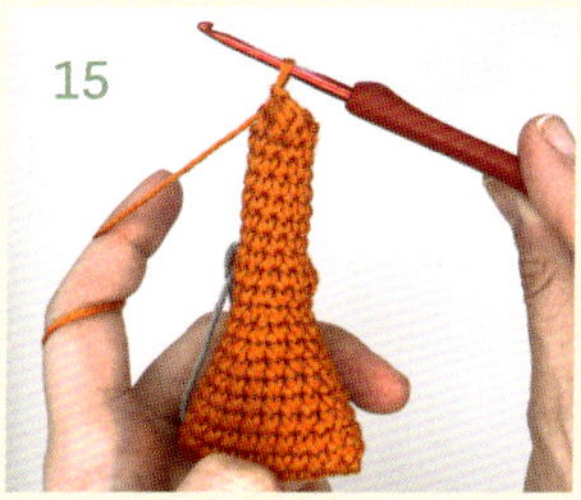

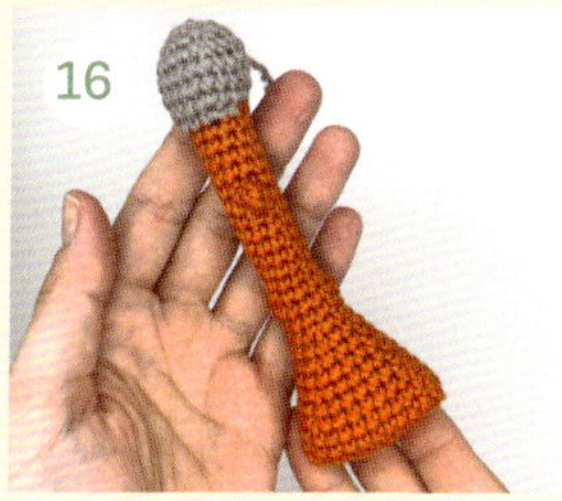

55. Rd: (3 fM, Abn) x 6. (30)
56. Rd: 1 fM, Abn, (2 fM, Abn) x 5, 1 fM. (24)
Füge in den Hals und in den Körper genügend Füllwatte ein.
57. Rd: (1 fM, Abn) x 6. (12)
58. Rd: Abn x 6. (6)
Schließe die Arbeit mit 1 Km, schneide den Fd ab, fülle noch etwas Füllwatte ein und schließe das Loch mit einer Nähnadel. Bild 4

SCHNABEL

Häkle in Spiral-Rd. Fb B.
1. Rd: 6 fM in einen Fadenring. (6)
2. Rd: (1 fM, Zun) x 3. (9)
3. Rd: (2 fM, Zun) x 3. (12)
4. Rd: 4 fM, 1 hStb, 1 Stb Zun, 1 Stb Zun, 1 hStb, 4 fM. (14)
Mit 1 Km beenden, langen Fd abschneiden fürs spätere Annähen. Bild 5

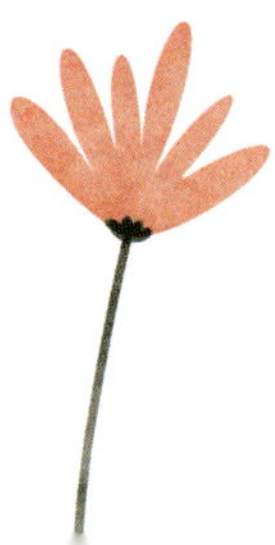

BEIN (2x)

Es wird in Spiral-Rd gehäkelt. Fb C. Bei den Beinen wird mit einer Lm-Kette begonnen, um die ivM und ihM gehäkelt wird, sodass ein Oval entsteht.
Häkle 13 Lm. Bild 6

1. Rd: Beginne in der 2. M von der Nd. Häkle um die Lm-Kette herum 12 fM zuerst ihM und dann nochmals 12 fM ivM (24) Bild 7–10
2.–3. Rd: 24 fM häkeln. (24) Bild 11
4. Rd: (6 fM, Abn) x 3. (21)
5. Rd: 21 fM häkeln. (21)
6. Rd: (5 fM, Abn) x 3. (18)
7. Rd: 18 fM häkeln. (18)
8. Rd: (4 fM, Abn) x 3. (15)
9. Rd: 15 fM häkeln. (15)
10. Rd: (3 fM, Abn) x 3. (12)
11. Rd: 12 fM häkeln. (12) Bild 12
Ab hier wird in R gehäkelt, um den Knick im Bein zu formen.
9 fM, 1 Lm, wenden.
6 fM, 1 Lm, wenden.
6 fM. Bild 13
Häkle weitere 6 fM, um diese Rd zu schließen. Bild 14

Häkle wieder in Spiral-Rd.
Fülle in den Fußbereich Füllwatte ein.
12. Rd: (4 fM, Abn) x 2. (10)
13.–18. Rd: 10 fM häkeln. (10)
19. Rd: 9 fM, 1 Pop (bestehend aus 3 Stb). (10) Bild 15
20.–25. Rd: 10 fM häkeln. (10)
Fb-Wechsel zu Fb A.
26. Rd: (1 fM, Zun) x 5. (15)
27. Rd: (2 fM, Zun) x 5. (20)
28.–29. Rd: 20 fM häkeln. (20)
30. Rd: (2 fM, Abn) x 5. (15)
31. Rd: (1 fM, Abn) x 5. (10)
Füge in das gesamte Bein genügend Füllwatte ein.
32. Rd: Abn x 5. (5)
Beende die Arbeit mit 1 Km, schneide den Fd lang genug ab und schließe das Loch mit einer Nähnadel. Führe den Fd jeweils bei den Innenseiten beider Beine heraus fürs spätere Annähen. Bild 16

Nimm einen langen Fd von Fb C und eine spitze Nähnadel, um die Paddelflossen zu formen. Steche von hinten zwischen der 4. Rd und 5. Rd ein, führe den Fd über die Kante nach vorne und steche den

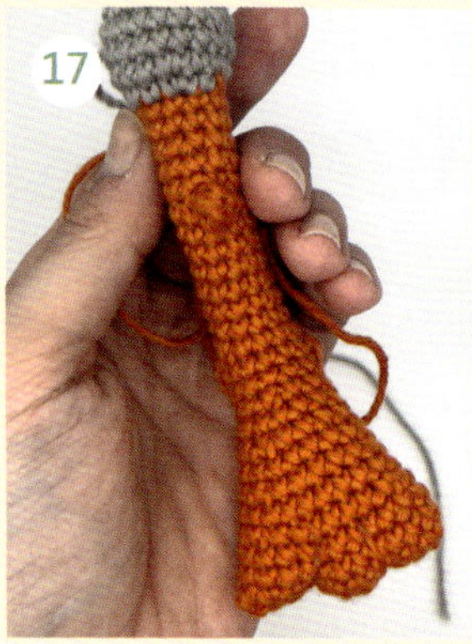

17

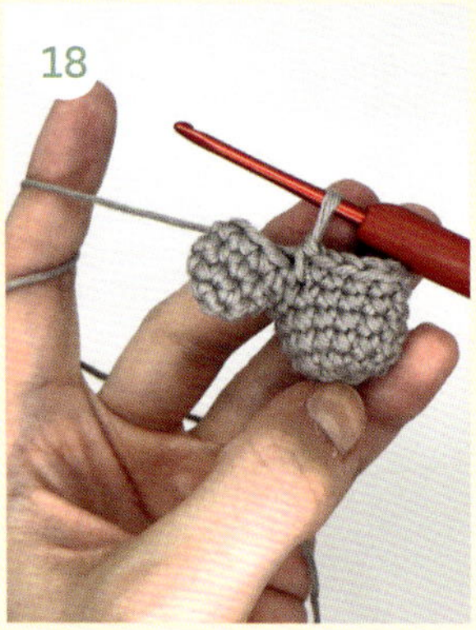

18

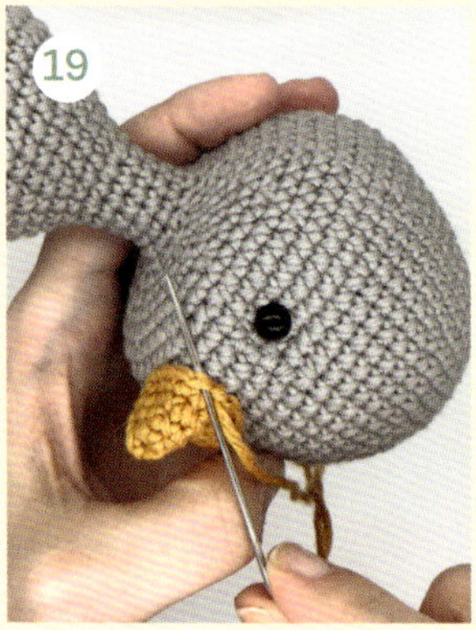

19

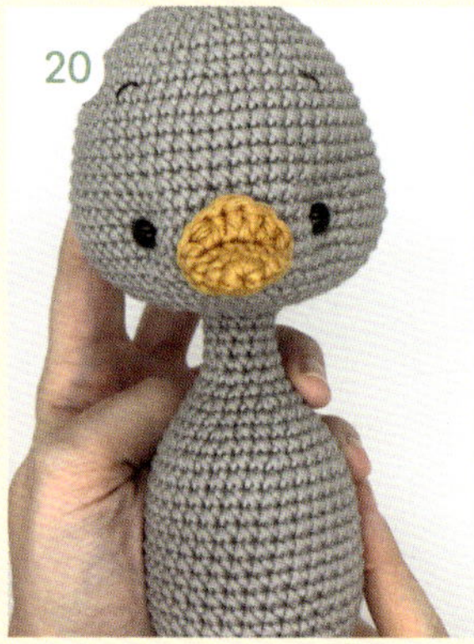

20

Fd wieder zwischen 4. Rd und 5. Rd ein, dasselbe wdh du noch einmal. Bild 17

FLÜGEL (2x)

Es wird in Spiral-Rd gehäkelt. Fb A.

FLÜGEL ERSTER TEIL

1. Rd: 4 fM in einen Fadenring. (4)
2. Rd: Zun x 4. (8)
3. Rd: 8 fM häkeln. (8)
Beende die Arbeit mit 1 Km und vernähe den Fd.

FLÜGEL ZWEITER TEIL UND VERBINDUNG BEIDER TEILE

1. Rd: 7 fM in einen Fadenring. (7)
2. Rd: Zun x 7. (14)
3.–5. Rd: 14 fM häkeln. (14)
Fd nicht abschneiden.
6. Rd: Verbinde beide Teile und häkle 1 fM in den 1. Flügelteil, häkle weitere 7 fM. Danach 14 fM in den 2. Teil. (22) Bild 18
7.–9. Rd: 22 fM häkeln. (22)
10. Rd: 3 fM, Abn, 10 fM, Abn, 5 fM. (20)
11.–12. Rd: 20 fM häkeln. (20)
13. Rd: 3 fM, Abn, 8 fM, Abn, 5 fM. (18)
14.–15. Rd: 18 fM häkeln. (18)
16. Rd: (1 fM, Abn) x 6. (12)
17. Rd: 10 fM häkeln. (10)
1 Lm, beide Seiten mit 5 fM zusammenhäkeln.

FERTIGSTELLUNG

Positioniere den Schnabel symmetrisch zwischen den Augen, sodass der obere Teil auf Höhe von 17. Rd ist. Stecke den Schnabel mit Stecknadeln fest und nähe ihn dann mit einer spitzen Nadel an. Bild 19
Mit einem schwarzen, dünnen Fd werden die Augenbrauen 8 Rd über den Augen diagonal verlaufend über 1 M aufgestickt. Bild 20
Nähe die Beine an der Innenseite entlang zwischen der. 5. bis 10. Rd des Körpers links und rechts an. Bild 21
Die Flügel werden links und rechts am Übergang zwischen Körper und Hals angenäht. Bild 22

HOSE

Es wird in geschlossenen Rd gehäkelt. Fb D.
Häkle 42 Lm.
1. Rd: Schließe mit 1 Km zum Kreis, 3 Lm (= 1. Stb), 41 Stb in die restlichen Lm, die Rd mit 1 Km in die 3. Lm schließen. (42)
2.–6. Rd: 3 Lm (= 1. Stb), 41 Stb, mit 1 Km in die 3. Lm schließen. (42)
Fd nicht abschneiden.

ERSTES HOSENBEIN

1. Rd: Zähle von der letzten M nach rechts 21 M und markiere diese M mit einem Maschenmarkierer. Schließe mit 1 Km in diese M. Häkle 3 Lm (= 1. Stb), 20 Stb. (21)
Beende die Arbeit mit 1 Km, schneide den Fd ab und ziehe ihn durch die Schlaufe.

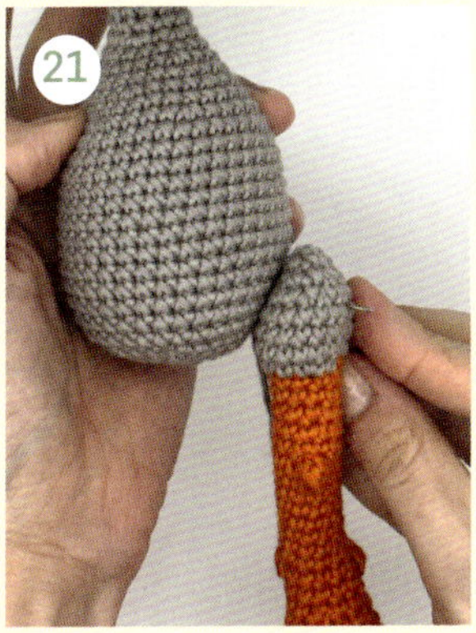

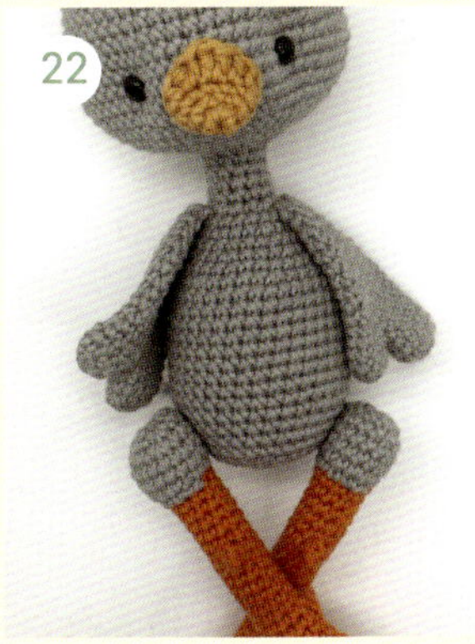

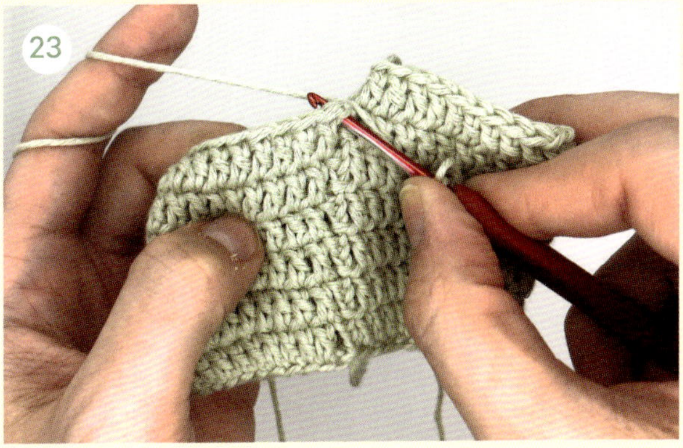

ZWEITES HOSENBEIN

1. Rd: Starte auf der Rückseite der Hose mit einem stehenden Stb, häkle weitere 20 Stb. (21) Bild 23
Beende die Arbeit mit 1 Km, schneide den Fd ab und ziehe ihn durch die Schlaufe. Vernähe alle Fd auf der Innenseite der Hose.
Ziehe der Graugans die Hose an und kremple die Hosenbeine hoch.
Bild 24

SCHLEIFE

Für die Schleife um den Hals häkle in Fb E 121 Lm, häkle ab der 2. M von der Nadel 120 Km.
Schneide den Fd ab, ziehe ihn durch die Schlaufe und vernähe beide Fd auf der Innenseite der Schleife.
Bild 25

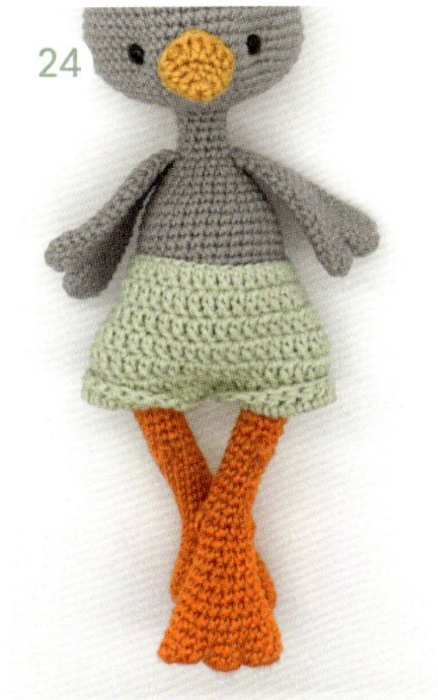

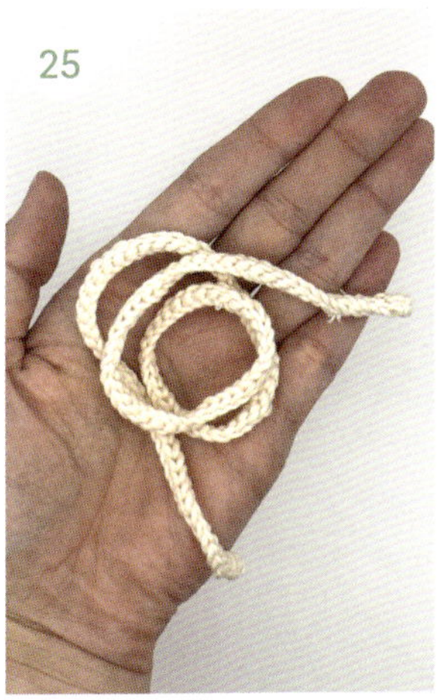

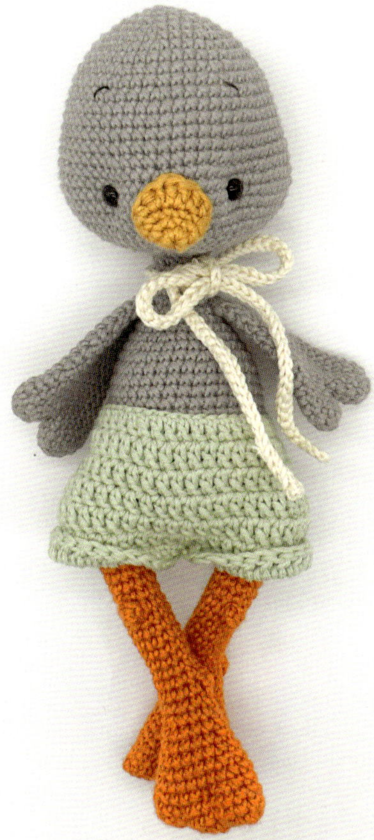

10

Konrad

DER BÄR

In einem tiefen, dichten Wald lebt ein freundlicher Bär namens Konrad. Dieser Bär liebt es, Feste zu feiern. Immer wenn die Sonne am höchsten steht und die Vögel am lautesten zwitschern, setzt er sich seinen bunten Partyhut auf, zieht seine Lieblingsweste an und backt einen leckeren Honigkuchen. Zusammen mit seinen Freunden feiert er dann die schönsten Feste mit Musik und Tanz!

GRÖSSE: 22 CM (INKL. HUT)

MATERIALIEN

- Baumwolle in fünf verschiedenen Farben
- Häkelnadel in Größe 2,5 mm
- Sicherheitsaugen, 8 mm ∅
- Dünnes Nähgarn in Braun für die Augenbrauen und die Nase
- Spitze Nähnadel zum Annähen
- Füllwatte
- Stecknadeln
- Maschenmarkierer
- Schere
- Pompon-Maker und dünne Wolle für den Pompon (Merinowolle eignet sich am besten für Pompons)

FARBEN

- **Kopf und Körper (Farbe A):** Babytoly 225 Mocha, 50 g
- **Schnauze und Tatzen (Farbe B):** Babytoly 250 Beige, 5 g
- **Weste (Farbe C):** Ecobebek 555 Kiwi, 7 g
- **Bordüre Weste und Hut (Farbe D):** Ecobebek 969 Steel, kleine Menge
- **Hut (Farbe E):** Babytoly 014 Natural, kleine Menge

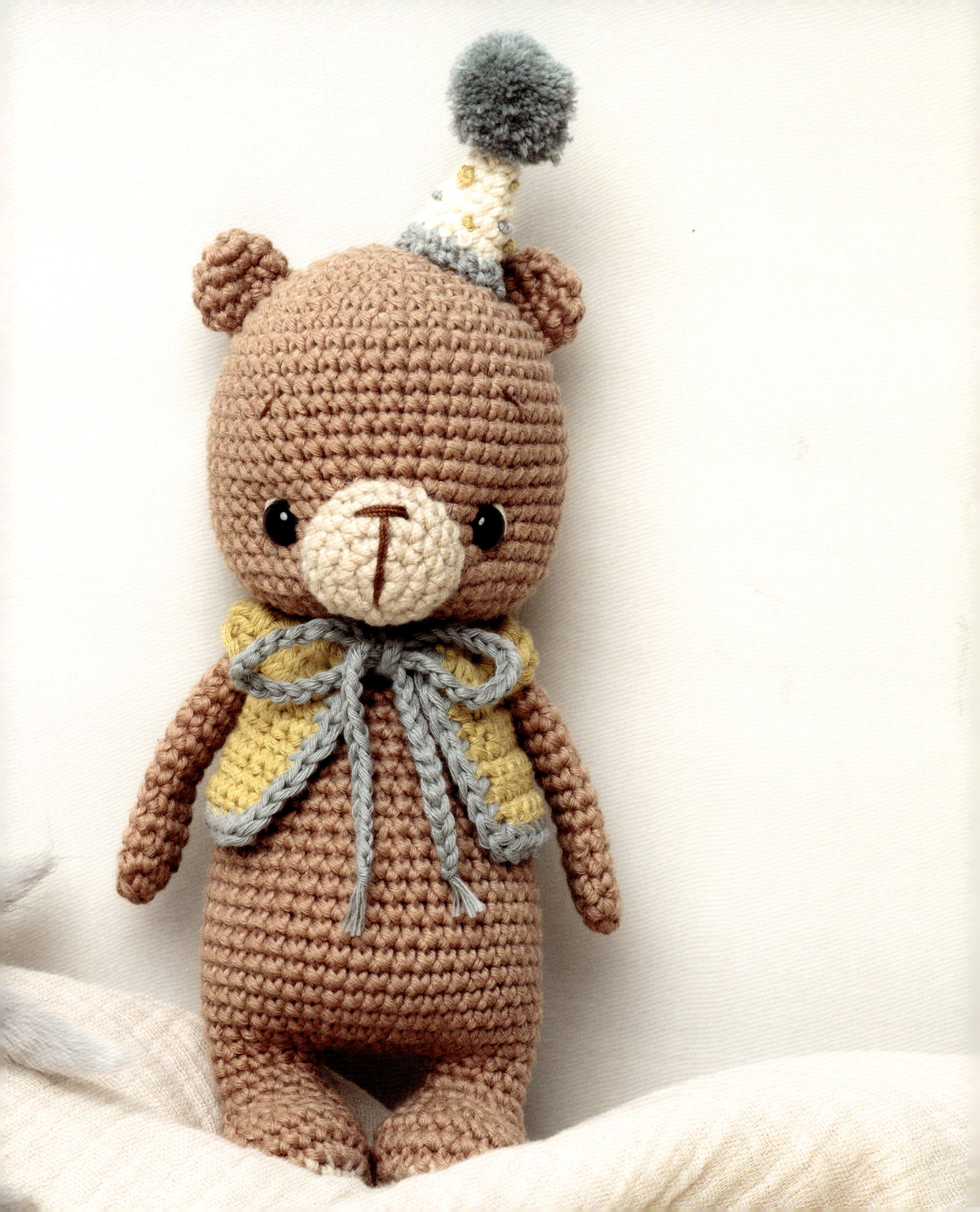

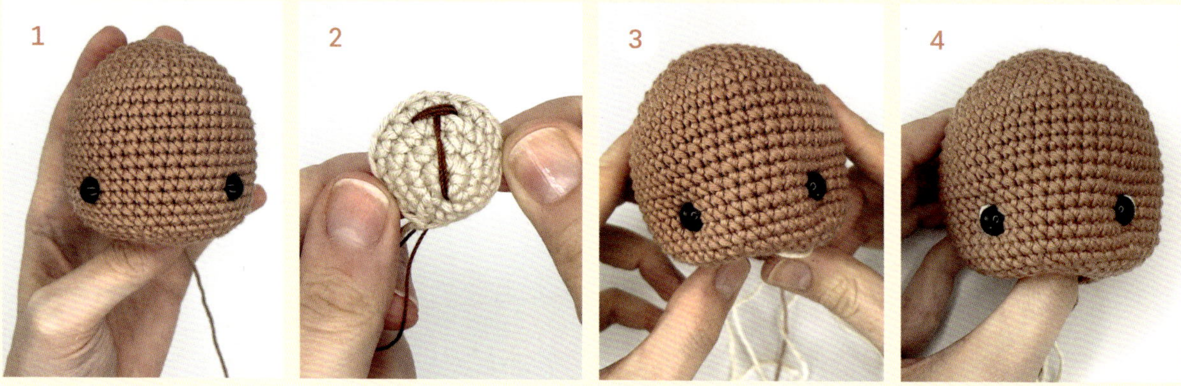

UND SO GEHT'S

KOPF

Es wird in Spiral-Rd gehäkelt. Fb A.
1. Rd: 6 fM in einen Fadenring. (6)
2. Rd: Zun x 6. (12)
3. Rd: (1 fM, Zun) x 6. (18)
4. Rd: 1 fM, Zun, (2 fM, Zun) x 5, 1 fM. (24)
5. Rd: (3 fM, Zun) x 6. (30)
6. Rd: 2 fM, Zun, (4 fM, Zun) x 5, 2 fM. (36)
7. Rd: (5 fM, Zun) x 6. (42)
8. Rd: 3 fM, Zun, (6 fM, Zun) x 5, 3 fM. (48)
9.–20. Rd: 48 fM häkeln. (48)
21. Rd: 3 fM, Abn, (6 fM, Abn) x 5, 3 fM. (42)
22. Rd: (5 fM, Abn) x 6. (36)
23. Rd: 2 fM, Abn, (4 fM, Abn) x 5, 2 fM. (30)
24. Rd: (3 fM, Abn) x 6. (24)
25. Rd: 1 fM, Abn, (2 fM, Abn) x 5, 1 fM. (18)
Beende die Arbeit mit 1 Km. Schneide den Fd lang genug ab und ziehe ihn durch die Schlaufe.

Befestige die Sicherheitsaugen zwischen 17. und 18. Rd, mit einem sichtbaren Abstand von ca. 9 M. Befülle den Kopf mit reichlich Füllwatte. Bild 1

SCHNAUZE

Es wird in Spiral-Rd gehäkelt. Fb B.
1. Rd: 6 fM in den Fadenring. (6)
2. Rd: Zun x 6. (12)
3. Rd: (1 fM, Zun) x 6. (18)
4. Rd: 18 fM häkeln. (18)
Beende die Arbeit mit 1 Km, schneide den Fd lang genug ab fürs spätere Annähen. Nimm das braune Nähgarn und eine spitze Nadel. Sticke damit zwischen der vorletzten und letzten Rd verlaufend über 3 M einige waagerechte Stiche auf. Danach führe den Fd in der Mitte heraus und sticke 2 x einen senkrechten Stich bis unter den Fadenring. Vernähe die Fd auf der Hinterseite der Schnauze. Bild 2

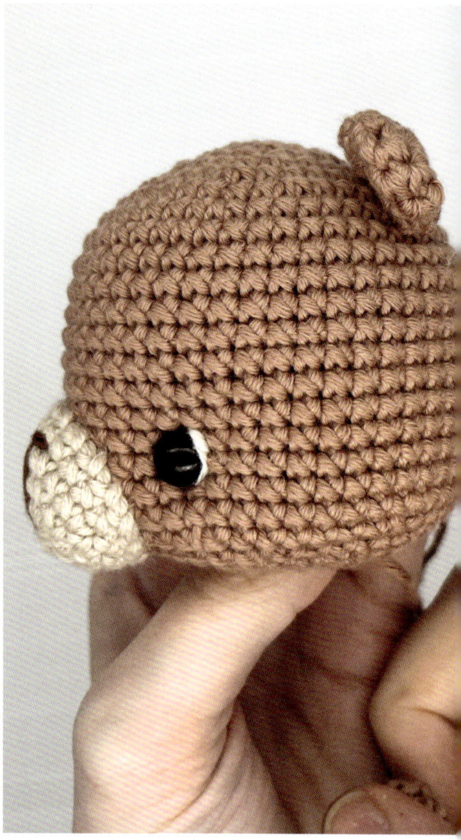

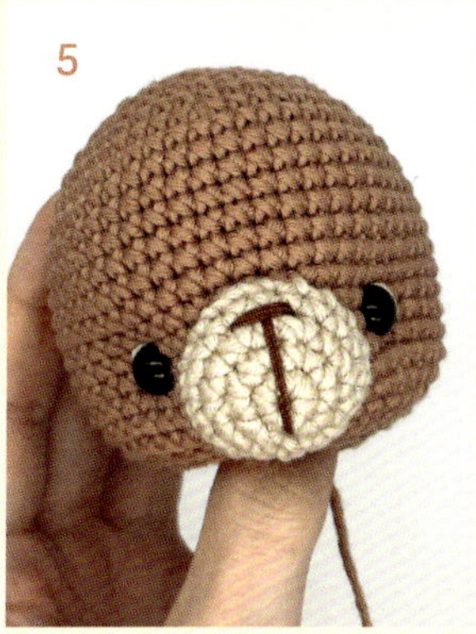
5

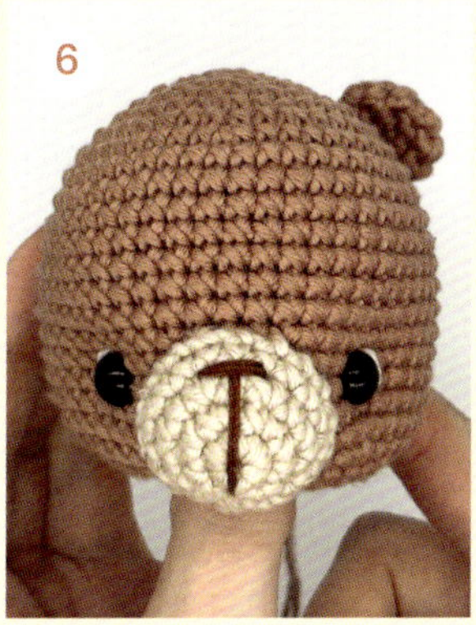
6

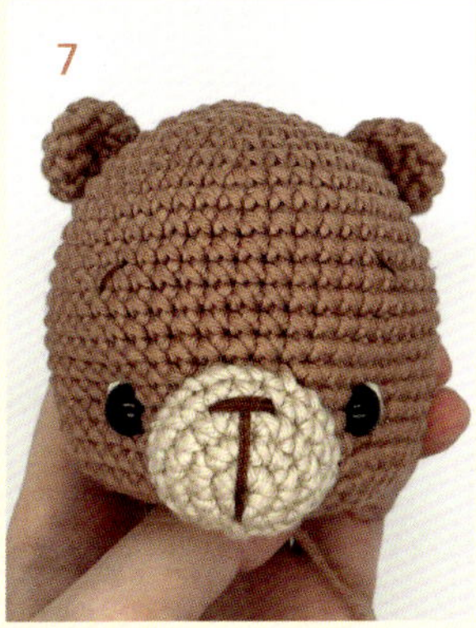
7

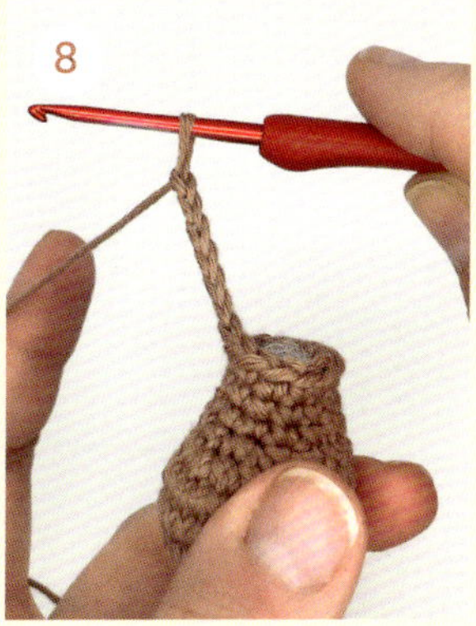
8

OHR (2x)

Häkle in Spiral-Rd. Fb A.
1. Rd: 6 fM in einen Fadenring. (6)
2. Rd: Zun x 6. (12)
3. Rd: 12 fM häkeln. (12)
4. Rd: (1 fM, Abn) x 4. (8)
Beende die Arbeit mit 1 Km. Schneide den Fd lang genug ab fürs spätere Annähen.

GESTALTUNG DES GESICHTS

Modelliere die Augen nach der Beschreibung auf Seite 25. Bild 3 Mit einem langen Fd von Fb E und einer spitzen Nähnadel wird das Augenweiß aufgestickt. Führe den Fd oberhalb in der Mitte des Auges ein und bringe ihn auf der Unterseite wieder heraus. Ziehe an einem Ende des Fd, bis sich der Fd ein wenig unterhalb des Auges einspannt. Dasselbe wiederholst du beim 2. Auge. Verknote die Fd miteinander und stopfe sie unten in das Loch des Kopfes. Bild 4

Platziere die Schnauze mit Stecknadeln genau zwischen den Augen. Der obere Rand der Schnauze wird zwischen der 15. und 16. Rd platziert. Nähe dann mit einer spitzen Nähnadel die Schnauze an den Körper. Kurz bevor das Loch geschlossen wird, fülle etwas Füllwatte in die Schnauze. Vernähe den Fd. Bild 5

Nähe die Ohren zwischen der 6. und 7. Rd links und rechts vom Fadenring aus etwas versetzt nach hinten an. Bild 6

Mit einem Fd des braunen Nähgarns werden die Augenbrauen 5 Rd direkt oberhalb der Augen diagonal verlaufend über 1 M aufgestickt. Bild 7

ERSTES BEIN

Es wird in Spiral-Rd gehäkelt. Beginne mit Fb B.
1. Rd: 6 fM in einen Fadenring. (6)
2. Rd: Zun x 6. (12)
3. Rd: (1 fM, Zun) x 6. (18)
Fb-Wechsel zu Fb A.
4. Rd: 1 fM, Zun, (2 fM, Zun) x 5, 1 fM. (24)
5.–6. Rd: 24 fM häkeln. (24)
7. Rd: 6 fM, Abn x 6, 6 fM. (18)
8. Rd: 5 fM, Abn x 3, 7 fM. (15)
Beginne das Bein mit Füllwatte zu füllen.
9. Rd: (3 fM, Abn) x 3. (12)
10.–11. Rd: 12 fM häkeln. (12)
Beende die Arbeit mit 1 Km, schneide den Fd ab und vernähe ihn. Fülle noch etwas Füllwatte in das Bein.

ZWEITES BEIN UND VERBINDUNG DER BEIDEN BEINE ZUM KÖRPER

Häkle das zweite Bein wie das erste Bein bis 10. Rd.
11. Rd: 9 fM häkeln. (9)
Häkle 6 Lm. Bild 8
12. Rd: Verbinde die beiden Beine mit 1 fM (halte dabei das erste Bein so, dass es richtig nach vorne zeigt), häkle weitere 11 fM um das Bein herum, 6 fM ihM der Lm-Kette, 12 fM um das zweite Bein herum, und 6 fM ivM der Lm-Kette. (36) Bild 9
13. Rd: 18 fM (hier endet diese Rd). (18)

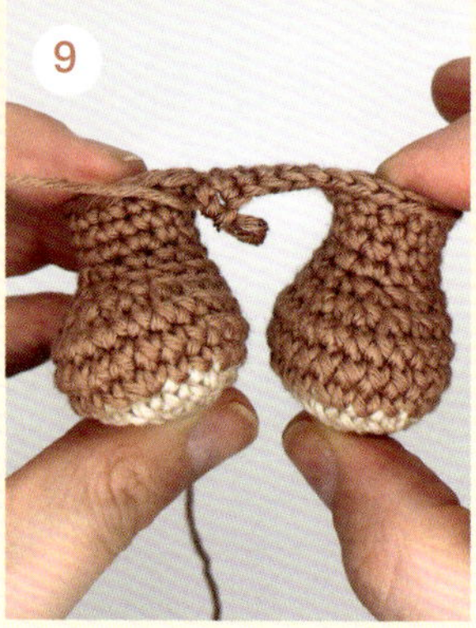

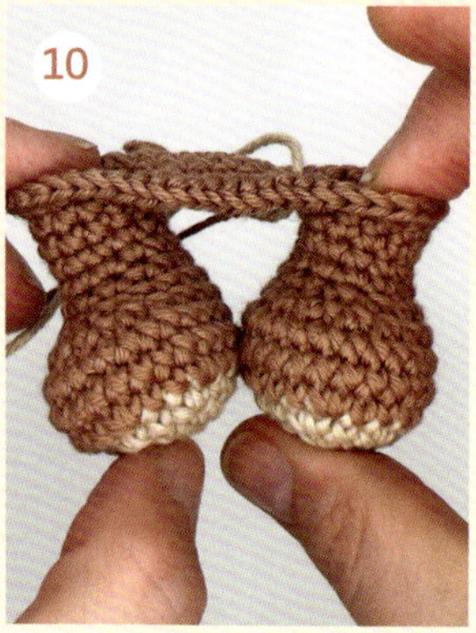

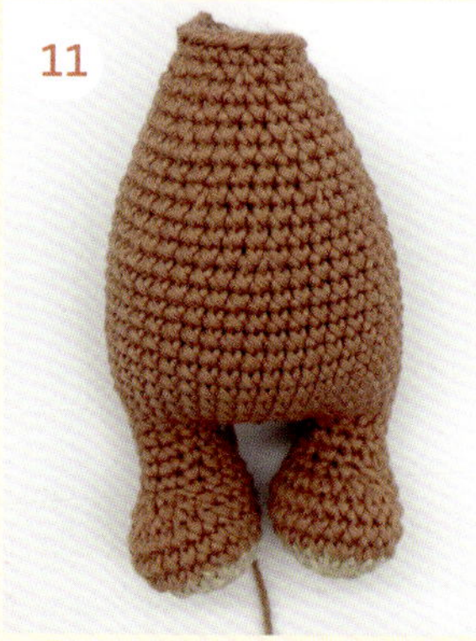

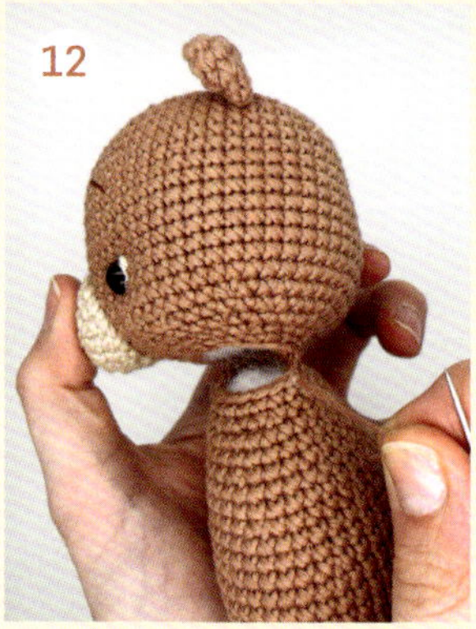

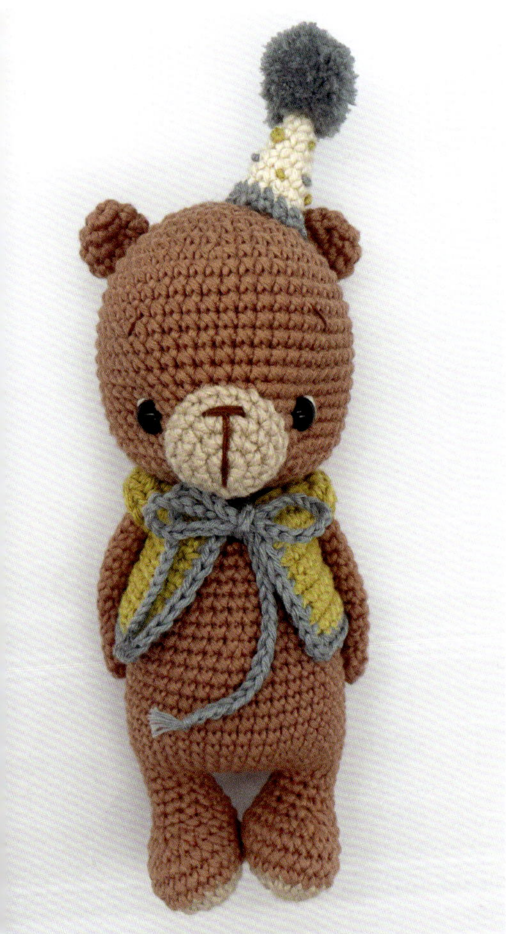

14. Rd: 7 fM, (Zun, 2 fM) x 6, 11 fM. (42) Bild 10
15.–24. Rd: 42 fM häkeln. (42)
25. Rd: (5 fM, Abn) x 6. (36)
26.–27. Rd: 36 fM häkeln. (36)
28. Rd: 2 fM, Abn, (4 fM, Abn) x 5, 2 fM. (30)
29.–30. Rd: 30 fM häkeln. (30)
31. Rd: (3 fM, Abn) x 6. (24)
32.–33. Rd: 24 fM häkeln. (24)
Beginne den Körper mit Füllwatte auszustopfen. Besonders im Bauchbereich kannst du fest ausstopfen.
34. Rd: 1 fM, Abn, (2 fM, Abn) x 5, 1 fM. (18)
35. Rd: 18 fM häkeln. (18)
Beende die Arbeit mit 1 Km, schneide den Fd ab und vernähe ihn im Inneren des Körpers. Bild 11

ARM (2x)

Es wird in Spiral-Rd gehäkelt. Fb A.
1. Rd: 4 fM in einen Fadenring. (4)
2. Rd: Zun x 4. (8)
3.–15. Rd: 8 fM häkeln. (8)
Häkle 1 Lm und verschließe das Loch am Arm, indem du beide Seiten mit 3 fM zusammenhäkelst.
Schneide den Fd lang genug ab fürs spätere Annähen an den Körper, und ziehe ihn durch die Schlaufe.

ANNÄHEN DER KÖRPERTEILE

Nähe den Kopf an den Körper. Bild 12 Danach nähe die Arme links und rechts direkt unter dem Kopf an den Körper.

WESTE

Es wird in R gehäkelt. Fb C.
Häkle 22 Lm.
1. R: In die 3. M von der Nd: 1 hStb, (1 hStb, Zun hStb) x 9, 1 hStb. (29)
2. R: 2 Lm, wenden, (1 hStb, Zun hStb) x 14, 1 hStb. (43).
3. R: 1 Lm, wenden, 6 fM, 2 Lm, 8 M der Vor-Rd überspr., 15 fM, 2 Lm, 8 M überspr., 6 fM. (31)
4. R: 1 Lm, wenden, 6 fM, 2 fM in die Lm-Kette, 15 fM, 2 fM in die Lm-Kette, 6 fM. (31)
5.-8. R: 1 Lm, wenden, 31 fM. (31)
Bild 13

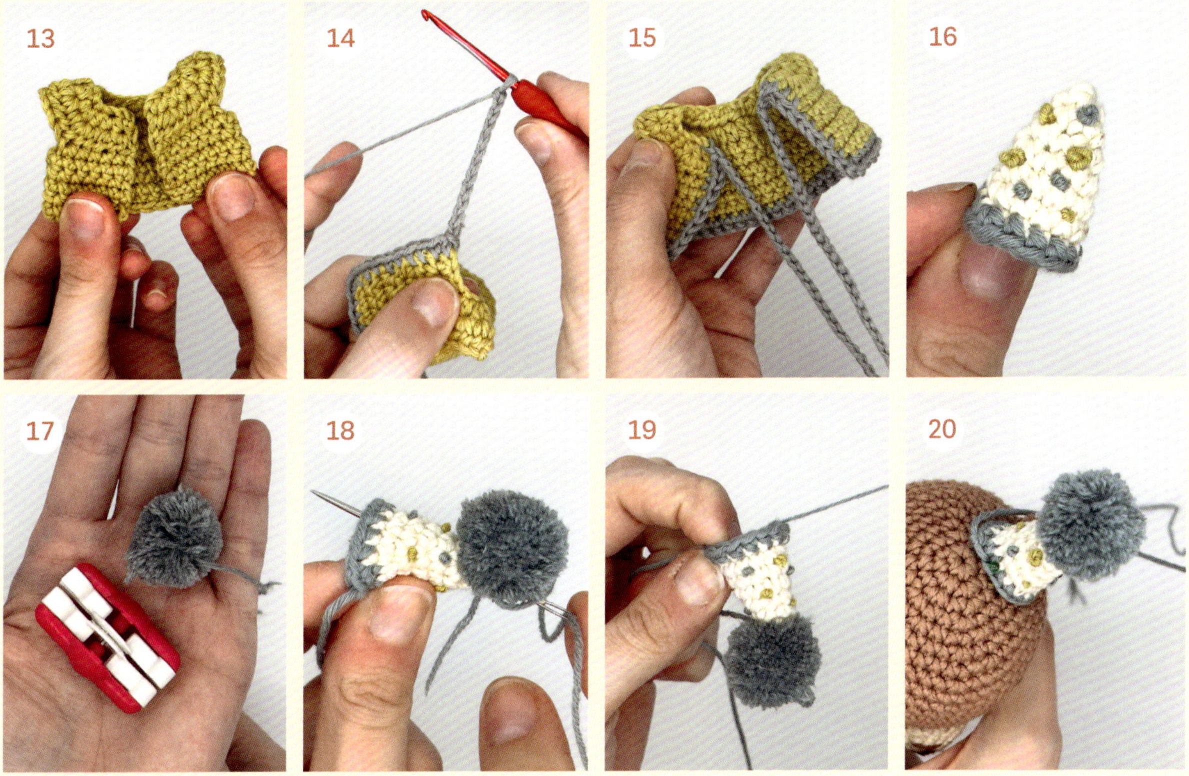

Fd abschneiden, durch die Schlaufe ziehen. Diesen Fd und den Anfangs-Fd auf der Innenseite der Weste vernähen.

BORDÜRE AN DER WESTE

Fb D.

Starte am linken oberen Rand mit einer stehenden fM. Häkle weitere 8 fM am Rand entlang. In die Ecke häkle 3 fM in 1 M. Danach häkle 29 fM am unteren Rand entlang. In der zweiten Ecke häkle wieder 3 fM in 1 M. Weitere 9 fM in den letzten Rand. Häkle 35 Lm, schneide den Fd ab und ziehe ihn durch die Schlaufe. Bild 14

Beginne am gegenüberliegenden Rand mit einer stehenden Km und häkle wieder 35 Lm. Schneide den Fd ab und ziehe ihn durch die Schlaufe. Kürze beide Fd bis ca. 1 cm unterhalb des Knotens. Vernähe den Anfangs-Fd. Bild 15

PARTYHUT

Es wird in Spiral-Rd gehäkelt. Fb E.

1. Rd: 4 fM in einen Fadenring. (4)
2. Rd: (1 fM, Zun) x 2. (6)
3. Rd: (2 fM, Zun) x 2. (8)
4. Rd: (3 fM, Zun) x 2. (10)
5. Rd: (4 fM, Zun) x 2. (12)
6. Rd: (5 fM, Zun) x 2. (14)
Fb-Wechsel zu Fb D.
7. Rd: (6 fM, Zun) x 2. (16)

Beende die Arbeit mit 1 Km. Schneide den Fd lang genug ab. Sticke mit 2 Fd von Fb C und D mithilfe des Knötchenstichs kleine Punkte auf. Bild 16

Mache mithilfe des Pompon-Makers einen kleinen Pompon mit einem Durchmesser von 1,5–2 cm. Nähe den Pompon auf die Spitze des Hutes. Bild 17–18

Nähe den Hut auf der Höhe des Fadenrings seitlich neben dem Ohr an. Bild 19–20

11

Milo
DER KLEINE HASE

Milo ist ein kleiner, neugieriger Hase mit flauschigem Fell. Jeden Morgen setzt er sich seine Mütze auf – eine weiche, blaue Wollmütze. Die Mütze ist für Milo etwas ganz Besonderes, denn sie hält ihn nicht nur warm, sondern erinnert ihn an all seine Abenteuer, die er im Wald mit seinen Freunden erlebt hat.

GRÖSSE: 19 CM

MATERIALIEN

- Wolle in zwei verschiedenen Farben
- Häkelnadel in Größe 3 mm
- Sicherheitsaugen, 6 mm ∅
- Rosa und braunes Stickgarn für die Nase und die Augenbrauen
- Spitze Nähnadel zum Annähen und Sticken
- Füllwatte
- Stecknadeln
- Maschenmarkierer
- Schere
- Pinkes Rouge plus Pinsel für Wangen
- Drei verschiedene Garne für die Stickerei

FARBEN

- **Kopf und Körper (Farbe A):** Sandnes Mini Alpakka, Fb 2650, 100 g
- **Mütze (Farbe B):** Sandnes Sunday, Fb 6851, 12 g

Hinweis: Der gesamte Hase wie auch die Mütze werden mit doppeltem Faden gehäkelt, das heißt mit zwei Fd gleichzeitig.

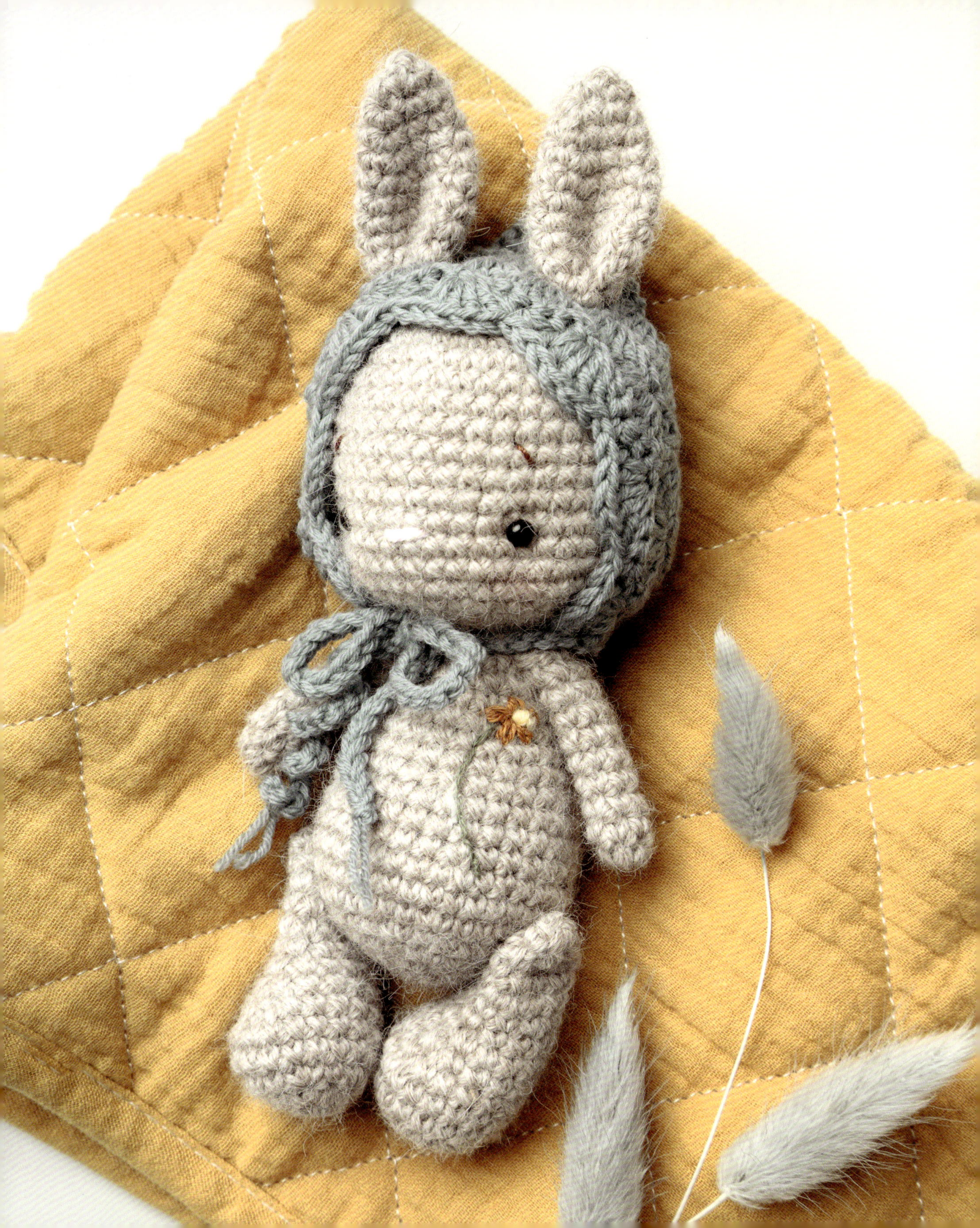

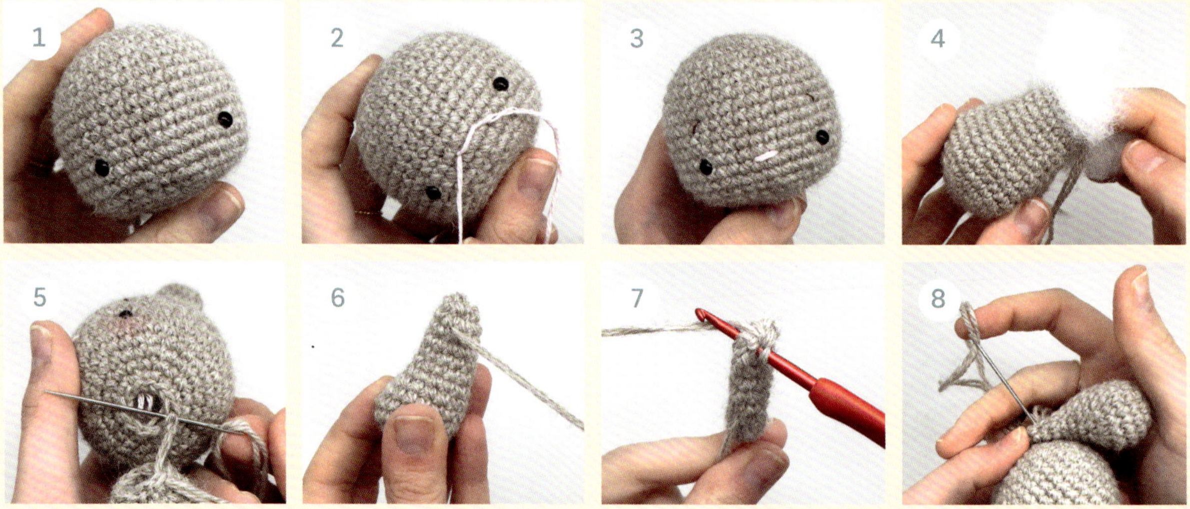

UND SO GEHT'S

KOPF

Es wird in Spiral-Rd gehäkelt.
Nd 3 mm. Der komplette Hase wird mit doppeltem Fd gehäkelt. Das bedeutet, du arbeitest mit 2 Fd von 2 Knäueln gleichzeitig. Fb A.

1. Rd: 6 fM in einen Fadenring. (6)
2. Rd: Zun x 6. (12)
3. Rd: (1 fM, Zun) x 6. (18)
4. Rd: 1 fM, Zun, (2 fM, Zun) x 5, 1 fM. (24)
5. Rd: (3 fM, Zun) x 6. (30)
6. Rd: 2 fM, 1 Zun, (4 fM, Zun), x 5, 2 fM. (36)
7. Rd: (5 fM, Zun) x 6. (42)
8.–16. Rd: 42 fM häkeln. (42)
17. Rd: (5 fM, Abn) x 6. (36)
18. Rd: 2 fM, Abn, (4 fM, Abn) x 5, 2 fM. (30)
19. Rd: (3 fM, Abn) x 6. (24)
20. Rd: 1 fM, Abn, (2 fM, Abn) x 5, 1 fM. (18)

Befestige die Sicherheitsaugen zwischen 14. und 15. Rd mit einem sichtbaren Abstand von 8–9 M.
Beginne den Kopf mit Füllwatte zu befüllen.

21. Rd: (1 fM, Abn) x 6. (12)

Mit 1 Km beenden und den Kopf noch mehr mit Füllwatte befüllen, bis der Kopf eine gleichmäßige runde Form hat. Langen Fd lassen, um ihn später an den Körper zu nähen. Bild 1 Die Nase wird mit einer spitzen Nähnadel und einem rosa Fd aufgestickt mit zwei waagerechten Stichen (verlaufend über 2 M) genau in der Mitte zwischen den Augen zwischen 14. und 15. Rd. Bild 2
Nimm dann ein braunes Nähgarn und sticke die Augenbrauen 3 Rd über den Augen diagonal verlaufend über 1 M auf. Bild 3
Um dem Häschen einen realistischeren Look zu geben, werden die Augen modelliert, indem sie etwas nach innen gedrückt werden. Die genaue Anleitung findest du dazu bei den Grundkenntnissen auf Seite 25. Danach male mit pinkem Rouge und einem Pinsel rosa Bäckchen unterhalb der Augen auf.

KÖRPER

Es wird in Spiral-Rd gehäkelt.
Nd 3 mm. Fb A.

1. Rd: 6 fM in einen Fadenring. (6)
2. Rd: Zun x 6. (12)
3. Rd: (1 fM, Zun) x6. (18)
4. Rd: 1 fM, Zun, (2 fM, Zun) x 5, 1 fM. (24)
5. Rd: (3 fM, Zun) x 6. (30)
6. Rd: 2 fM, Zun, (4 fM, Zun) x 5, 2 fM. (36)
7.–8. Rd: 36 fM häkeln. (36)
9. Rd: 2 fM, Abn, (4 fM, Abn) x 5, 2 fM. (30)
10.–11. Rd: 30 fM häkeln. (30)
12. Rd: (3 fM, Abn) x 6. (24)
13.–14. Rd: 24 fM häkeln. (24)
15. Rd: 1 fM, Abn, (2 fM, Abn) x 5, 1 fM. (18)
16.–17. Rd: 18 fM häkeln. (18)

Den Körper mit Füllwatte befüllen.

18. Rd: (1 fM, Abn) x 6. (12)

Mit 1 Km beenden, Fd abschneiden und vernähen. Den Körper noch mal etwas mit Füllwatte füllen, vor allem im Halsbereich. Bild 4
Nähe den Kopf an den Körper an. Bild 5

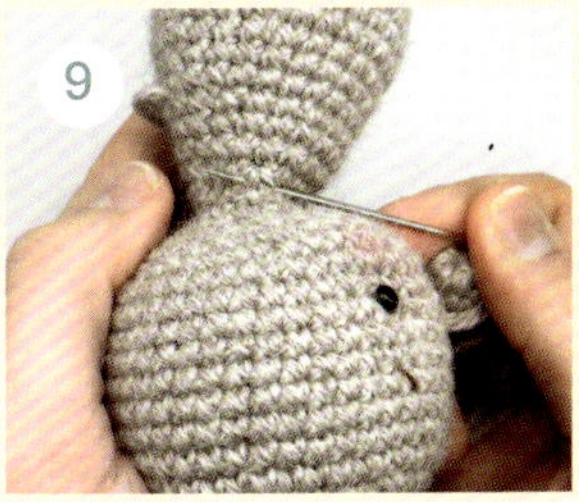

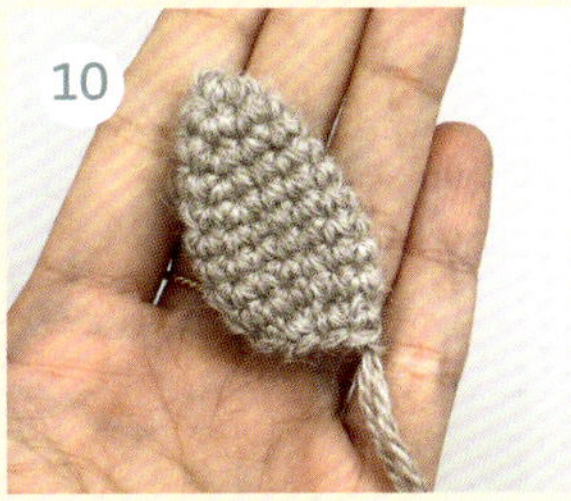

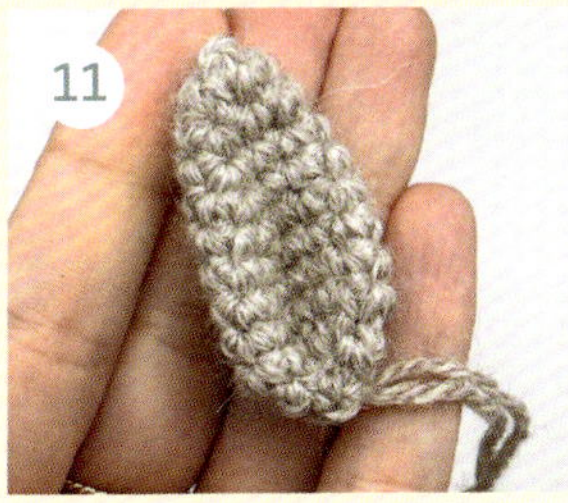

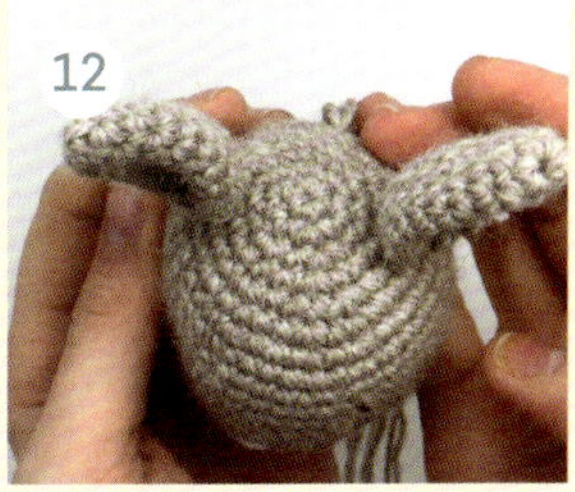

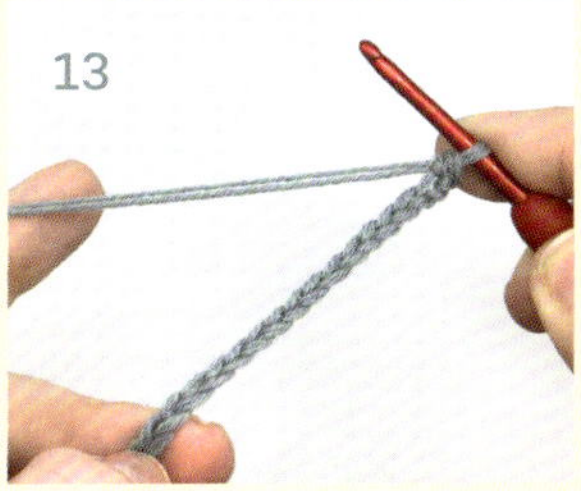

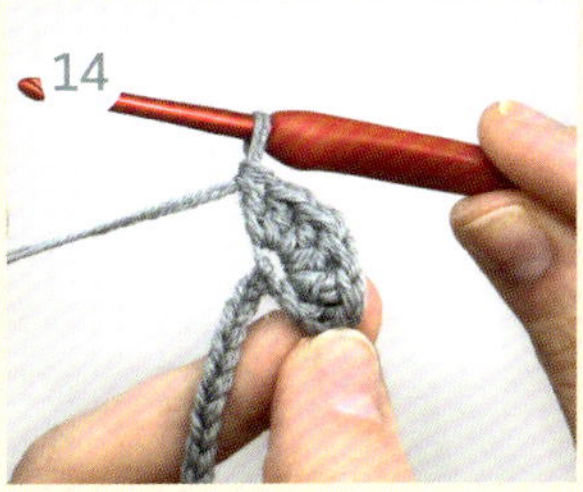

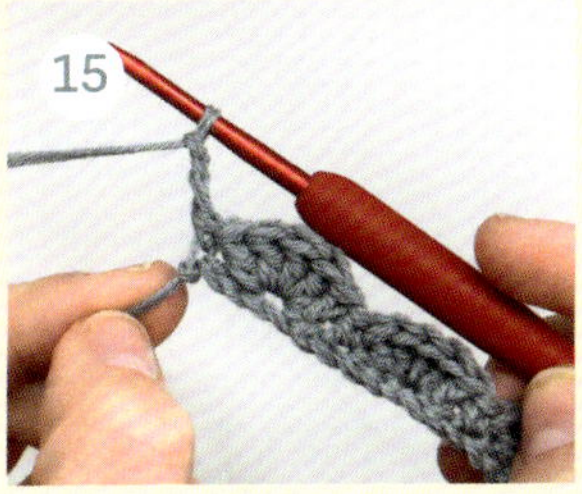

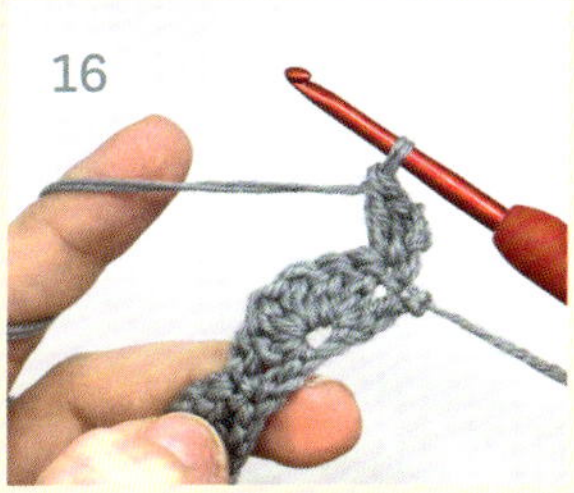

BEIN (2x)

Es wird in Spiral-Rd gehäkelt.
Nd 3 mm. Fb A.
1. Rd: 6 fM in einen Fadenring. (6)
2. Rd: Zun x 6. (12)
3. Rd: (1 fM, Zun) x 6. (18)
4.–5. Rd: 18 fM häkeln. (18)
6. Rd: 6 fM, Abn x 3, 6 fM. (15)
7. Rd: 5 fM, Abn x 2, 6 fM. (13)
8. Rd: 5 fM, Abn, 6 fM. (12)
Beginne das Bein mit Füllwatte zu füllen. Das untere Drittel wird fest befüllt. Der obere Bereich bleibt unbefüllt.
9. Rd: (4 fM, Abn) x 2. (10)
10.–11. Rd: 10 fM häkeln. (10)
12. Rd: (3 fM, Abn) x 2. (8)
13. Rd: 8 fM häkeln. (8)
14. Rd: Abn x 3, 2 fM. (5)
Mit 1 Km beenden und das Loch mit einer Nadel verschließen. Mit der Nadel den Fd an den Innenseiten der Beine herausführen für das spätere Annähen. Bild 6

ARM (2x)

Es wird in Spiral-Rd gehäkelt.
Nd 3 mm. Fb A.
1. Rd: 6 fM in einen Fadenring. (6)
2.–9. Rd: 6 fM häkeln. (6)
Die Arme bleiben unbefüllt. In der letzten Rd 1 Lm, die Öffnung des Armes falten und beide Seiten mit 3 fM zusammenhäkeln. Bild 7
Fd durch die Schlaufe ziehen und lang genug abschneiden.
Fixiere die Gliedmaßen mit Stecknadeln, um die optimale Position zu finden. Die Beine werden über 3 Rd angenäht (von 7. Rd abwärts bis 5. Rd). Zwischen den Beinen sind ca. 15 M Abstand. Bild 8
Die Arme werden direkt unter dem Kopf links und rechts am Körper angenäht. Bild 9

OHR (2x)

Es wird in Spiral-Rd gehäkelt.
Nd 3 mm. Fb A.
1. Rd: 6 fM in einen Fadenring. (6)
2. Rd: (2 fM, Zun) x 2. (8)
3. Rd: (3 fM, Zun) x 2. (10)
4. Rd: (4 fM, Zun) x 2. (12)
5. Rd: (5 fM, Zun) x 2. (14)
6.–9. Rd: 14 fM häkeln. (14)
10. Rd: Abn x 6, 2 fM. (8)
Mit 1 Km beenden, Fd lang genug abschneiden. Bild 10 Das Ohr in der Mitte falten und mit 1–2 Stichen in der Mitte zusammennähen. Bild 11
Die Ohren werden zwischen der 4. und 5. Rd des Kopfes angenäht.
Bild 12

MÜTZE

Es wird in R gehäkelt. Nd 3 mm. Fb B.
Mit einem langen Anfangs-Fd beginnen. 44 Lm. Bild 13
Starte in der 2. M von der Nd.
1. R: (1 fM, 2 Lm überspringen, 5 Stb in eine Lm, 2 Lm überspringen Bild 14 x 7 (= 7 Muschelbögen), 1 fM in die letzte Lm, 3 Lm, wenden.
Bild 15

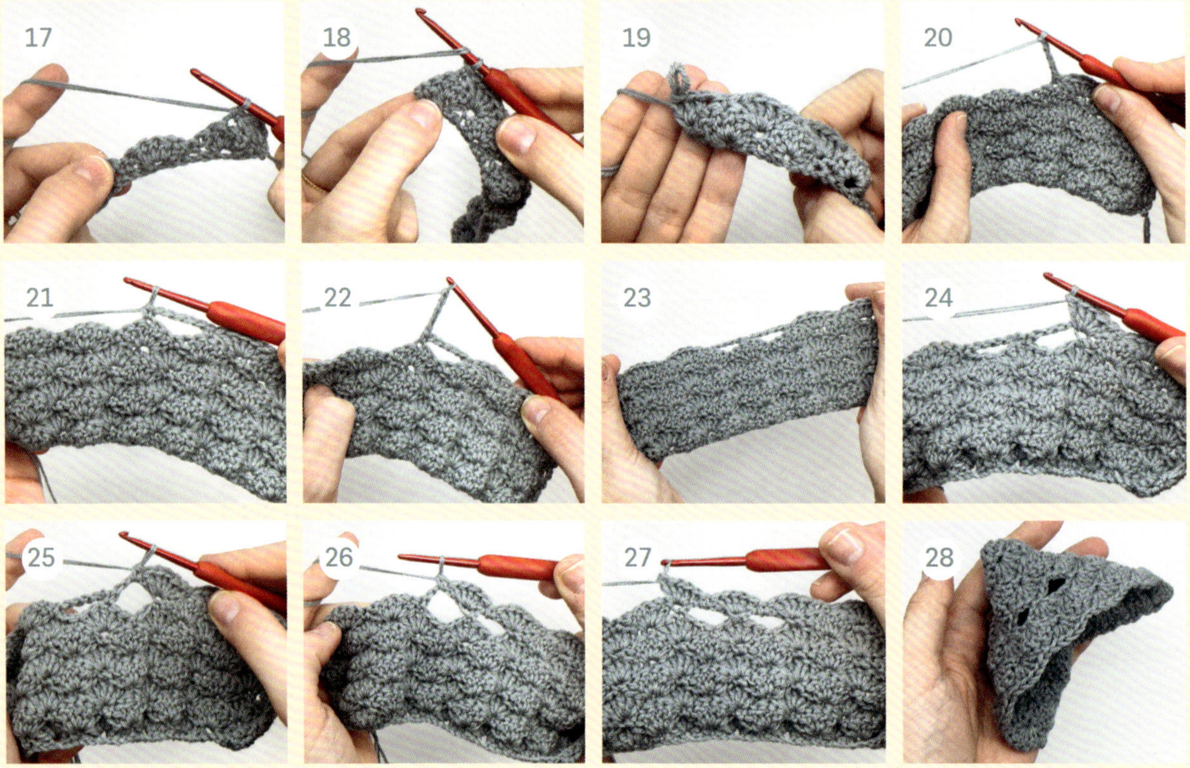

2. R: 2 Stb in die erste M Bild 16, 2 M überspringen, (1 fM Bild 17, 2 M überspringen, 5 Stb in eine M, 2 M überspr.) x 6, 1 fM Bild 18, 2 M überspr., 3 Stb in die letzte M, 1 Lm, wenden. Bild 19
3. R: 1 fM in die erste M, 2 M überspr., (5 Stb in eine M, 2 M überspr., 1 fM, 2 M überspr.) x 6, 5 Stb, 2 M überspr., 1 fM in die letzte M, 3 Lm, wenden.
4. R: wie 2. R.
5. R: wie 3. R.
6. R (Ohrenausschnitt): 2 Stb, 2 M überspr., (1 fM, 2 M überspr., 5 Stb in eine M, 2 M überspr.) x 2, 1 fM, 5 Lm Bild 20, 1 fM in den nä. Muschelbogen Bild 21, 5 Lm Bild 22, 1 fM in den nä. Muschelbogen, 2 M überspr., (5 Stb in eine M, 2 M überspr., 1 fM, 2 M überspr.) x 2, 3 Stb in die letzte M, 1 Lm, wenden. Bild 23
7. R: 1 fM, 2 M überspr., (5 Stb in eine M, 2 M überspr., 1 fM, 2 M überspr.) x 2 Bild 24, 5 Stb in eine M, 1 fM in die Mitte der 5 Lm-Kette Bild 25, 5 Stb in eine M, 1 fM in die Mitte der 5 Lm-Kette Bild 26, (5 Stb in eine M, 2 M überspr. Bild 27, 1 fM, 2 M überspr.) x 2, 5 Stb in eine M, 2 M überspr., 1 fM in die letzte M, 3 Lm, wenden.
8. R: wie 2. R.
9. R: wie 3. R.
Fd abschneiden und durch die Schlaufe ziehen. Mütze falten und linksrum an der kürzeren Seite zusammennähen. Auf die rechte Seite stülpen. Bild 28

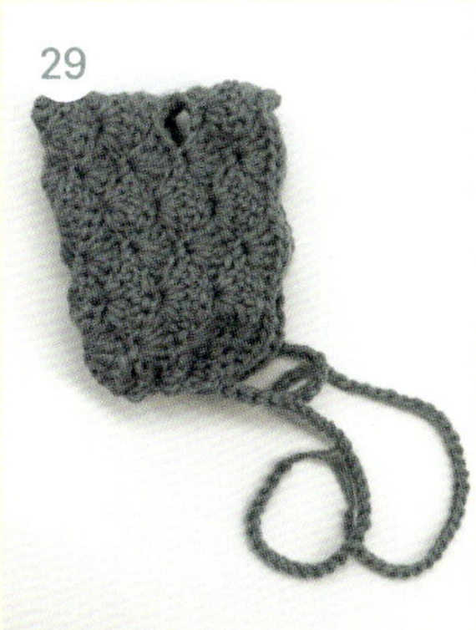

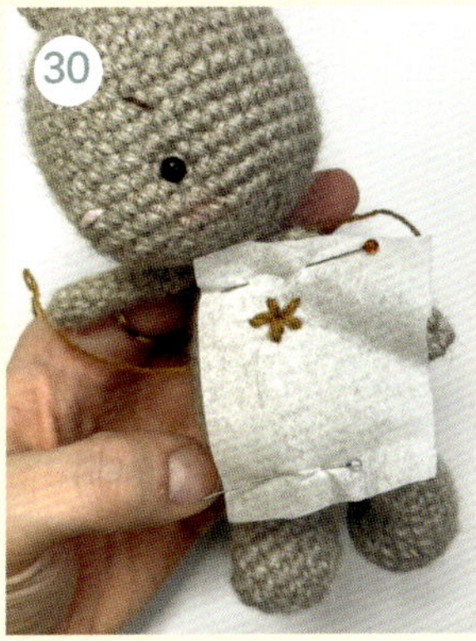

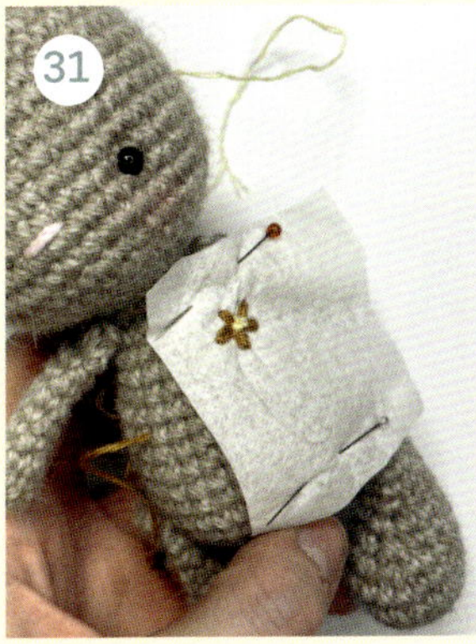

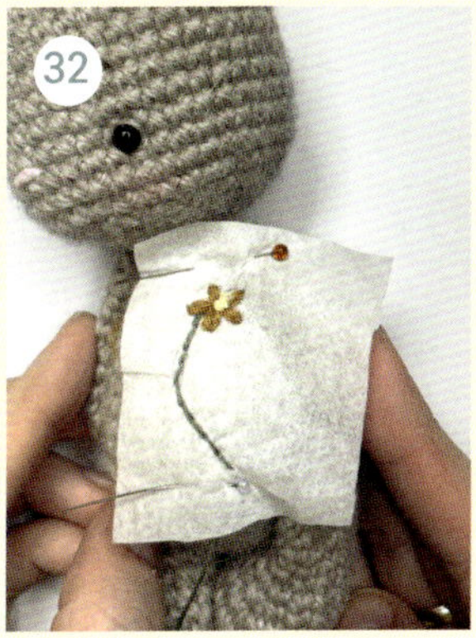

Für das Band eine Kette aus 100 Lm häkeln. Mit einer dicken Nadel mit Vor- und Zurück-Stichen durch den unteren Rand der Mütze fädeln. Bild 29

STICKEREI AM KÖRPER

Schneide ein kleines Stück aus dem Stickpapier. Zeichne eine Blume mit Stil auf und fixiere das Papier auf dem Körper. Nimm den ersten Fd der Blüten-Fb und sticke mithilfe des Margeritenstichs die Blütenblätter auf. Bild 30 Mit der zweiten Fb sticke mit dem Knötchenstich die Blütenmitte auf. Bild 31 Mit der dritten Fb und dem Stielstich beginne von oben nach unten den Blumenstiel aufzusticken. Bild 32 Entferne vorsichtig das Stickpapier und vernähe alle Fd.

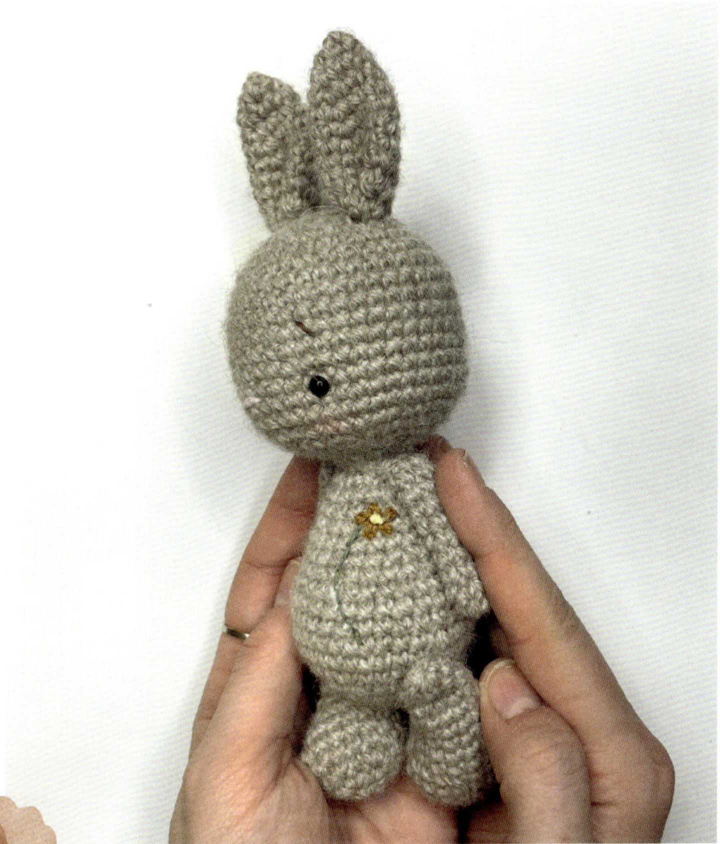

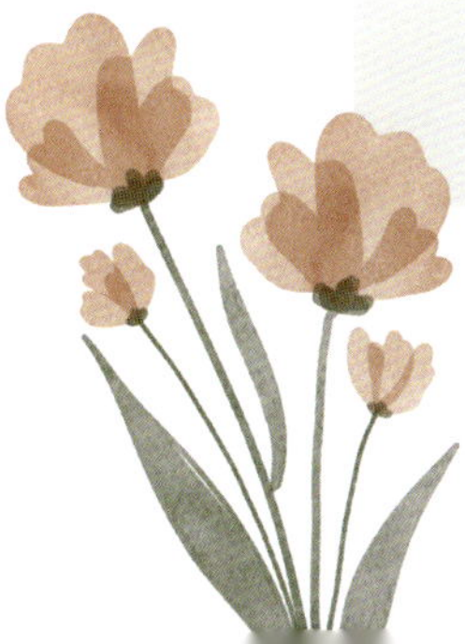

12

Leo

DER LÖWE

Leo, der große starke Löwe, ist in seinem Herzen ganz sanft und schüchtern. Er liebt es, in seinem sonnigen Garten, der über und über mit bunten Wildblumen bewachsen ist, ein Nickerchen zu halten. Die warmen Sonnenstrahlen kitzeln dabei sein Fell. Wenn er aufwacht, pflückt er stets einen Strauß Blumen, den er dann behutsam in seine Hosentasche steckt.

GRÖSSE: 30 CM (INKL. KRONE)

MATERIALIEN

- Baumwolle in fünf verschiedenen Farben (plus weitere vier Farben für die Blumenstickerei)
- Häkelnadel in Größe 2,5 mm
- Dünnes Nähgarn in Schwarz für die Schnauze und die Augen
- Dünnes Nähgarn in Beige für die Stirn
- Spitze Nähnadel zum Annähen und Sticken
- Füllwatte
- Stecknadeln
- Maschenmarkierer
- Schere
- Pinkes Rouge plus Pinsel für Wangen
- Knopf, ca. 10 cm ∅
- Stickpapier

FARBEN

- **Kopf und Körper (Farbe A):** Babytoly 250 Beige, 46 g
- **Mähne und Schwanz (Farbe B):** Babytoly 450 Biscuit, 42 g
- **Oberteil (Farbe C):** Babytoly 014 Natural, 20 g
- **Krone (Farbe D):** Babytoly 780 Mustard, kleine Menge
- **Hose (Farbe E):** Babytoly 610 Chocolate, 30 g

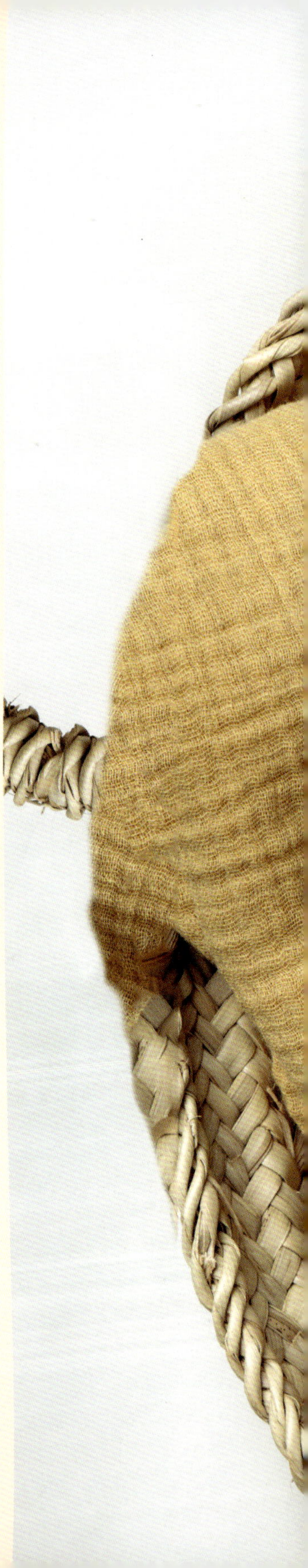

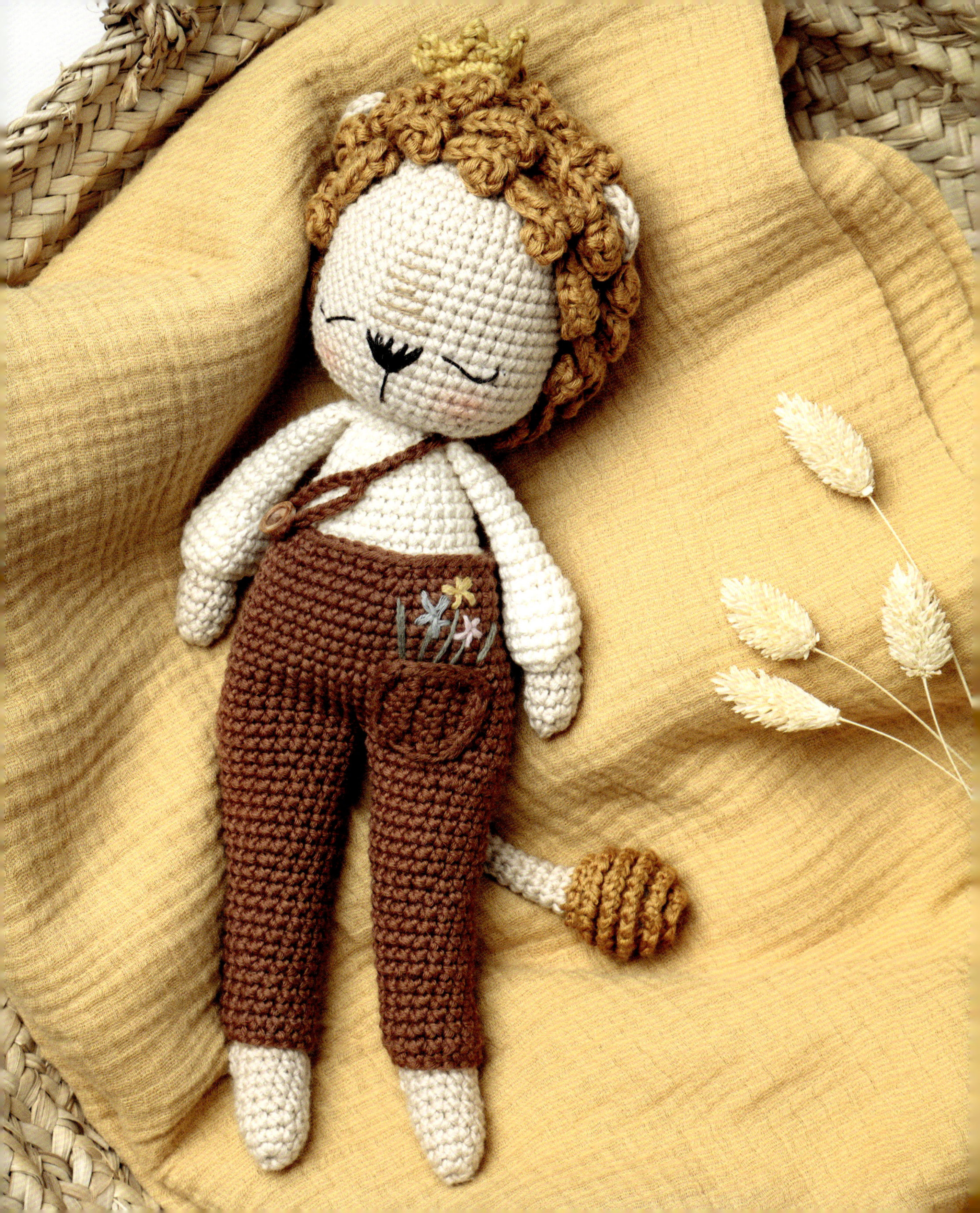

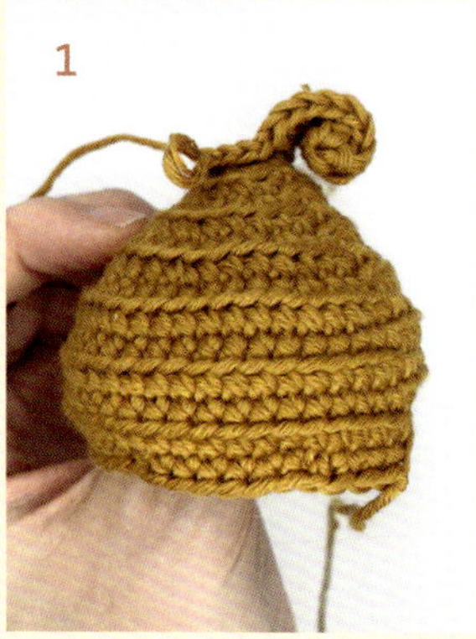

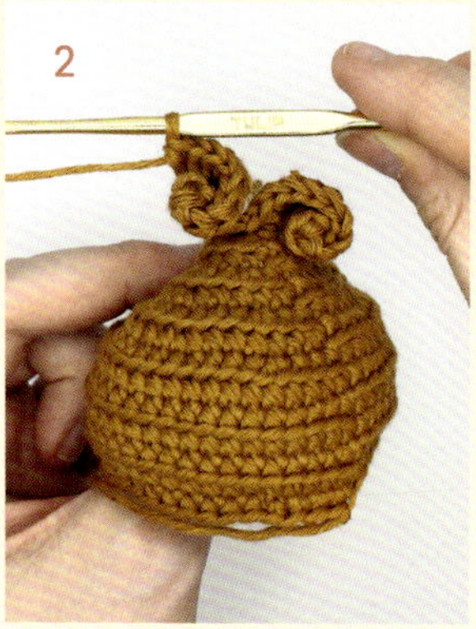

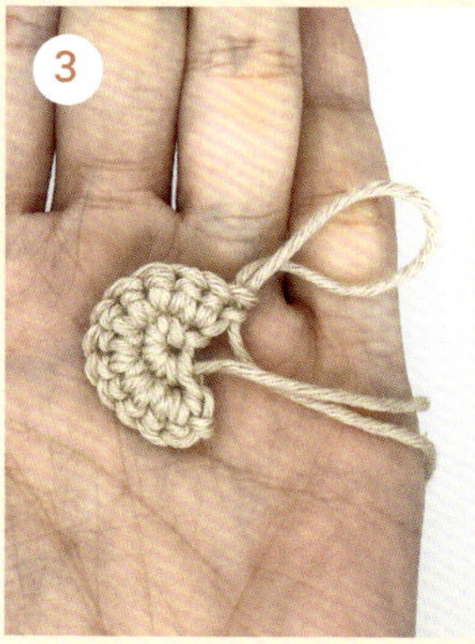

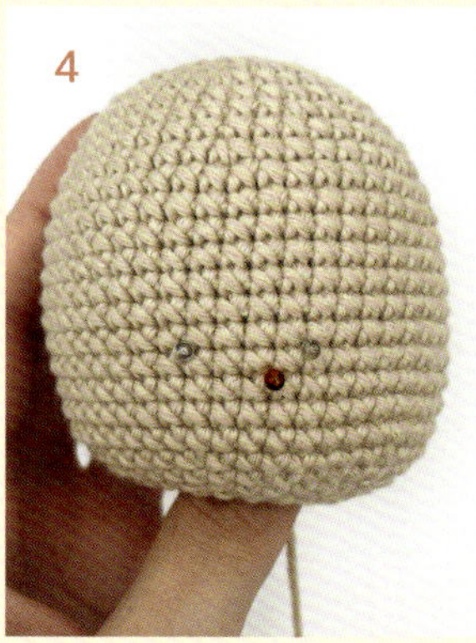

UND SO GEHT'S

KOPF

Es wird in Spiral-Rd gehäkelt. Fb A.
1. Rd: 6 fM in einen Fadenring. (6)
2. Rd: Zun x 6. (12)
3. Rd: (1 fM, Zun) x 6. (18)
4. Rd: 1 fM, Zun, (2 fM, Zun) x 5, 1 fM. (24)
5. Rd: (3 fM, Zun) x 6. (30)
6. Rd: 2 fM, Zun, (4 fM, Zun) x 5, 2 fM. (36)
7. Rd: 36 fM häkeln. (36)
8. Rd: (5 fM, Zun) x 6. (42)
9. Rd: 42 fM häkeln. (42)
10. Rd: 3 fM, Zun, (6 fM, Zun) x 5, 3 fM. (48)
11.–21. Rd: 48 fM häkeln. (48)
22. Rd: 3 fM, Abn, (6 fM, Abn) x 5, 3 fM. (42)
23. Rd: (5 fM, Abn) x 6. (36)
24. Rd: 2 fM, Abn, (4 fM, Abn) x 5, 2 fM. (30)
25. Rd: (3 fM, Abn) x 6. (24)
26. Rd: 1 fM, Abn, (2 fM, Abn) x 5, 1 fM. (18)
Beende die Arbeit mit 1 Km, schneide einen langen Fd ab, damit du den Kopf später an den Körper nähen kannst. Befülle den Kopf mit reichlich Füllwatte.

MÄHNE

Die Mähne wird in zwei Schritten gehäkelt. Zuerst häkelst du das Cap. An dieses wird danach die Lockenmähne gehäkelt.

CAP

Es wird in Spiral-Rd gehäkelt. Fb B.
1. Rd: 6 fM in einen Fadenring. (6)
2. Rd: ihM, Zun x 6. (12)
3. Rd: ihM, (1 fM, Zun) x 6. (18)
4. Rd: 1 fM, Zun, (2 fM, Zun) x 5, 1 fM. (24)
5. Rd: ihM, (3 fM, Zun) x 6. (30)
6. Rd: 2 fM, Zun, (4 fM, Zun) x 5, 2 fM. (36)
7. Rd: ihM, (5 fM, Zun) x 6. (42)
8. Rd: 3 fM, Zun, (6 fM, Zun) x 5, 3 fM. (48)
9. Rd: 48 fM ihM. (48)
10. Rd: 48 fM häkeln. (48)
11. Rd: 48 fM ihM. (48)
12. Rd: 48 fM häkeln. (48)
13. Rd: 48 fM ihM. (48)
14. Rd: 3 fM, Abn, (6 fM, Abn) x 5, 3 fM. (42)
Die Arbeit mit 1 Km beenden, langen Fd lassen fürs spätere Annähen.

LOCKEN

Die Locken werden jetzt rund ums Cap herum an die übrig gebliebenen ivM angehäkelt, beginnend am Fadenring bis zur letzten Rd des Caps. Fb B.
Beginne beim ersten ivM am Anfang des Fadenrings. Starte dort mit einer stehenden Km. Häkle 7 Lm. Beginne in der 3. M von der Nadel und häkle 1 hStb Zun. In die restlichen 4 Lm häkle ebenso je 1 hStb Zun (= hStb Zun x 5). Häkle 4 Km in die nächsten 4 ivM. Danach startet die nächste Locke nach vorherigem Schema.
Bild 1
Arbeite dich so Rd für Rd im Uhrzeigersinn vor bis zum letzten ivM.
Bild 2
Häkle ebenso in die letzte Rd die Locken. Beende die Arbeit mit 1 Km, schneide den Fd ab und vernähe beide Fd.

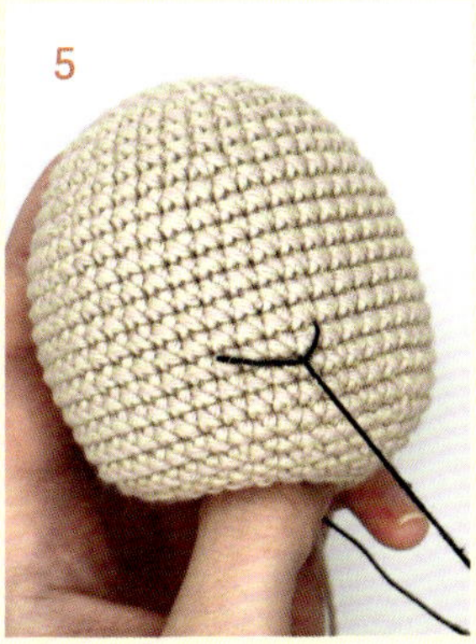
5

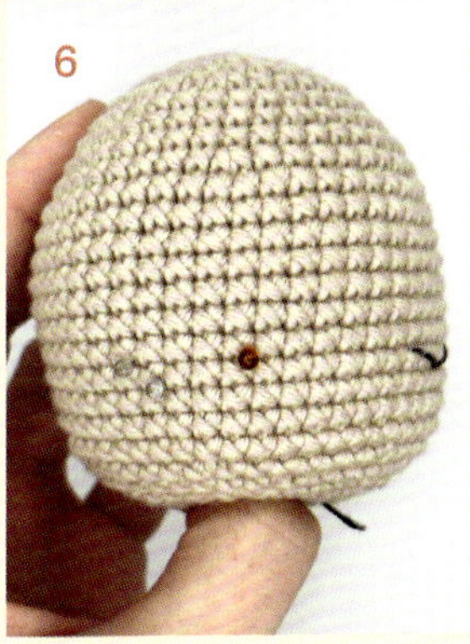
6

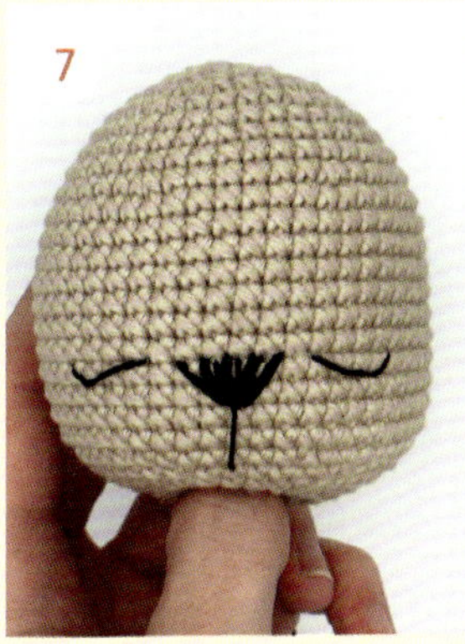
7

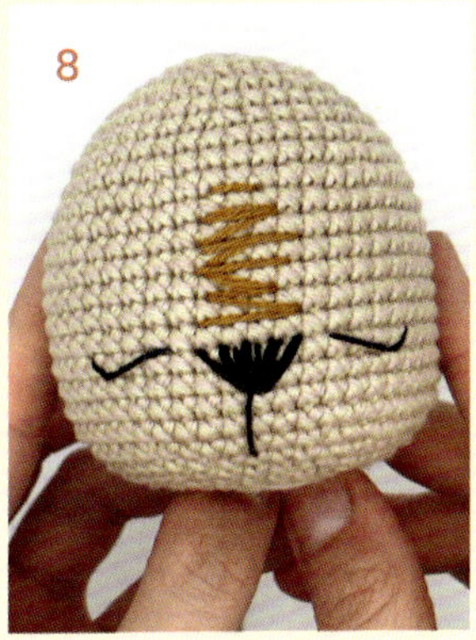
8

OHR (2x)

Es wird in R gehäkelt. Fb A.
1. R: In einen Fadenring 6 fM häkeln. Ziehe den Ring zur Hälfte zu, 1 Lm, wenden. (6)
2. R: Zun x 6. (12) Bild 3
Schneide den Fd lang genug ab und ziehe ihn durch die Schlaufe. Der Anfangs-Fd wird vernäht.

GESTALTUNG DES GESICHTS

Bevor die Augen aufgestickt werden, wird vorab mit Stecknadeln die richtige Position fixiert. Positioniere die erste Nadel zwischen der 17. und 18. Rd. Zähle 4 M nach rechts. Hier bringst du die zweite Nadel an. Die dritte Nadel positionierst du zwischen der 18. und 19. Rd, 1 M links von der zweiten Nadel. Bild 4

Nimm einen langen Fd des schwarzen Nähgarns und eine spitze Nadel und sticke damit das erste Auge auf. Bild 5

Positioniere für das zweite Auge eine Stecknadel 6 M links von dem ersten Auge. Zähle wieder 4 M, diesmal nach links, für die 2. Stecknadel. Die dritte Stecknadel wird wieder eine Rd unterhalb positioniert, eine M rechts von der zweiten Stecknadel. Bild 6
Sticke das zweite Auge nach dem gleichen Schema auf wie das erste. Vernähe alle Fd.

Für die Schnauze nimm wieder einen langen Fd vom schwarzen Nähgarn und die spitze Nadel. Beginne zwischen der 19. und 20. Rd, genau in der Mitte zwischen den Augen. Von hier aus sticke mit je 2 M diagonal nach oben jeweils nach links und nach rechts ein Dreieck auf. Füge noch mehrere Stiche im Inneren des Dreiecks dazu, um es schwarz auszufüllen. Zum Schluss sticke einen senkrechten Strich verlaufend von der Mitte der Schnauze 3 M nach unten auf. Vernähe die Fd. Bild 7

Für das Fell an der Stirn nimm einen langen Fd von Fb B. Spalte den Fd und sticke beginnend 1 Rd über der Schnauze mehrere waagerechte unregelmäßige Striche auf. Bild 8

Male mit dem Rouge und dem Pinsel unter den Augen rosa Bäckchen auf.
Setze die Löwenmähne auf den Kopf und nähe die Mähne mit dem Fd an den Kopf.
Die Ohren werden zwischen der 2. und 3. Locken-Rd angenäht.

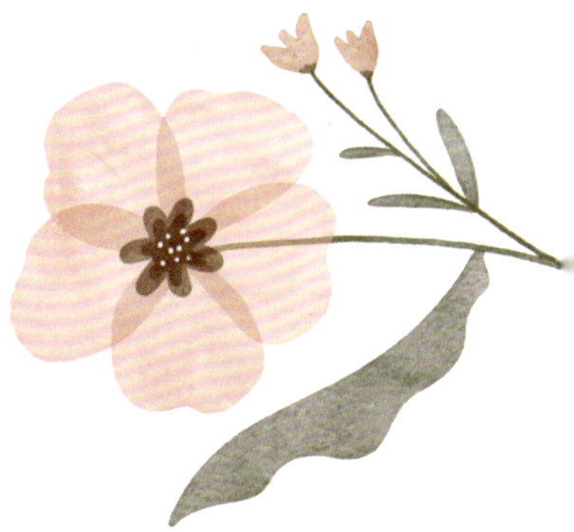

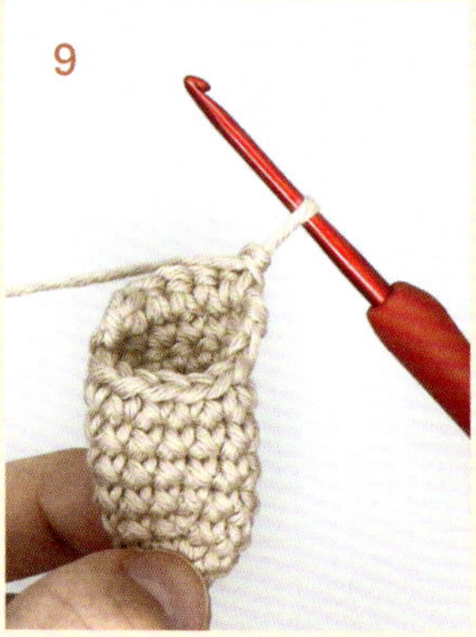

9

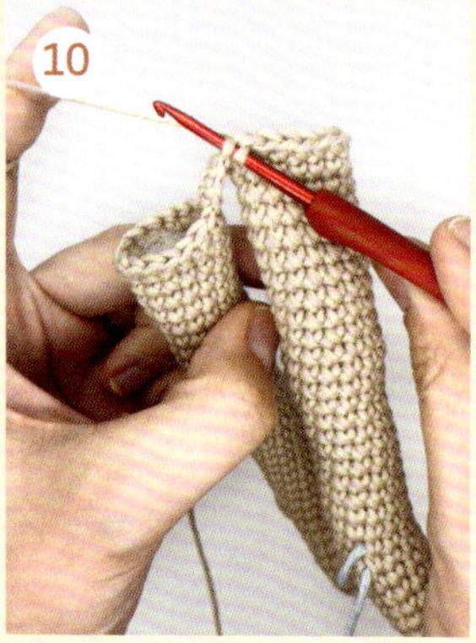

10

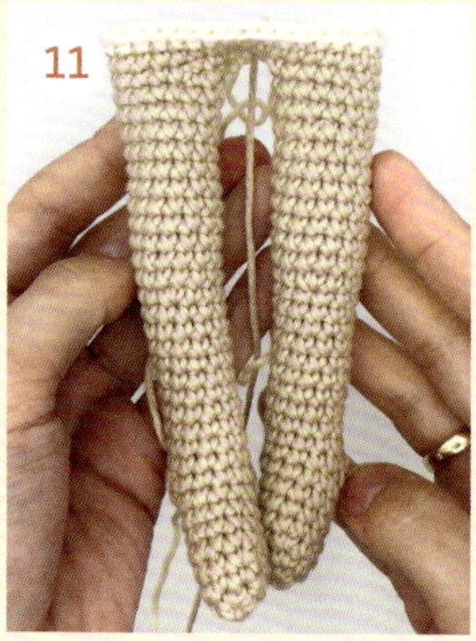

11

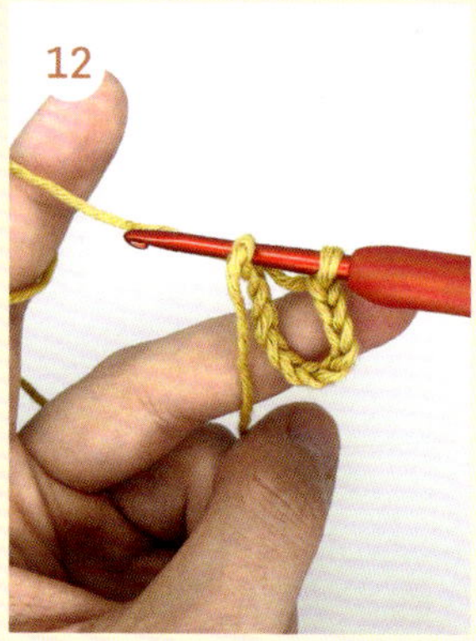

12

BEINE UND KÖRPER

ERSTES BEIN

Es wird in Spiral-Rd gehäkelt.
Nd 2,5 mm. Fb A.
1. Rd: 6 fM in einen Fadenring. (6)
2. Rd: (1 fM, Zun) x 3. (9)
3. Rd: (2 fM, Zun) x 3. (12)
4.–7. Rd: 12 fM häkeln. (12)
Ab hier wird in R weitergehäkelt, um den leichten Knick im Fuß zu formen, danach geht es bei der 8. Rd in Spiral-Rd weiter.
6 fM, 1 Lm, wenden.
6 fM, 1 Lm, wenden.
6 fM, ab hier wird nicht mehr gewendet, sondern einfach wieder in Rd weitergemacht. Bild 9
Versuche beim Übergang von den R runter in der 7. Rd eine ganz enge fM zu machen, damit kein großes Loch entsteht.
8. Rd: nur 6 fM! (dann bist du wieder am Anfang angekommen, wo deine Rd gestartet sind).
9.–18. Rd: 12 fM häkeln. (12)
19. Rd: (5 fM, Zun) x 2. (14)
Starte damit, das Bein mit Füllwatte zu füllen.
20.–31. Rd: 14 fM häkeln. (14)
Beende das Bein mit 1 Km, schneide den Fd ab und vernähe ihn gut. Befülle das restliche Bein mit Füllwatte.

ZWEITES BEIN UND VERBINDUNG DER BEIDEN BEINE ZUM KÖRPER

Häkle das 2. Bein wie 1. Bein bis zur 30. Rd.
31. Rd: 5 fM. (8)
Häkle 4 Lm.
32. Rd: Verbinde mit 1 fM zum ersten Bein (die beiden Fußspitzen zeigen dabei nach vorne), 13 fM, 4 fM in die Lm-Kette, 14 fM um das zweite Bein, 4 fM ivM der Lm-Kette. (36)
Bild 10
33. Rd: 16 fM (damit der Rd-Abschluss am Rücken endet). (16)
Fb-Wechsel zu Fb D.
34.–45. Rd: 36 fM häkeln. (36)
Bild 11
46. Rd: 2 fM, 1 Abn, (4 fM, Abn) x 5, 2 fM. (30)
47.–48. Rd: 30 fM häkeln. (30)
49. Rd: (3 fM, Abn) x 6. (24)
50.–51. Rd: 24 fM häkeln. (24)
52. Rd: 1 fM, 1 Abn, (2 fM, Abn) x 5, 1 fM. (18)
53. Rd: 18 fM häkeln. (18)
Beende den Körper mit 1 Km. Schneide den Fd ab und vernähe ihn sorgfältig. Befülle den Körper mit Füllwatte.

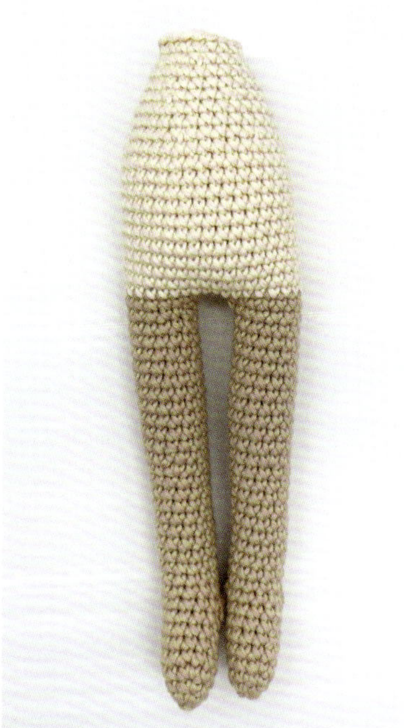

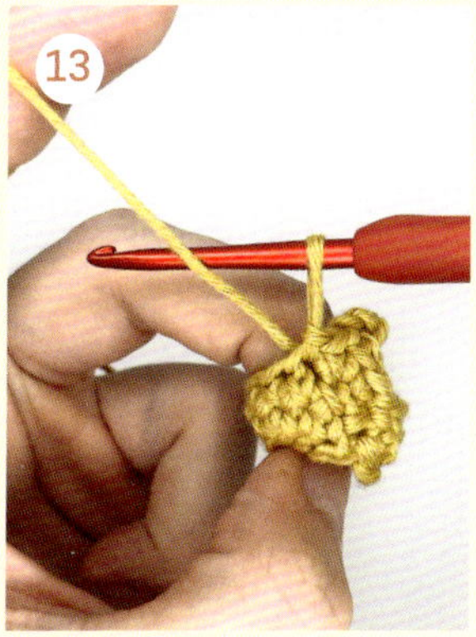
13

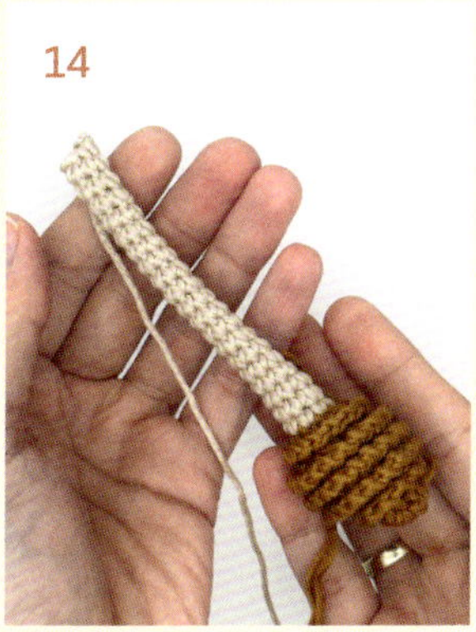
14

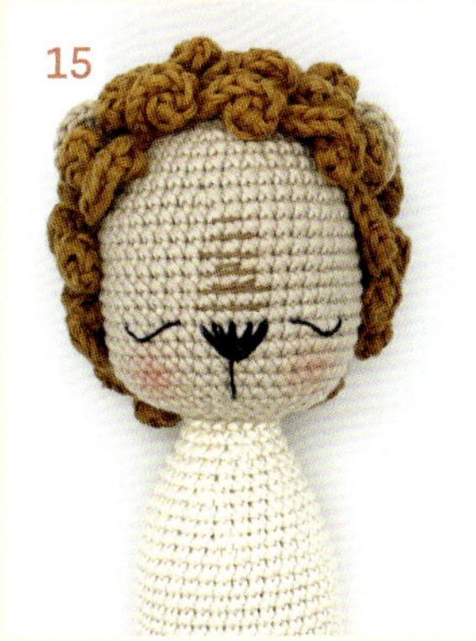
15

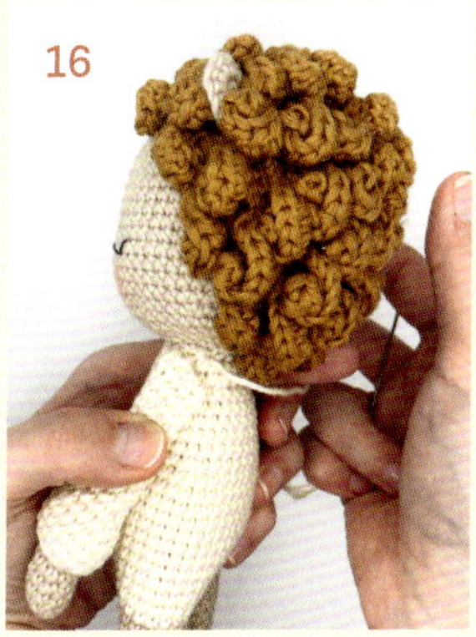
16

ARM (2x)

Es wird in Spiral-Rd gehäkelt. Beginne mit Fb A.
1. Rd: 6 fM in einen Fadenring. (6)
2. Rd: (1 fM, Zun) x 3. (9)
3.–5. Rd : 9 fM häkeln. (9)
Fb-Wechsel zu Fb C.
6. Rd: 9 Km. (9)
Fülle den Handbereich mit Füllwatte.
7. Rd: Zun x 9. (18)
8.–10. Rd: 18 fM häkeln. (18)
11. Rd: (4 fM, Abn) x 3. (15)
12. Rd: (3 fM, Abn) x 3. (12)
13.–15. Rd: 12 fM häkeln. (12)
Befülle den unteren Ärmelbereich mit Füllwatte.
16. Rd: (2 fM, Abn) x 3. (9)
17.–22. Rd: 9 fM häkeln. (9)
Den Arm zusammendrücken, 1 Lm, beide Seiten des Arms mit 3–4 fM zusammenhäkeln.

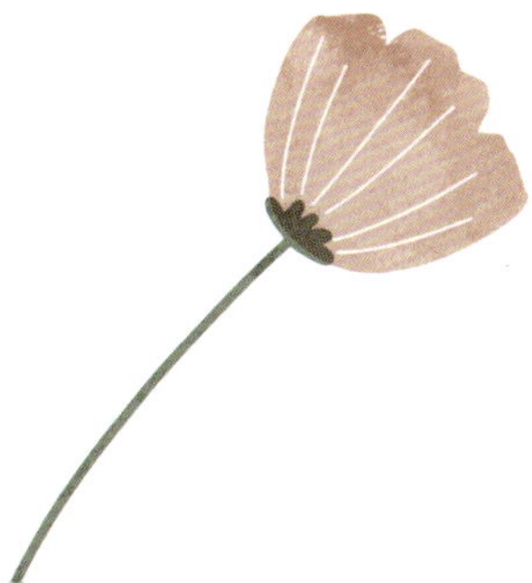

KRONE

Es wird in geschlossenen Rd gehäkelt. Lasse einen langen Anfangs-Fd fürs spätere Annähen an den Kopf. Fb D.
Häkle 12 Lm, mit 1 Km zu einem Kreis schließen. Bild 12
1. Rd: 1 Lm (= 1. fM), 11 fM, 1 Km in die Lm vom Anfang. (12)
2. Rd: 1 Lm (= 1. fM), 11 fM, 1 Km in die erste Lm. (12)
3. Rd: *[(2 fM, 1 Picot, 1 fM) in eine M, 1 Km in die nächste M] x 6. (6 Spitzen) Bild 13
Beende die Arbeit mit 1 Km, Fd abschneiden und vernähen. Den Anfangs-Fd nicht vernähen.

SCHWANZ

Es wird in Spiral-Rd gearbeitet. Beginne mit Fb B.
1. Rd: 6 fM in einen Fadenring. (6)
2. Rd: ihM, Zun x 6. (12)
3. Rd: ihM, (1 fM, Zun) x 6. (18)
4.–5. Rd: 18 fM ihM. (18)
6. Rd: ihM, (1 fM, Abn) x 6. (12)
7. Rd: ihM, (2 fM, Abn) x 3. (9)
Befülle mit Füllwatte.
Fb-Wechsel zu Fb A.
8. Rd: Abn, 7 fM. (8)
9.–10. Rd: 8 fM häkeln. (8)
11. Rd: Abn, 6 fM. (7)
12.–13. Rd: 7 fM häkeln. (7)
14. Rd: Abn, 5 fM. (6)
15.–27. Rd: 6 fM häkeln. (6)
Beende die Arbeit mit 1 Km, schneide den Fd lang genug ab fürs spätere Annähen.
Starte mit Fb. B mit einer stehenden Km in das erste der übrig gebliebenen ivM der Rd 1. bis 7. Rd. Häkle 1 Lm. Häkle nun in jedes ivM Rd für Rd je 1 Km und 1 Lm. Schließe mit 1 Km in das letzte ivM, schneide den Fd ab und vernähe beide Fd. Bild 14

FERTIGSTELLUNG DES LÖWEN

Nähe den Kopf an den Körper. Bild 15
Die Arme werden direkt unter dem Kopf diagonal nach unten verlaufend an den Körper genäht. Bild 16

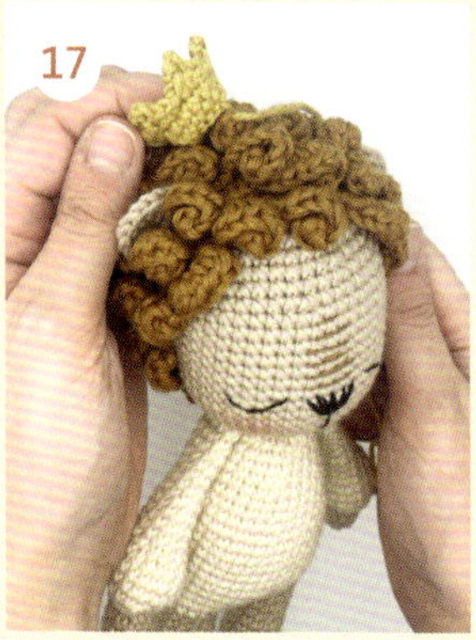
17

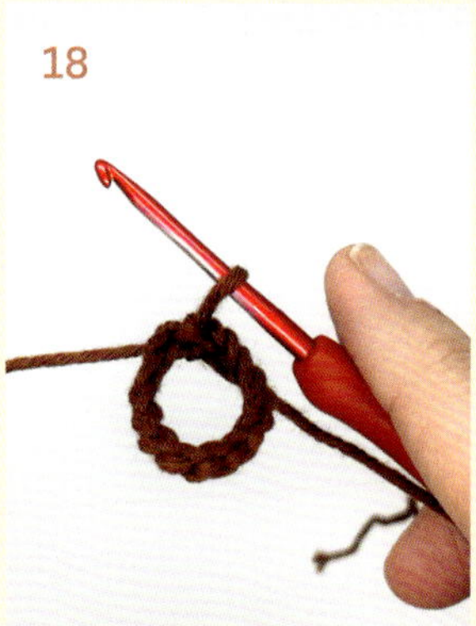
18

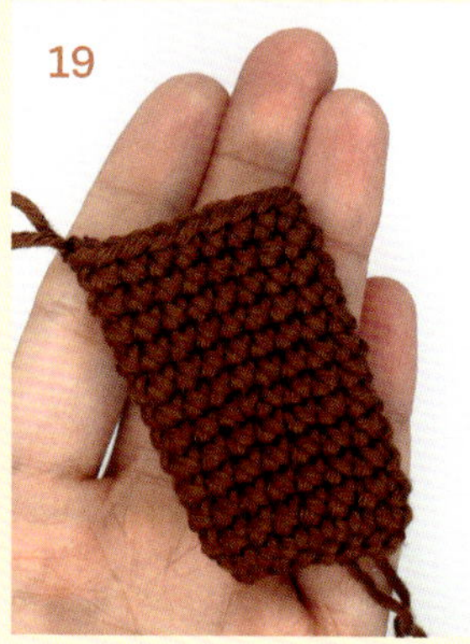
19

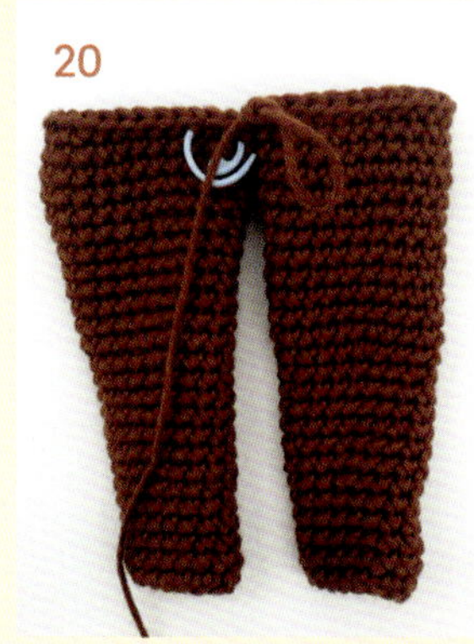
20

Nähe die Krone zwischen der 3. und 4. Locken-Rd an. Direkt neben dem rechten Ohr. Bild 17

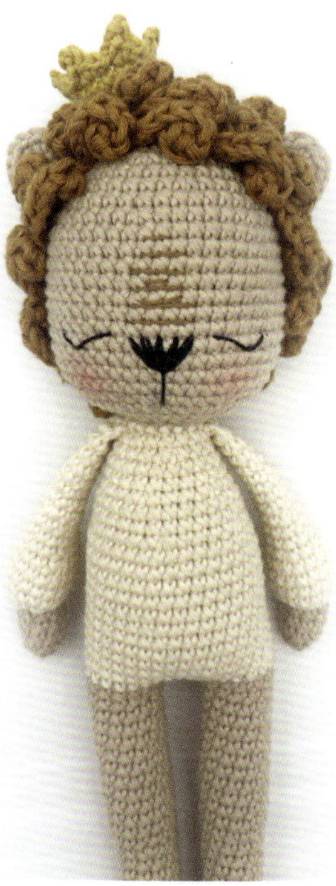

HOSE

ERSTES HOSENBEIN

Die 1. Rd wird in einer geschlossenen Rd gehäkelt, danach geht's weiter mit Spiral-Rd. Fb E.
Häkle 15 Lm, schließe sie zu einem Ring mit 1 Km. Bild 18
1. Rd: 1 Lm (zählt als 1. M), 14 fM. (15)
Arbeite ab hier in Spiral-Rd weiter.
2.–5. Rd: 15 fM häkeln. (15)
6. Rd: (4 fM, Zun) x 3. (18)
7.–12. Rd: 18 fM häkeln. (18) Bild 19
13. Rd: (5 fM, Zun) x 3. (21)
14.–19. Rd: 21 fM häkeln. (21)
20. Rd: (6 fM, Zun) x 3. (24)
21.–22. Rd: 24 fM häkeln. (24)
Beende die Arbeit mit 1 Km und vernähe den Fd.

ZWEITES HOSENBEIN UND VERBINDUNG BEIDER HOSENBEINE

Häkle das zweite Hosenbein wie das erste Hosenbein, beende jedoch nicht die Arbeit.
23. Rd: Verbinde beide Hosenbeine mit 1 fM. Häkle weitere 23 fM in das erste Hosenbein, und noch mal 24 fM in das zweite Hosenbein. (48) Bild 20
24.–33. Rd: 48 fM häkeln. (48)
34. Rd: 25 fM, hier endet diese Rd auf der Hinterseite der Hose. (25)
35. Rd: 3 fM, Abn, (6 fM, Abn) x 5, 3 fM. (42)
36. Rd: (5 fM, Abn) x 6. (36)
Beende die Arbeit mit 1 Km, vernähe den Fd. Nähe am von dir aus gesehenen linken Rand der Hose einen Knopf an. Bild 21

HOSENTRÄGER

Lege die Hose mit der Rückseite vor dich hin. Beginne mit einer stehenden Km mit Fb E am von dir aus gesehenen rechten Rand der Hose. Häkle 42 Lm, schließe mit 1 Km in die 20. Lm, um eine Schlaufe für den Knopf zu bilden. Schneide den Fd ab, ziehe ihn durch die Schlaufe und vernähe ihn auf der Innenseite der Lm-Kette. Bild 22

HOSENTASCHE

Es wird in R gehäkelt. Fb E.
Häkle 6 Lm.
1. R: Beginne in der 2. M ab Nd und häkle 5 fM, 1 Lm, wenden. (5)
2.–3. R: 5 fM, 1 Lm, wenden. (5)
4. R: 5 fM häkeln. (5)

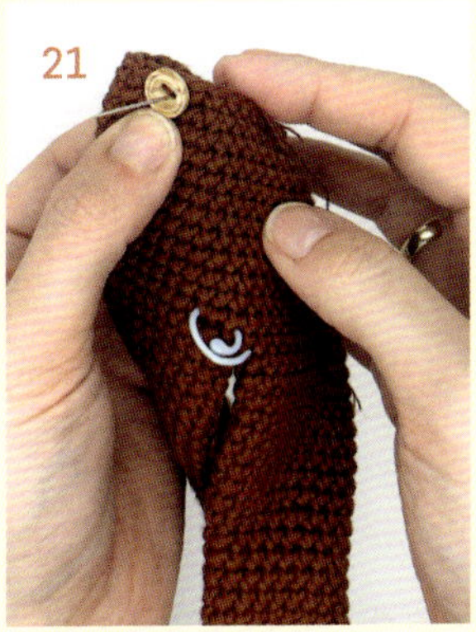

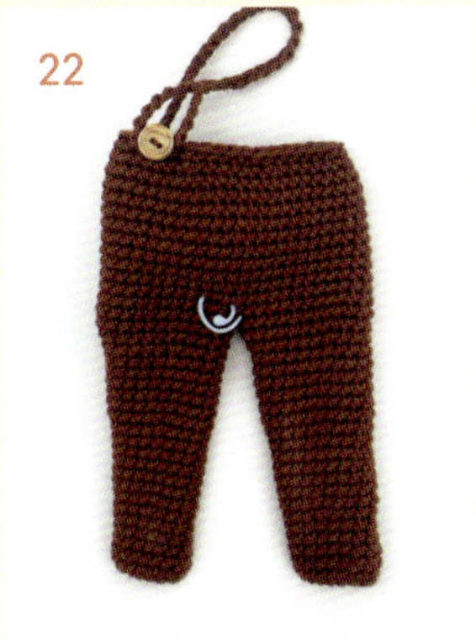

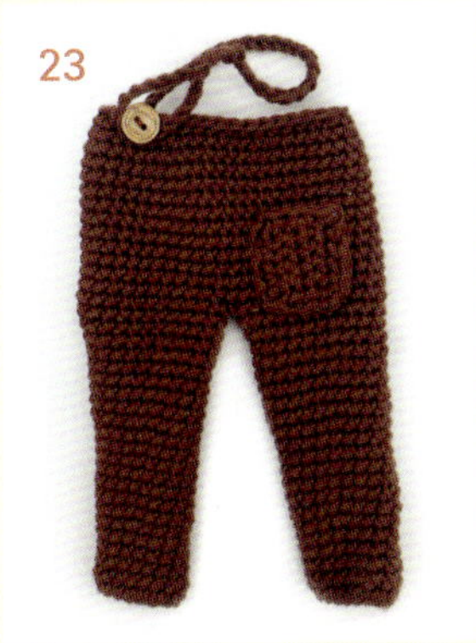

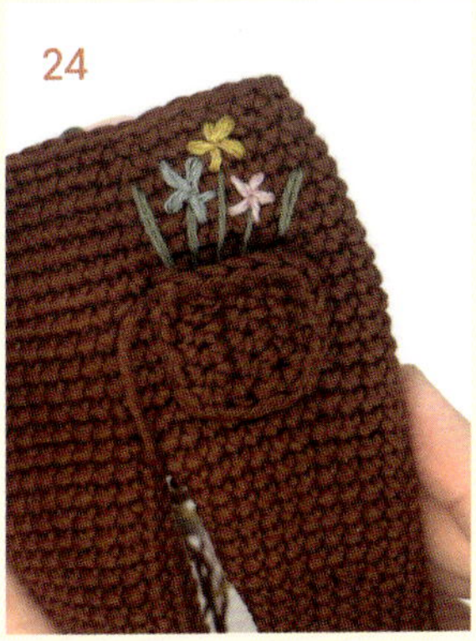

Schneide den Fd nicht ab, denn jetzt wird das Rechteck umhäkelt. Häkle in den 4 Ecken jeweils 1 fM Zun, an den Seiten je 3 fM. Schließe mit 1 Km, schneide den Fd lang genug ab. Vernähe den Anfangs-Fd. Nähe mit dem End-Fd die Hosentasche an die Hose. Lasse dabei den oberen Rand der Hosentasche offen. Bild 23

STICKEREI AN DER HOSE.

Für die Stickerei an der Hose brauchst du 4 Fbn. Splitte die Fd in der Mitte und sticke (optional mithilfe eines Stickpapiers) mit einfachen Vorstichen einige Blumen und Gräser direkt über der Hosentasche auf. Bild 24

Ziehe dem Löwen die Hose an und nähe den Schwanz auf der Rückseite der Hose zwischen der 26. und 27. Rd.

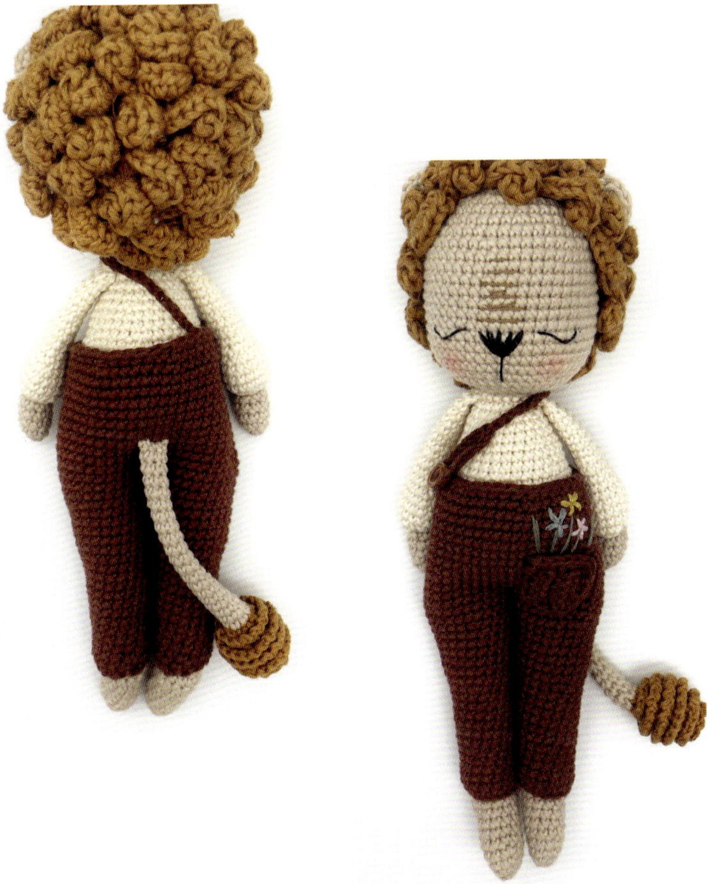

VIER-JAHRESZEITEN-PÜPPCHEN

ANLEITUNG: SIEHE NÄCHSTE SEITE

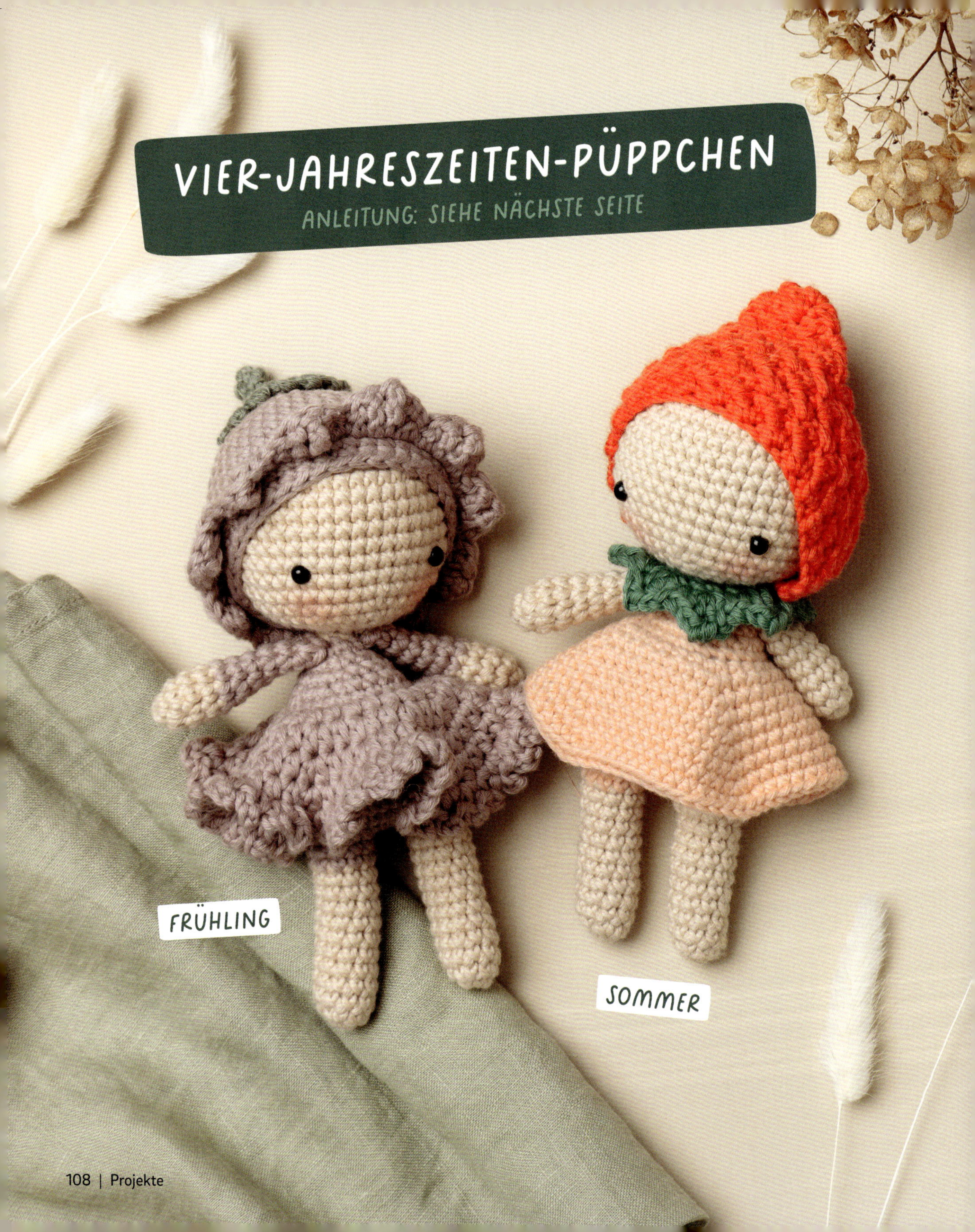

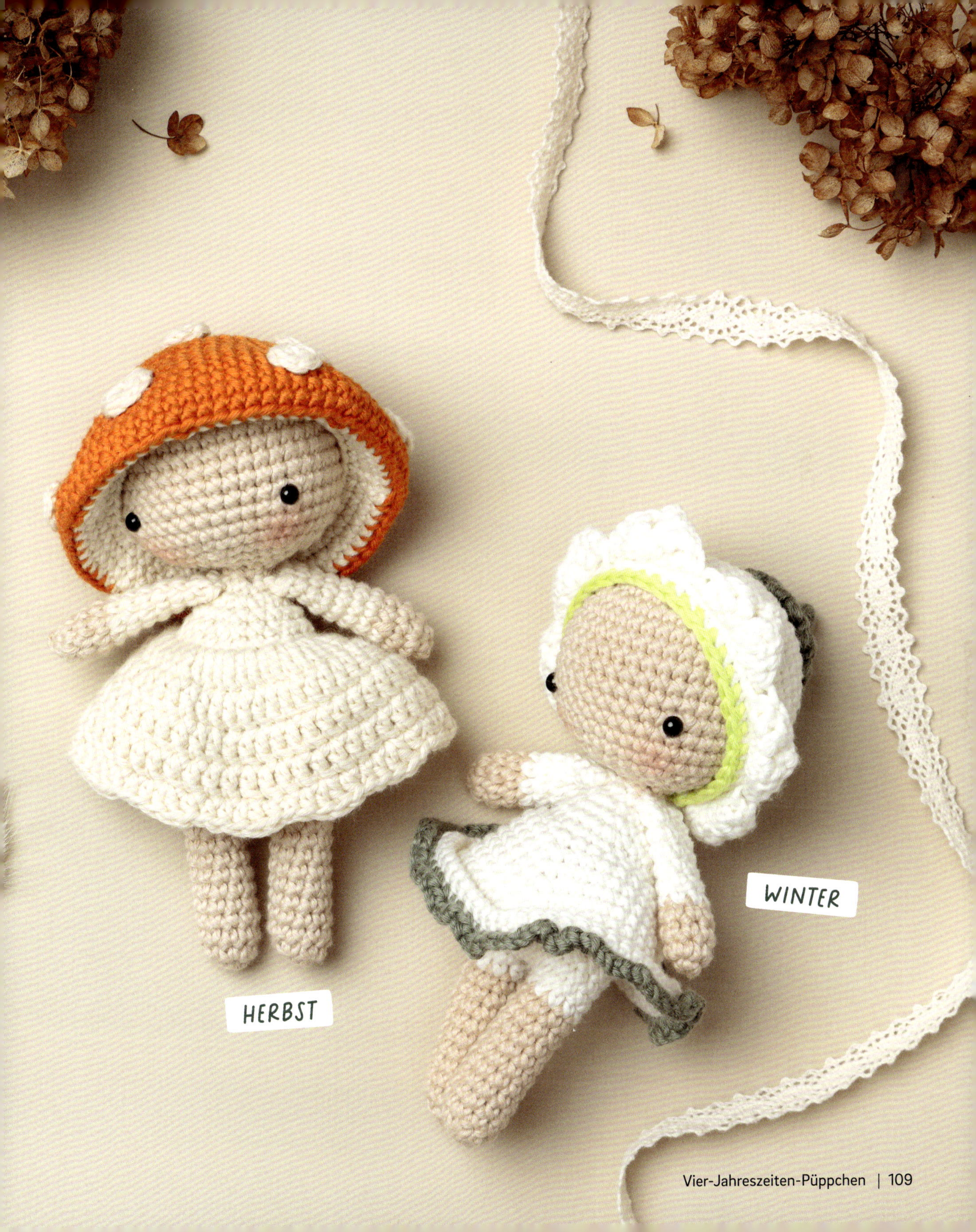
HERBST
WINTER

13

Vier Jahreszeiten-Püppchen

In einem kleinen, zauberhaften Wald leben vier liebevolle Jahreszeiten-Püppchen – Frühlingsblümchen, Erdbeerchen, Pilzmädchen und Winterblümchen. Jedes von ihnen trägt den Zauber einer bestimmten Jahreszeit in sich. Zusammen hüten sie den Wechsel der Jahreszeiten und sorgen dafür, dass jede Zeit ihre eigene Magie hat.

GRÖSSE: 15 CM

MATERIALIEN

- Baumwolle in zehn verschiedenen Farben
- Häkelnadel in Größe 2,5 mm
- Sicherheitsaugen, 5 mm ∅
- Spitze Nähnadel
- Füllwatte
- Stecknadeln
- Maschenmarkierer
- Schere
- Pinkes Rouge plus Pinsel für Wangen
- Optional: Kleines Holzstäbchen zur Stabilisierung des Kopfes, ca. 5,5 cm lang, mit einem ∅ von ca. 6 mm

FARBEN UND MENGENANGABEN

FRÜHLINGSBLÜMCHEN

- **Kopf und Körper (Farbe A):** Babytoly 434 Ecru, 17 g
- **Kleid, Höschen und Mütze (Farbe B):** Babytoly 560 Dusty Rose, 25 g
- **Blattgrün (Farbe C):** Babytoly 205 Sage, kleine Menge

ERDBEERCHEN

- **Kopf und Körper (Farbe A):** Babytoly 434 Ecru, 20 g
- **Kleid und Höschen (Farbe B):** Babytoly 073 Papaya, 10 g
- **Mütze (Farbe C):** Babytoly 013 Red Apple, 7 g
- **Kragen (Farbe D):** Ecobebek 670 Ivy, kleine Menge

PILZMÄDCHEN

- **Kopf und Körper (Farbe A):** Babytoly 434 Ecru, 17 g
- **Kleid, Höschen und Pünktchen auf der Mütze (Farbe B):** Babytoly 014 Natural, 16 g
- **Mütze (Farbe C):** Babytoly 350 Cinnamon, 13 g

WINTERBLÜMCHEN

- **Kopf und Körper (Farbe A):** Babytoly 434 Ecru, 17 g
- **Kleid, Höschen und Mütze (Farbe B):** Babytoly 004 Snow, 20 g
- **Bordüre an der Mütze (Farbe C):** Babytoly 750 Lime, kleine Menge
- **Blattgrün und Abschluss Kleid (Farbe D):** Babytoly 205 Sage, kleine Menge

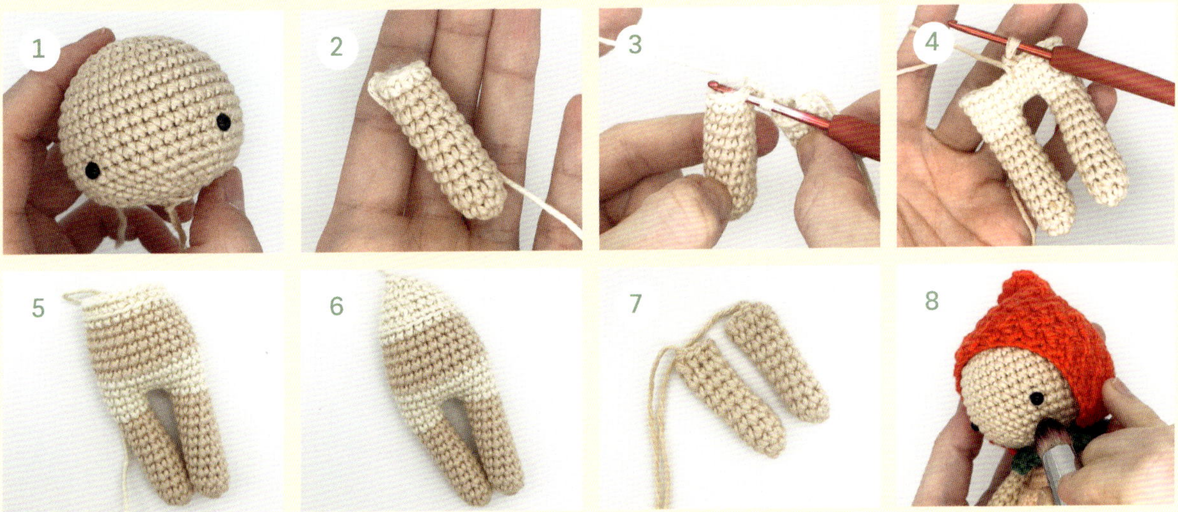

UND SO GEHT'S

BASISANLEITUNG

KOPF

Es wird in Spiral-Rd gehäkelt. Fb A.
1. Rd: 8 fM in einen Fadenring. (8)
2. Rd: Zun x 8. (16)
3. Rd: (1 fM, Zun) x 8. (24)
4. Rd: (5 fM, Zun) x 4. (28)
5. Rd: (3 fM, Zun) x 7. (35)
6. Rd: (4 fM, Zun) x 7. (42)
7.–14. Rd: 42 fM häkeln. (42)
15. Rd: 2 fM, Abn, (4 fM, Abn) x 6, 2 fM. (35)
16. Rd: (3 fM, Abn) x 7. (28)
17. Rd: 1 fM, Abn, (2 fM, Abn) x 6, 1 fM. (21)
18. Rd: (1 fM, Abn) x 7. (14)
Befestige die Sicherheitsaugen zwischen der 12. und 13. Rd mit 9 M Abstand. Beginne den Kopf mit Füllwatte schön fest auszufüllen.
19. Rd: Abn x 7. (7)
Beende die Arbeit mit 1 Km, schneide einen langen Fd ab, damit du den Kopf später an den Körper nähen kannst. Fülle noch mal etwas Füllwatte in den Halsbereich des Kopfes. Bild 1

ERSTES BEIN

Es wird in Spiral-Rd gehäkelt. Fb A.
1. Rd: 5 fM in einen Fadenring. (5)
2. Rd: Zun x 5. (10)
3.–11. Rd: 10 fM häkeln. (10)
Fb-Wechsel zu Fb B.
12. Rd: 10 fM häkeln. (10)
Beende das Bein mit 1 Km, schneide den Fd ab und vernähe ihn gut. Fülle das Bein mit Füllwatte. Bild 2

ZWEITES BEIN UND VERBINDUNG DER BEIDEN BEINE ZUM KÖRPER

Fb A und B.
Häkle das 2. Bein wie Bein 1 bis 12. Rd, Fd nicht abschneiden.
13. Rd: 3 Lm, verbinde mit 1 fM zum 1. Bein, 9 fM um das Bein, 3 fM ihM der Lm-Kette, 10 fM um das zweite Bein, 3 fM ivM der Lm-Kette. (26) Bild 3
14.–15. Rd: 26 fM häkeln. (26)
16. Rd: 12 fM häkeln. (12)
Fb-Wechsel zu Fb A. Ab hier startet eine neue Rd.
17.–20. Rd: 26 fM häkeln. (26) Bild 4
21. Rd: 6 fM, Abn, 11 fM, Abn, 5 fM. (24)
Fb-Wechsel zu Fb B.
22. Rd: 24 fM häkeln. (24)
23. Rd: 24 fM ihM. (24) Bild 5
Beginne den Körper mit Füllwatte zu befüllen.
24. Rd: 1 fM, Abn, (2 fM, Abn) x 5, 1 fM. (18)
25. Rd: 18 fM häkeln. (18)
26. Rd: (1 fM, Abn) x 6. (12)
27. Rd: Abn x 5, 2 fM. (7)
Beende den Körper mit 1 Km. Schneide den Fd ab und vernähe ihn sorgfältig. Befülle den Körper mit Füllwatte. Bild 6

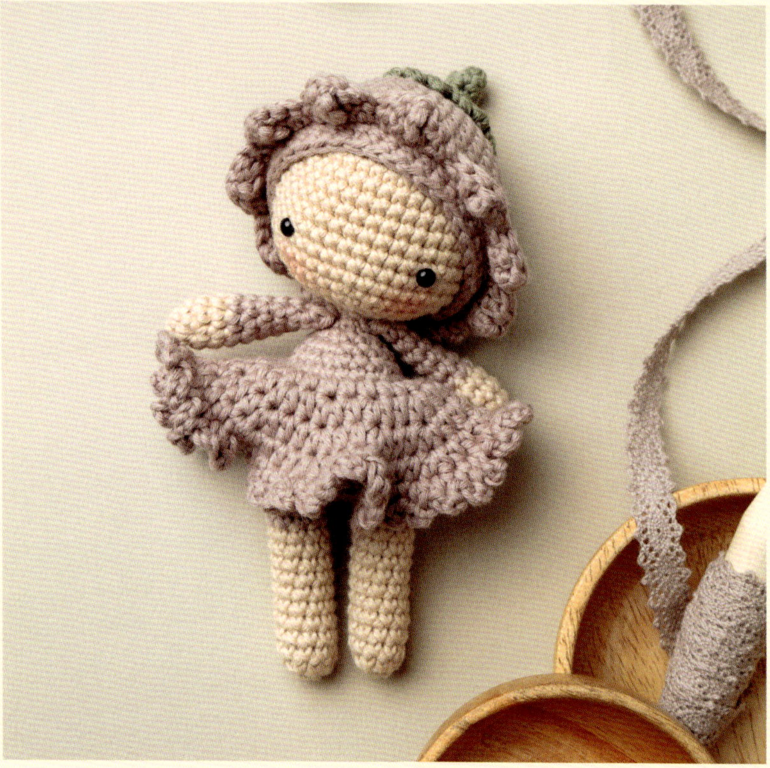

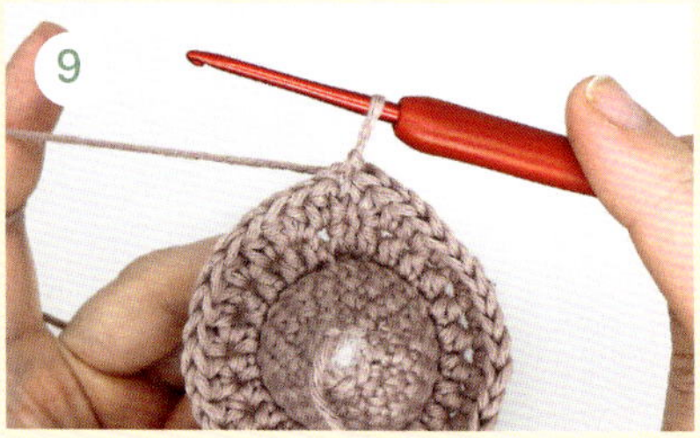

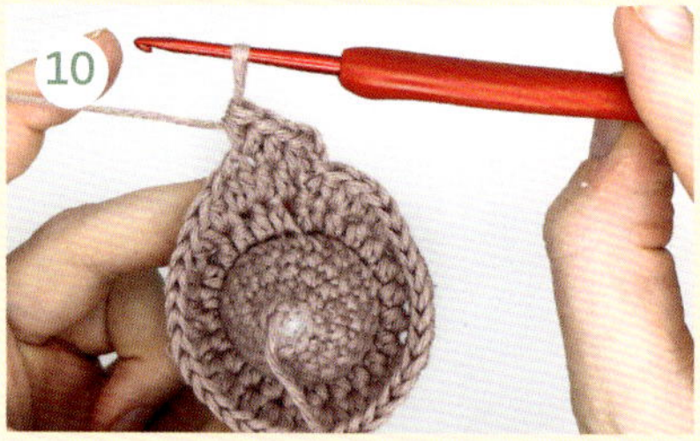

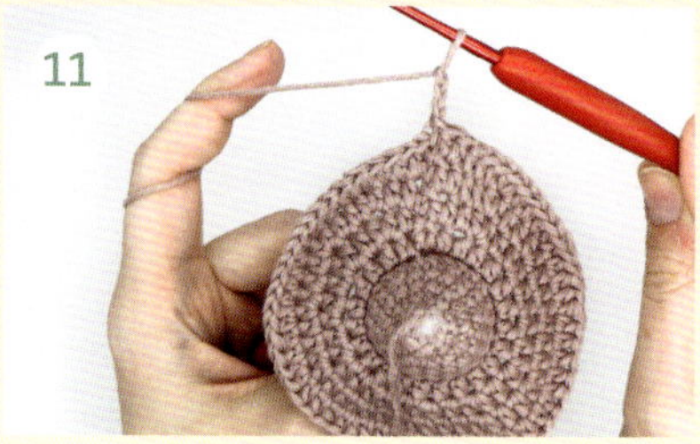

ARM (2 x)

Es wird in Spiral-Rd mit Fb A gehäkelt. Für Frühlingsblümchen, Pilzmädchen und Winterblümchen mache einen Fb-Wechsel nach der 4. Rd zu Fb B.

1. Rd: 4 fM in einen Fadenring. (4)
2. Rd: Zun x 4. (8)
3.–10. Rd: 8 fM häkeln. (8)
Befülle den unteren Bereich des Arms leicht mit Füllwatte, der Rest des Arms bleibt ungefüllt. Häkle 1 Lm und schließe das Armloch, indem du beide Seiten mit 3 fM zusammenhäkelst. Schneide den Fd lang genug ab und ziehe ihn durch die Schlaufe. Bild 7

ANNÄHEN DER KÖRPERTEILE UND FERTIGSTELLUNG

Falls du den Kopf stabilisieren willst, damit er nicht hin- und herwackelt, nimm ein kleines Holzstäbchen und stecke es zu ⅔ in den Körper, sodass noch ca. 1,5 cm aus dem Körper herausragen. Nun kannst du den Kopf auf den Stabilisator stülpen und rundherum mit dem Fd des Kopfes den Kopf an den Körper nähen. Vernähe den Fd gut. Danach nähst du die Arme links und rechts am Körper an, direkt unter dem Kopf. Mit pinkem Rouge kannst du unter den Augen Bäckchen aufmalen. Setze dem Püppchen die Mütze auf. Bild 8

Tipp: Sollte das Püppchen für ein kleines Kind zum Spielen sein, kannst du die Mütze mit einigen wenigen Stichen am Kopf annähen.

FRÜHLINGSBLÜMCHEN

Häkle Kopf, Körper und Arme nach der Basisanleitung.

KLEID

Es wird in geschlossenen Rd gehäkelt. Fb B.

1. Rd: Lege den Körper kopfüber vor dich hin und beginne mit einem stehenden hStb in die 1. M der übrig gebliebenen M-Glieder der 22. Rd. Häkle weitere 23 hStb. Schließe die Rd mit 1 Km in das erste hStb. (24)
2. Rd: 2 Lm, 1 hStb in dieselbe M, 1 hStb Zun, (1 hStb, 1 hStb Zun) x 11, 1 Km in die 2. Lm. (36) Bild 9
3. Rd: 2 Lm, 1 hStb in die nächste M, 1 hStb, 1 hStb Zun, (2 hStb, 1 hStb Zun) x 11, 1 Km in die 2. Lm. (48) Bild 10

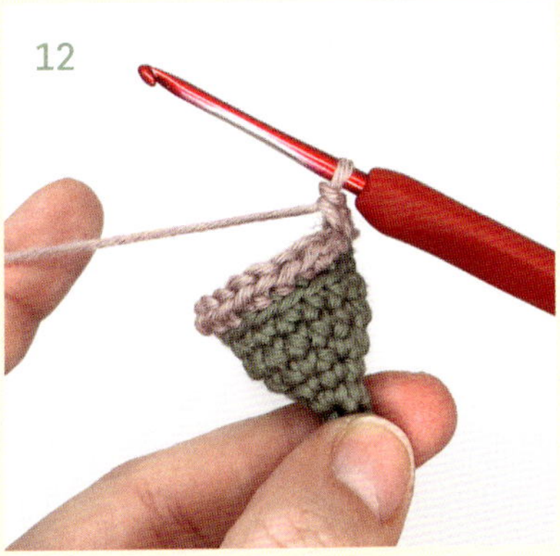

12

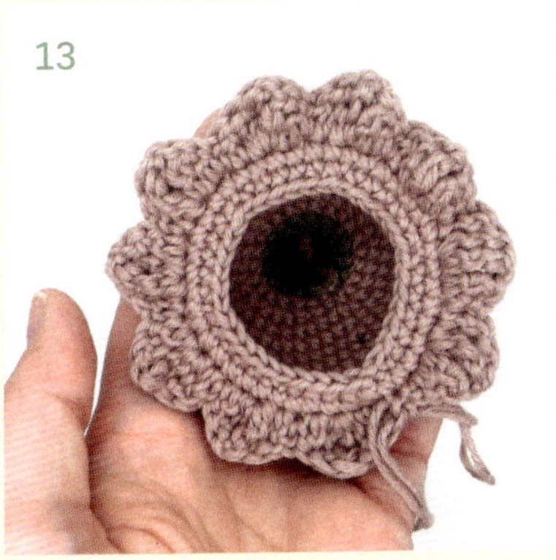

13

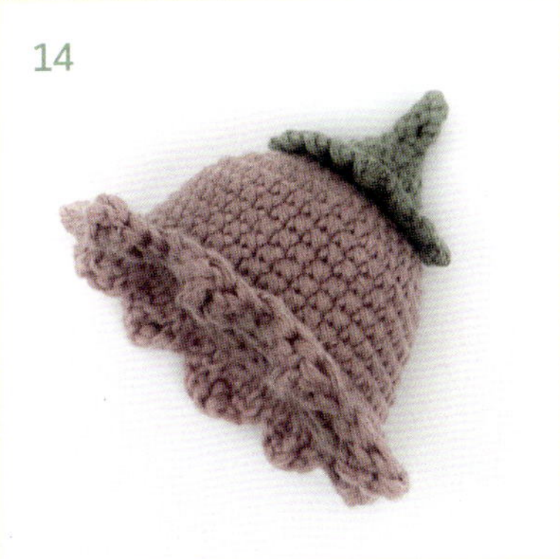

14

4. Rd: 2 Lm, (3 hStb, 1 hStb Zun) x 12, 1 Km in die 2. Lm. (60)
5. Rd: 3 Lm, 1 fM in dieselbe M, 1 fM in die nächste M, (3 Lm, 1 fM in dieselbe M, 1 fM in die nächste M) x 60. (60 Bögen) Bild 11
Mit 1 Km die Arbeit beenden, Fd abschneiden und durch die Schlaufe ziehen. Alle Fd gut vernähen.

MÜTZE

Es wird in Spiral-Rd gehäkelt.
Starte mit Fb C.
1. Rd: 4 fM in einen Fadenring. (4)
2.–3. Rd: 4 fM häkeln. (4)
4. Rd: Zun x 4. (8)
5. Rd: 8 fM häkeln. (8)
6. Rd: Zun x 8. (16)
7.–8. Rd: 16 fM häkeln. (16)
Fb-Wechsel zu Fb B.
9. Rd: ihM, (1 fM, Zun) x 8. (24)
Bild 12
10. Rd: (3 fM, Zun) x 6. (30)
11. Rd: 2 fM, Zun, (4 fM, Zun) x 5, 2 fM. (36)
12. Rd: (5 fM, Zun) x 6. (42)
13.–18. Rd: 42 fM häkeln. (42)
19. Rd: 42 fM ihM. (42)
20. Rd: (5 fM, Abn) x 6. (36)
Mit 1 Km die Arbeit beenden und den Fd gut vernähen.

Für die Blütenblätter am Rand entlang der Mütze lege die Mütze kopfüber vor dich hin. Häkle mit Fb B. Beginne auf der Rückseite in das 1. der übrig gebliebenen ivM aus der 18. Rd mit einer stehenden fM und häkle wie folgt weiter: [1 Stb, (1 DStb, 1 TrStb, 1 DStb) in 1 M, 1 Stb, 1 fM] x 10, 1 Km in die letzte M. Mit 1 Km in die 1. fM schließen. Fd abschneiden und beide Fd vernähen. Bild 13

Nimm für das Blattgrün am Stängel der Mütze Fb C, lege die Mütze wieder kopfüber vor dich hin und beginne mit einer stehenden Km in das 1. ivM der 8. Rd und häkle wie folgt weiter:

2 Lm, 1 Km in die 2. Lm von der Nd, (1 fM, 2 Lm, 1 Km in die 2. Lm) x 14, 1 fM in die letzte M. Mit 1 Km in die 1. fM schließen, Fd abschneiden und beide Fd vernähen. Bild 14

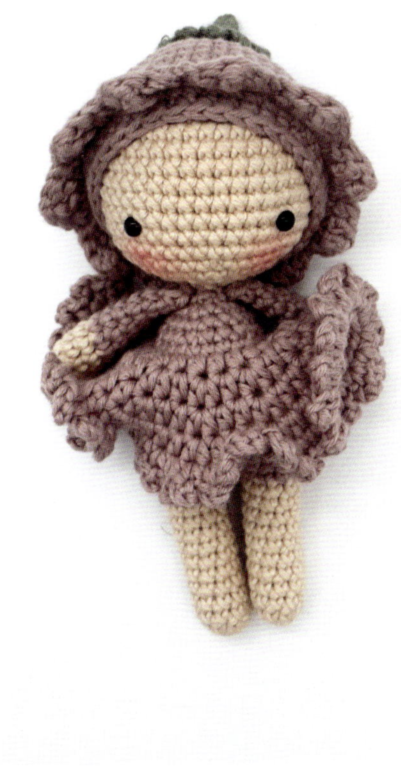

Annähen der Körperteile und letzte Fertigstellungen siehe Basisanleitung.

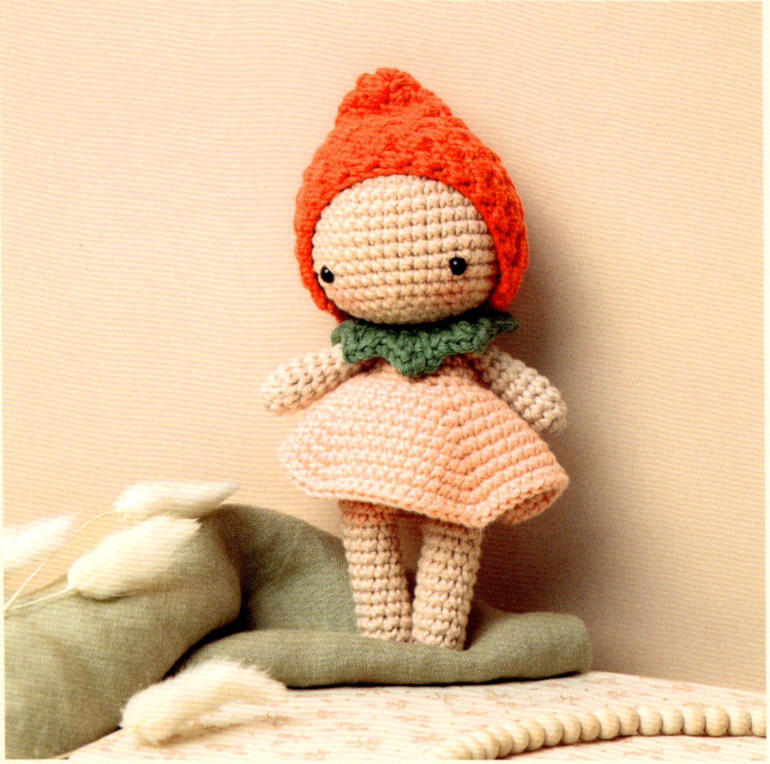

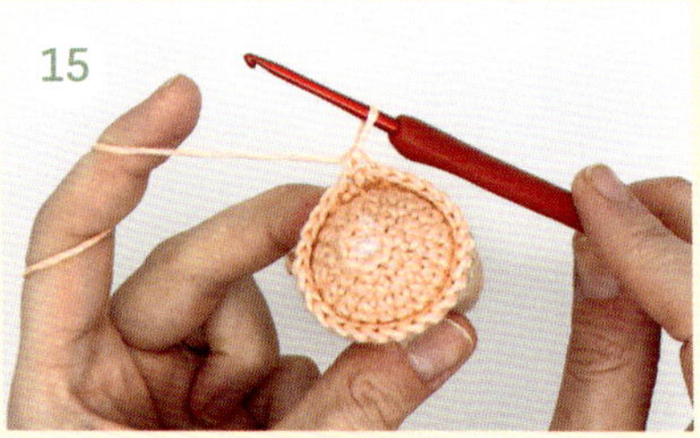

15

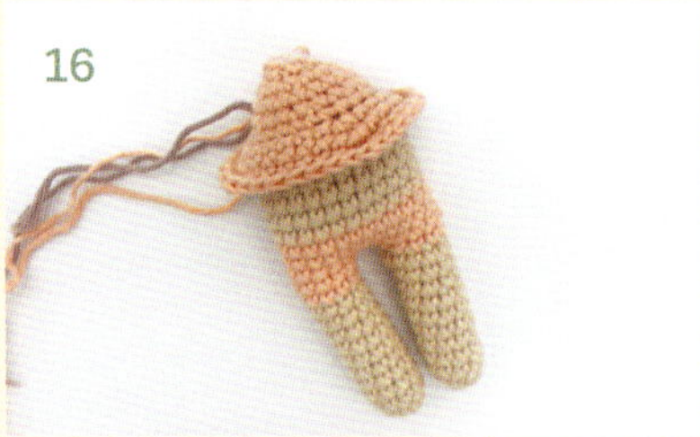

16

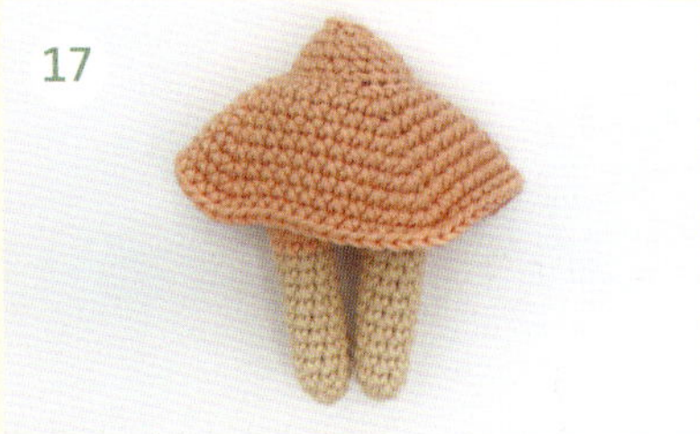

17

ERDBEERCHEN

Häkle Kopf, Körper und Arme nach der Basisanleitung.

KLEID

Es wird in Spiral-Rd gehäkelt. Fb B.

1. Rd: Lege den Körper kopfüber vor dich hin und beginne mit einer stehenden fM in die 1. M der übrig gebliebenen M-Glieder von 22. Rd. 4 fM, 1 Zun, (5 fM, Zun) x 4. (28) Bild 15

2. Rd: (6 fM, Zun) x 4. (32) Bild 16

3. Rd: (7 fM, Zun) x 4. (36)

4. Rd: (8 fM, Zun) x 4. (40)

5. Rd: (9 fM, Zun) x 4. (44)

6. Rd: (10 fM, Zun) x 4. (48)

7. Rd: (11 fM, Zun) x 4. (52)

8. Rd: (12 fM, Zun) x 4. (56)

9. Rd: (13 fM, Zun) x 4. (60)

Beende die Arbeit mit 1 Km und vernähe beide Fd. Bild 17

MÜTZE

Häkle mit Fb C. Es wird in R gehäkelt.

Häkle 29 Lm.

1. R: Starte in der 2. M von der Nd: 1 fM und 1 Stb in eine M, nächste M auslassen. [(1 fM, 1 Stb) in eine M, 1 M überspr.] x 13, 1 fM in die nächste M, 1 Lm, wenden. (28)

2.–10. R: [(1 Stb, 1 fM) in eine M, 1 M überspr.] x 14, 1 fM in die letzte M, 1 Lm, wenden. (28) Bild 18

Schneide den Fd lang genug ab und ziehe ihn durch die Schlaufe. Falte das Rechteck in der Mitte und nähe eine Seite mit dem Fd und einer Nähnadel zusammen. Vernähe den Fd gut. Stülpe die Mütze auf die andere Seite. Bild 19–20

1. R: Für einen sauberen Abschluss am unteren Mützenrand beginne mit einer stehenden fM an der unteren Ecke der Mütze. Häkle 20 weitere fM am Rand entlang. 1 Lm, wenden. (21) Bild 21

2. R: 21 fM häkeln. (21)

Fd abschneiden und durch die Schlaufe ziehen. Fd auf der Innenseite der Mütze vernähen.

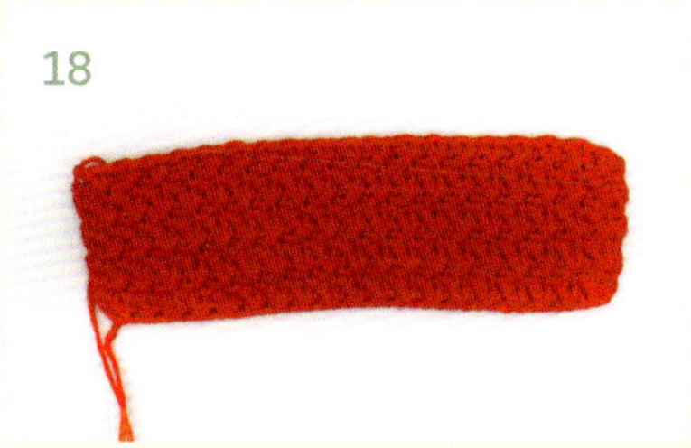

18

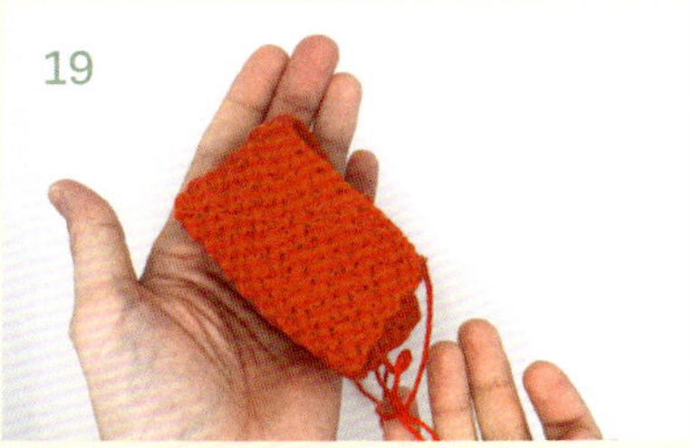

19

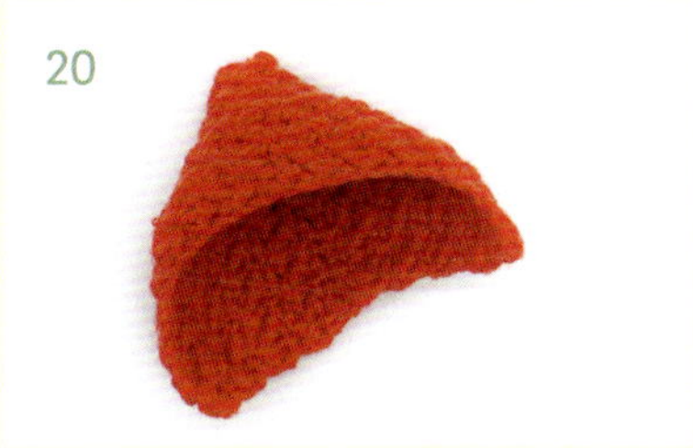

20

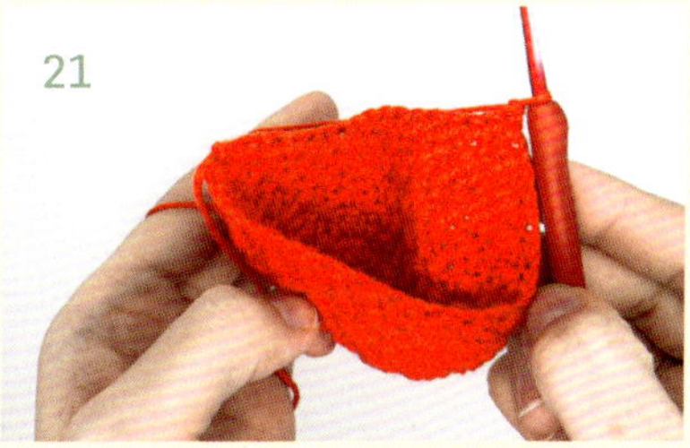

21

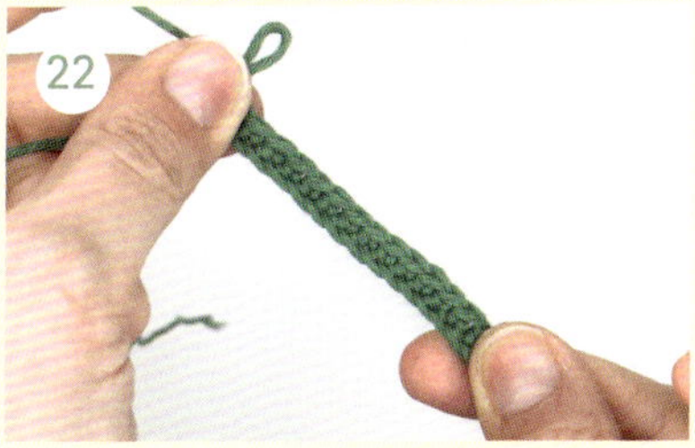

22

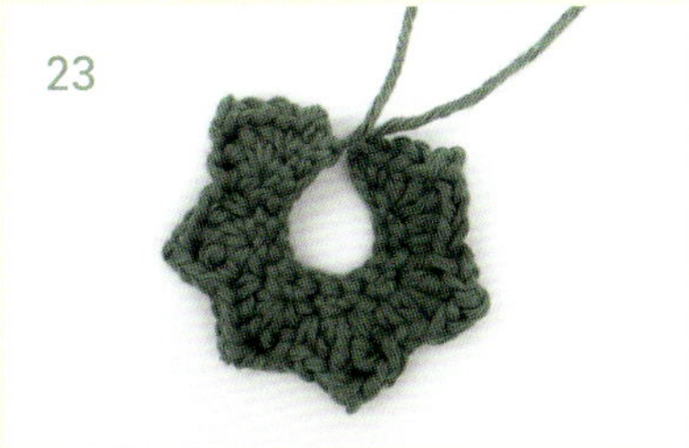

23

KRAGEN

Es wird in R gehäkelt. Häkle mit Fb D.
Häkle 16 Lm.
1. R: Häkle in die 2. M ab Nd, 15 fM, 1 Lm, wenden. Bild 22
2. R: 1 Km, [1 fM, (1 hStb, 1 Stb, 2 Lm, 1 Km) in die 2. Lm ab Nd, 1 hStb in eine M] x 6, 1 fM, 1 Km in die letzte M. Bild 23
Fd abschneiden und durch die Schlaufe ziehen, Fd nicht vernähen. Diese kannst du als Schleife für den Kragen am Rücken benutzen. Stelle das Püppchen nach der Basisanleitung fertig. Zum Schluss kannst du den Kragen um den Hals legen und am Rücken zu einer Schleife binden.

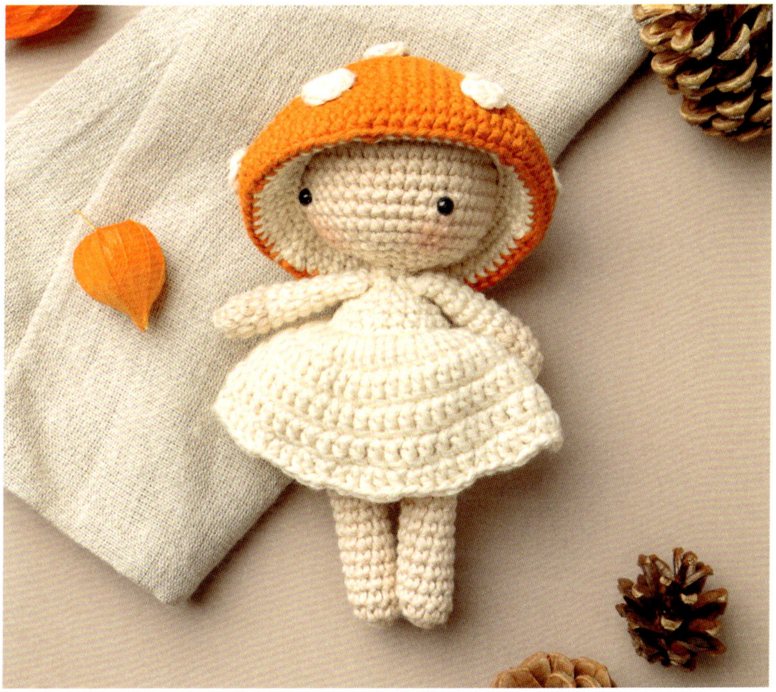

PILZMÄDCHEN

Häkle Kopf, Körper und Arme nach der Basisanleitung.

KLEID

Es wird in geschlossenen Rd gehäkelt. Fb B.
1. Rd: Lege den Körper kopfüber vor dich hin und beginne mit 3 Lm (= 1. Stb) in die 1. M der übrig gebliebenen M-Glieder der 22. Rd. Häkle 1 Stb in dieselbe M, (1 Stb Zun) x 23. Schließe mit 1 Km in die 3. Lm. (48) Bild 24
2.–4. Rd: 3 Lm (zählt als Stb), 47 Stb, 1 Km in die 3. Lm. (48)
5. Rd: [(1 hStb, (2 Stb in eine M), 1 hStb, 1 fM] x 11, [1 hStb, 2 Stb in eine M, 1 fM], 1 Km in die letzte M. (60)

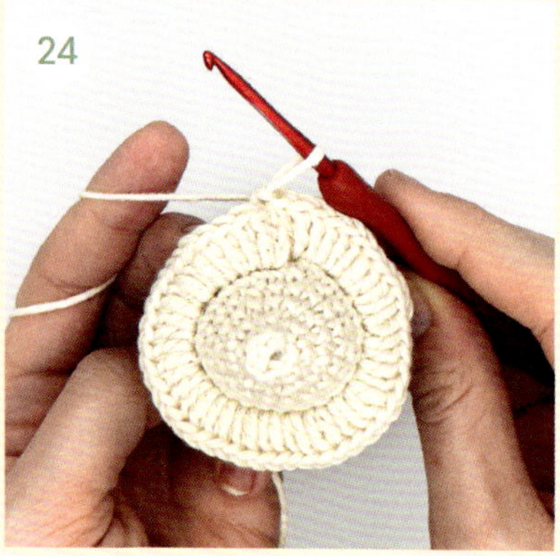

24

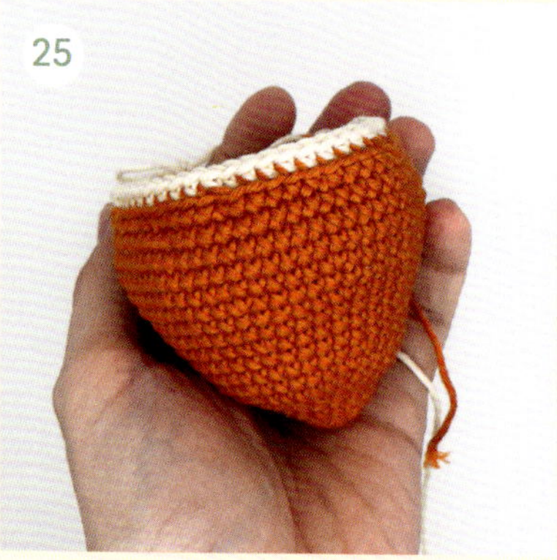

25

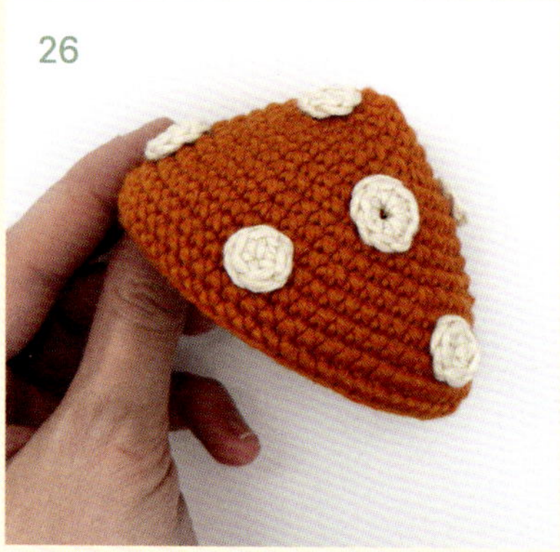

26

Fd abschneiden und durch die Schlaufe ziehen. Alle Fd auf der Innenseite des Kleides vernähen.

KAPPE

Es wird in Spiral-Rd gehäkelt.
Starte mit Fb C.

1. Rd: 6 fM in einen Fadenring. (6)
2. Rd: Zun x 6. (12)
3. Rd: (1 fM, Zun) x 6. (18)
4. Rd: 18 fM häkeln. (18)
5. Rd: Zun x 18. (36)
6. Rd: 36 fM häkeln. (36)
7. Rd: (5 fM, Zun) x 6. (42)
8. Rd: 42 fM häkeln. (42)
9. Rd: 3 fM, Zun, (6 fM, Zun) x 5, 3 fM. (48)
10. Rd: (7 fM, Zun) x 6. (54)
11. Rd: 4 fM, Zun, (8 fM, Zun) x 5, 4 fM. (60)
12. Rd: (9 fM, Zun) x 6. (66)
13.–16. Rd: 66 fM häkeln. (66)
Fb-Wechsel zu Fb B.
17. Rd: ihM, (9 fM, Abn) x 6. (60)
Bild 25
18. Rd: 4 fM, Abn, (8 fM, Abn) x 5, 4 fM. (54)
19. Rd: (7 fM, Abn) x 6. (48)
20. Rd: 3 fM, Abn, (6 fM, Abn) x 5, 3 fM. (42)

Beende die Arbeit mit 1 Km und vernähe die Fd auf der Innenseite.
Für die Punkte auf der Mütze häkle insgesamt 10 Fadenringe mit jeweils 8 fM, 6 fM und 5 fM. Ziehe den Fadenring zusammen und schließe ihn mit 1 Km. Vernähe einen Fd auf der Innenseite, mit dem 2. Fd kannst du die Kreise auf die Mütze nähen.
Bild 26
Stelle das Püppchen nach der Basisanleitung fertig.

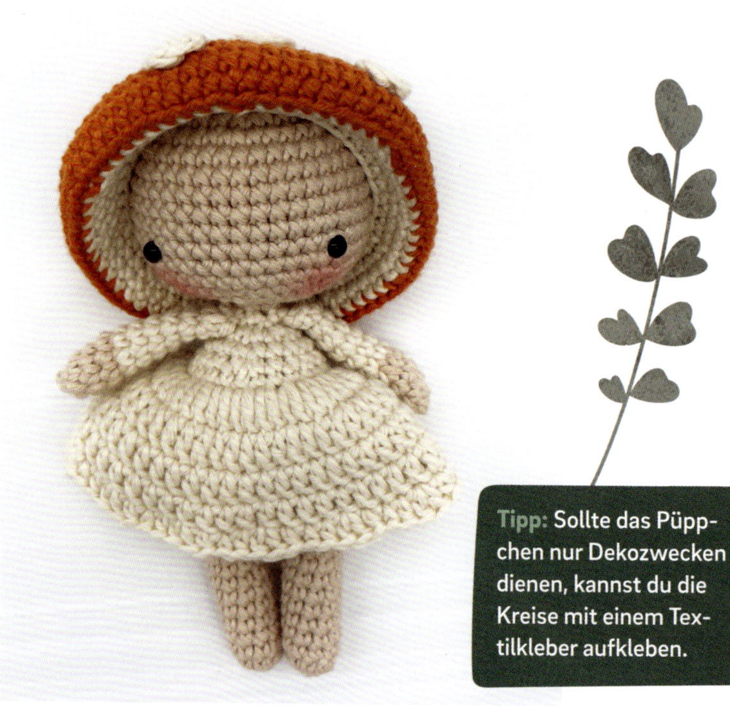

Tipp: **Sollte das Püppchen nur Dekozwecken dienen, kannst du die Kreise mit einem Textilkleber aufkleben.**

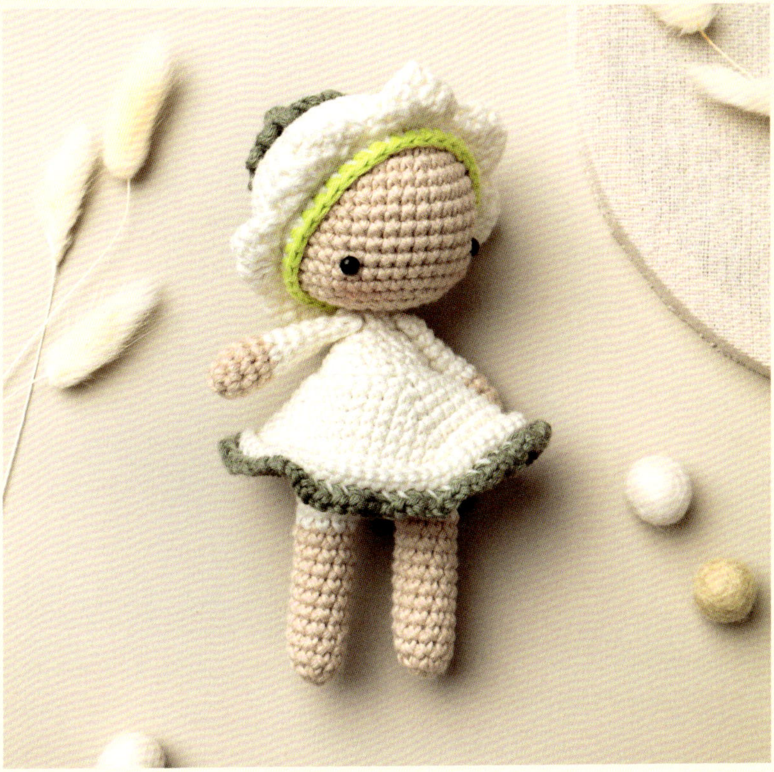

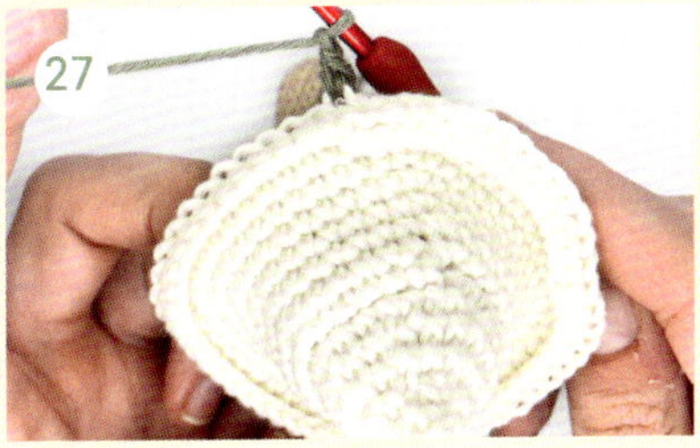

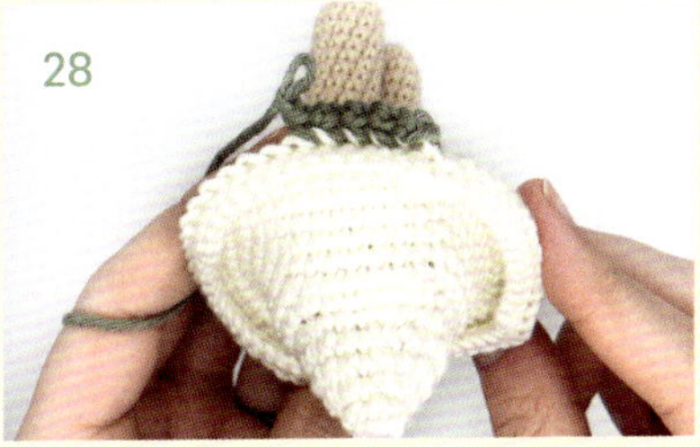

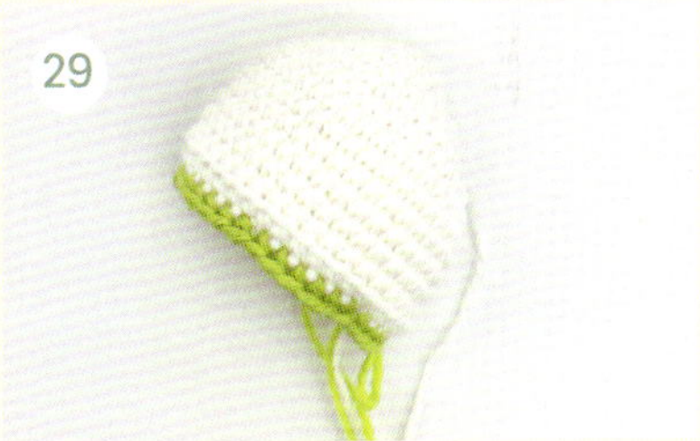

WINTERBLÜMCHEN

Häkle Kopf, Körper und Arme nach der Basisanleitung.

KLEID

Es wird in Spiral-Rd gehäkelt. Fb B. Arbeite das Kleid bis zur 8. Rd nach der Anleitung des Kleides von Erdbeerchen auf Seite 114.
9. Rd: ivM, (13 fM, Zun) x 4. (60)
Beende die Arbeit mit 1 Km und vernähe beide Fd.

Für den farbigen Abschluss am Kleid nimm Fb D, den Körper wieder kopfüber halten und mit einer stehenden fM auf der Rückseite in das 1. ihM beginnen.
Häkle 1 Lm, (1 fM, 1 Lm) x 53. (54) Bild 27–28
Schließe mit 1 Km in die erste fM. Fd abschneiden und beide Fd vernähen.

MÜTZE

Es wird in Spiral-Rd gehäkelt. Häkle mit Fb B.
1. Rd: 6 fM in einen Fadenring. (6)
2. Rd: Zun x 6. (12)
3. Rd: (1 fM, Zun) x 6. (18)
4. Rd: 1 fM, Zun, (2 fM, Zun) x 5, 1 fM. (24)
5. Rd: (3 fM, Zun) x 6. (30)
6. Rd: 2 fM, Zun, (4 fM, Zun) x 5, 2 fM. (36)
7. Rd: (5 fM, Zun) x 6. (42)
8.–13. Rd: 42 fM häkeln. (42)
14. Rd: 42 fM ihM. (42)
Fb-Wechsel zu Fb C.
15. Rd: (5 fM, Abn) x 6. (36) Bild 29
Beende die Arbeit mit 1 Km und vernähe alle Fd.
Für die Blütenblätter am Rand entlang der Mütze lege die Mütze kopfüber vor dich hin. Häkle mit Fb B. Beginne auf der Rückseite in das 1. der übrig gebliebenen ivM aus der 13. Rd mit einer stehenden Km und häkle wie folgt weiter: 2 M überspr., [(3 DStb, 2 Lm, 1 fM in die 1. Lm, 3 DStb) in eine M, 2 M überspr., 1 Km, 2 M überspr.] x 6, (3 DStb, 2 Lm, 1 fM in die 1. Lm, 3 DStb) in eine M, 1 M überspr., 1 Km. (7 Blütenblätter)

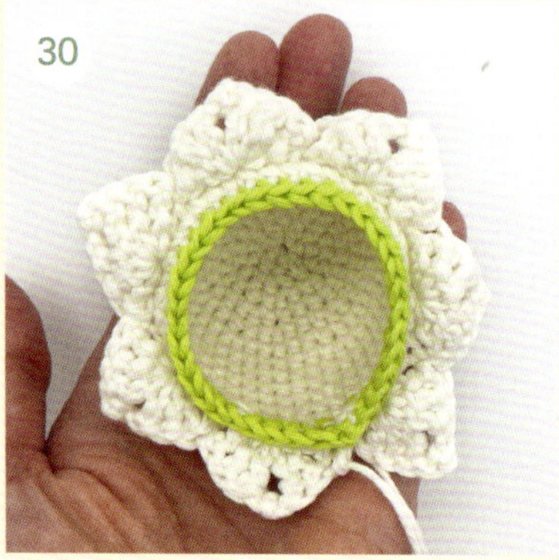

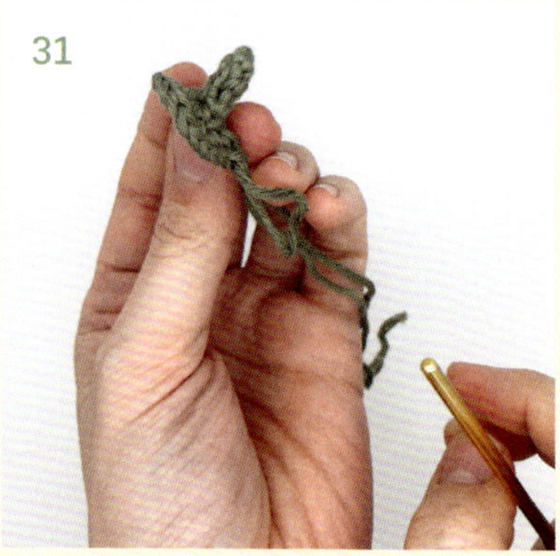

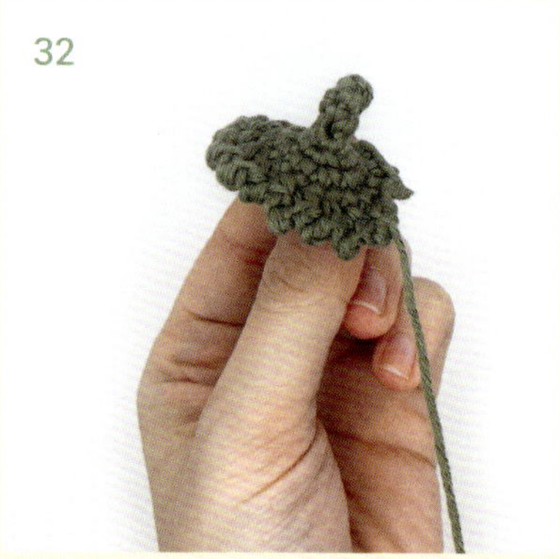

Schließe mit 1 Km in die 1. Km. Schneide die Fd ab und vernähe sie gut. Bild 30

BLATTGRÜN AUF DER MÜTZE

Häkle bis zu 8. Rd mit Fb D wie die Mütze von Frühlingsblümchen. Bild 31

9. Rd: ivM, 2 Lm, 1 Km in die 2. Lm von der Nd, (1 fM, 2 Lm, 1 Km in die 2. Lm) x 14, 1 fM in die letzte M. Mit 1 Km in die 1. fM schließen, Fd abschneiden und beide Fd vernähen. Bild 32

Annähen der Körperteile und letzte Fertigstellungen siehe Basisanleitung. Zum Schluss den Stängel mithilfe der übrig gebliebenen ihM an den oberen Teil der Mütze nähen, direkt über dem Fadenring.

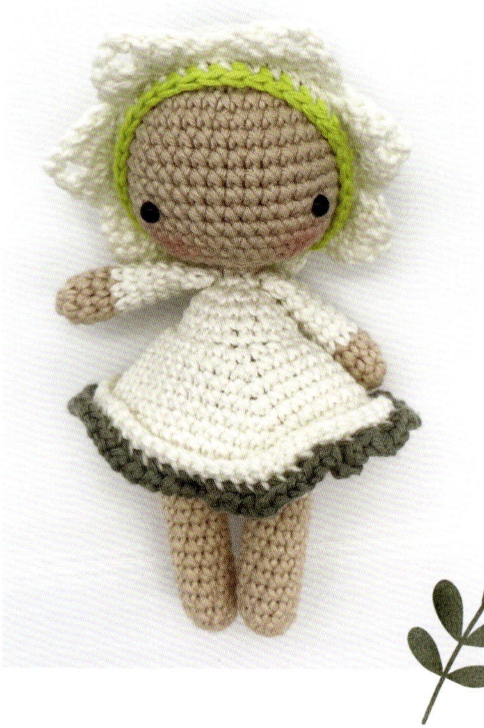

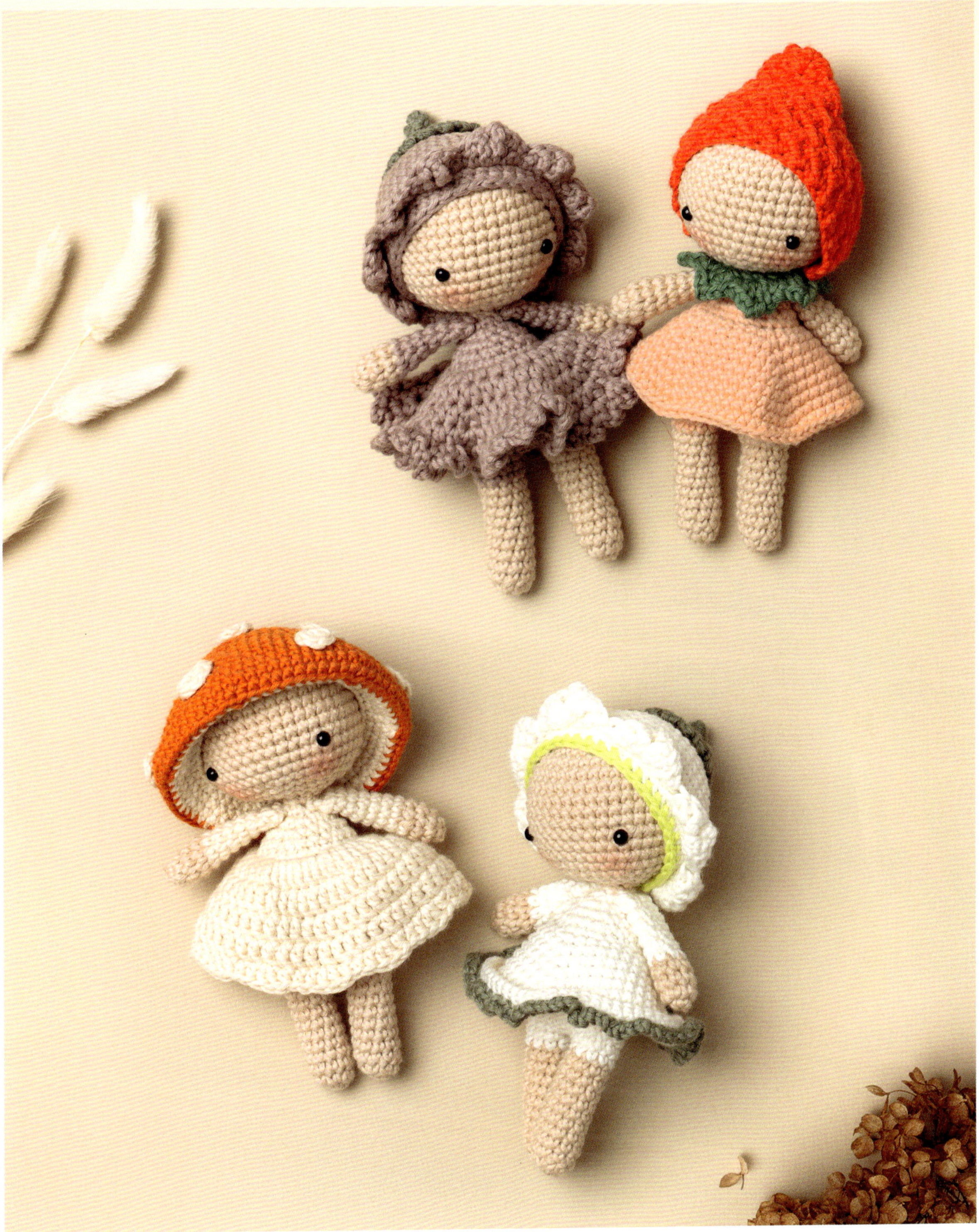

ÜBER DIE AUTORIN

Elisa Ems-Domenig lebt mit ihrem Mann und ihren fünf Kindern im Süden von Österreich am Rande der Alpen.

Die ausgebildete Psychologin fing 2013 mit dem Häkeln an. Die vielfältige Welt der Amigurumis hat sie dabei am meisten begeistert. Was anfangs als Hobby gestartet hat, wurde schnell zur Leidenschaft. Die Nachfrage nach gehäkelten Tieren und Puppen wurde immer größer, und so gründete sie 2016 ihr Label „Lulu loves the moon". Ab 2017 konnte man neben fertig gehäkelten Produkten auch ihre ersten eigenen Amigurumi-Designs als Anleitung erwerben. Mit ihrem Häschen „Bunny Pumpkin" wurde sie 2018 weltweit bekannt. Mittlerweile wurden viele weitere Designs neben Bunny Pumpkin kreiert. Die Autorin versucht mit ihren Designs einen zeitlosen, nostalgischen Stil zu kreieren, der mittlerweile zu ihrem Markenzeichen geworden ist.

Unter dem Namen „lululovesthemoon" findet man bei Instagram, Facebook, Etsy und Crazypatterns all ihre Designs. Auf der Domestika-Plattform gibt sie außerdem einen Online-Häkelkurs, bei dem auch Häkelneulinge das Häkeln lernen können.

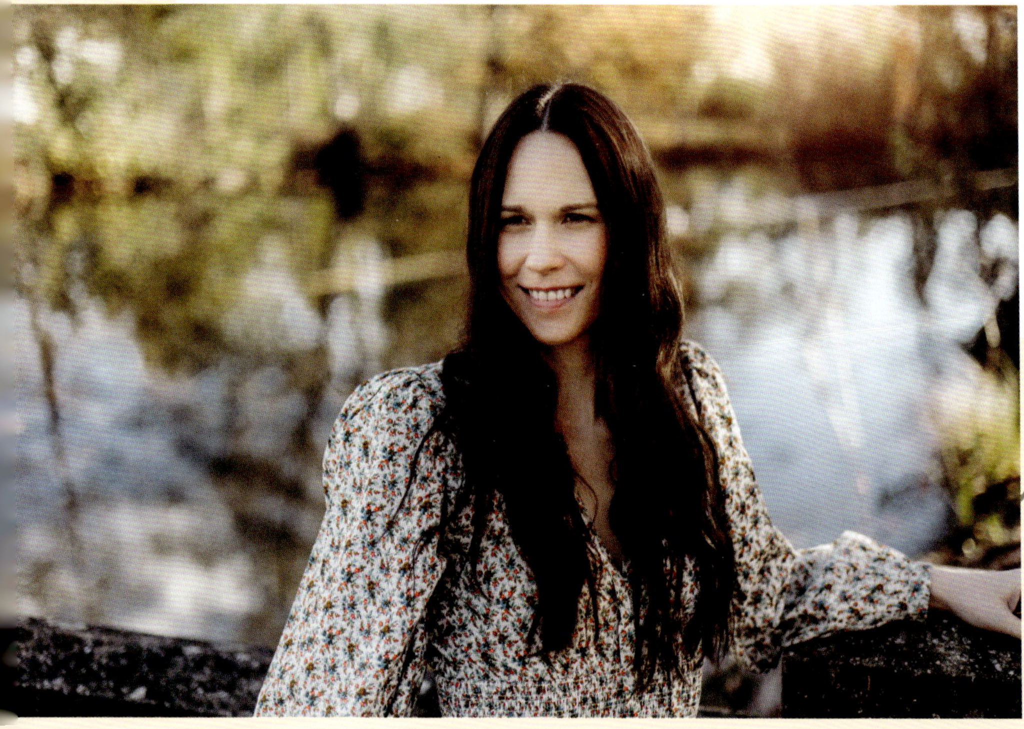

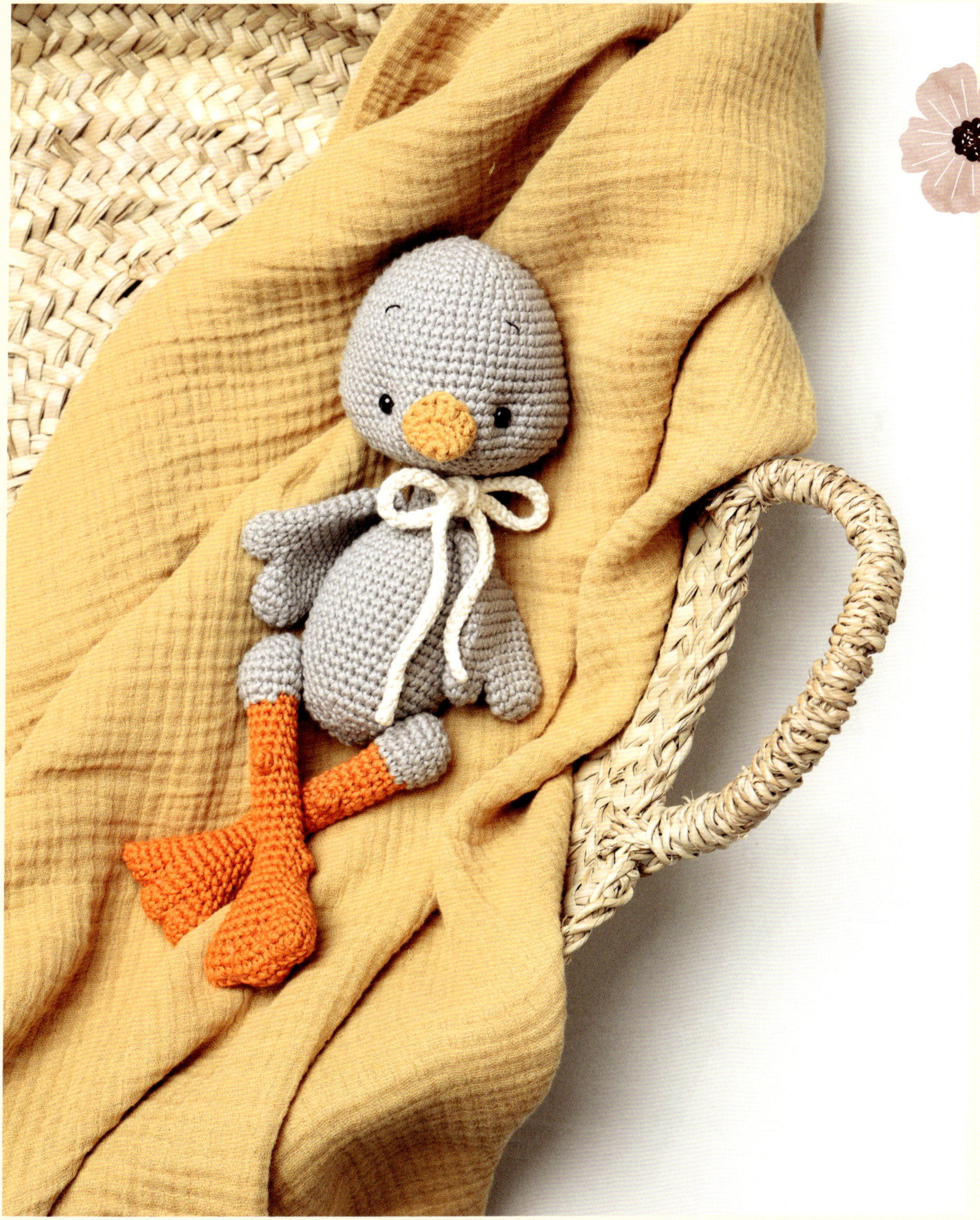

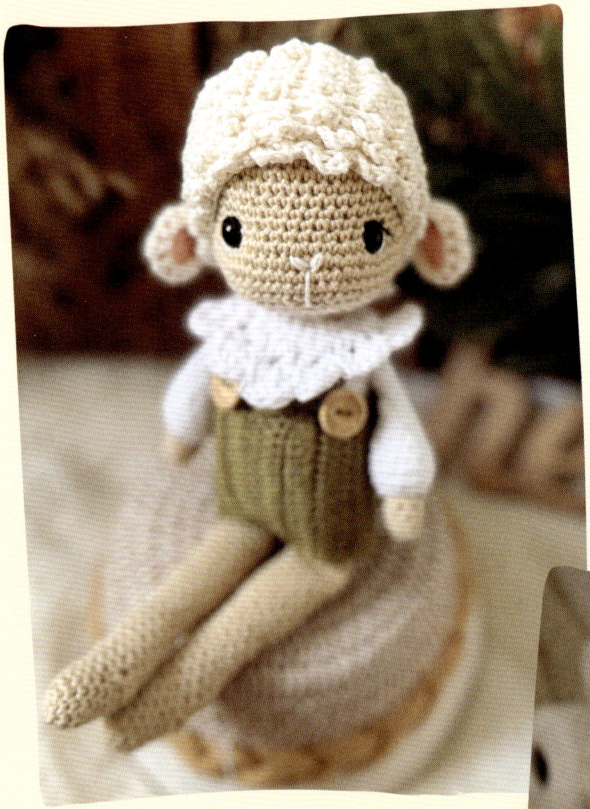

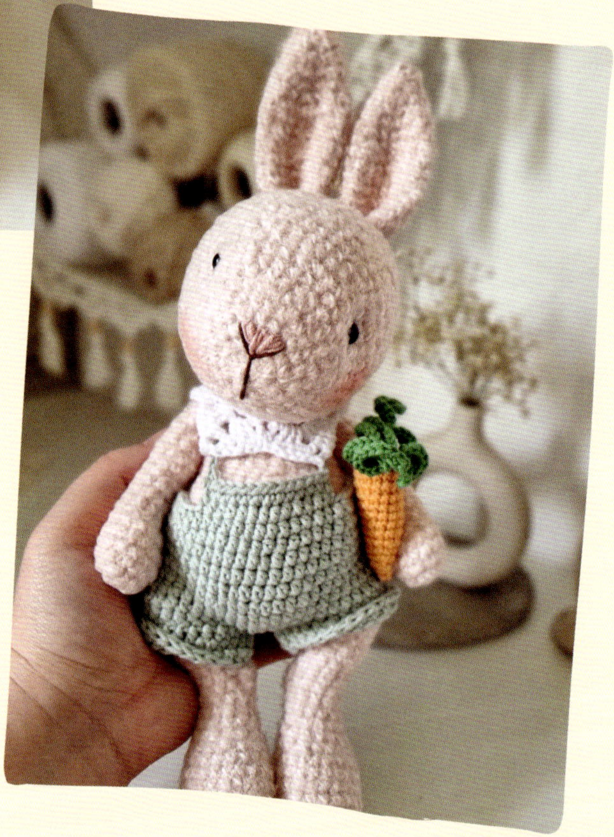

DANKSAGUNG

Besonderen Dank möchte ich an erster Stelle meinem lieben Mann Jürgen aussprechen. Ohne seine unermüdliche Unterstützung wäre es unmöglich gewesen, in kürzester Zeit so viele „Lulu loves the moon"-Charaktere zum „Leben zu erwecken". Und auch wenn die Couch oft nicht mehr benutzbar war, weil Unmengen an Wollknäueln und Papierkram alles besetzten und generell der ganze Alltag oft in Chaos versank, weil mich die Anleitungen tagelang beschäftigten und ich den Kopf für nichts anderes frei hatte, gab es stets positive Worte, Unterstützung und Verständnis. Danke dafür!

Ebenso wäre das Buch nicht möglich gewesen ohne meine fleißigen Testhäklerinnen, die jede Anleitung akribisch nach Fehlern abgesucht haben, was mir enorm viel Arbeit abgenommen hat. Liebe Alina, liebe Lisa, liebe Daria und liebe Ela, danke für alles!

Und zu guter Letzt danke ich euch, liebe Leserinnen und Leser, im Vorfeld für euer Feedback zu den Designs (unter info@lulu-lovesthemoon oder auf meinen Social-Media-Kanälen Instagram und Facebook jeweils zu finden unter meinem Namen @lululovesthemoon) und vielleicht darf ich das eine oder andere Werk von euch auf euren Kanälen bestaunen. Dazu könnt ihr mich gerne verlinken mit meinem Namen @lululovesthemoon

NOTIZEN

NOCH MEHR TOLLE BÜCHER

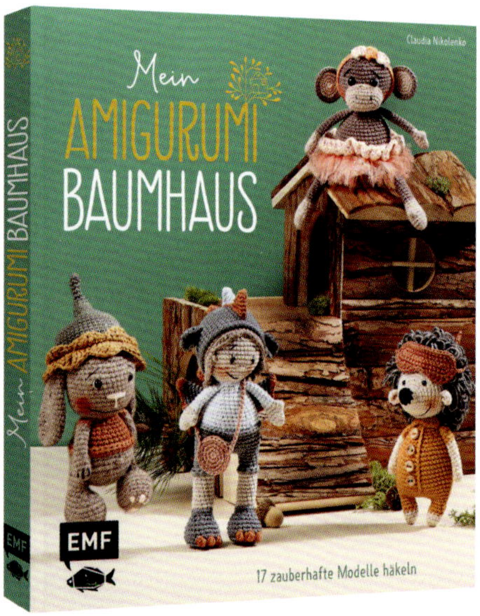

MEIN AMIGURUMI-BAUMHAUS
€ 18,00 (D), € 18,50 (A)
ISBN 978-3-7459-2104-5

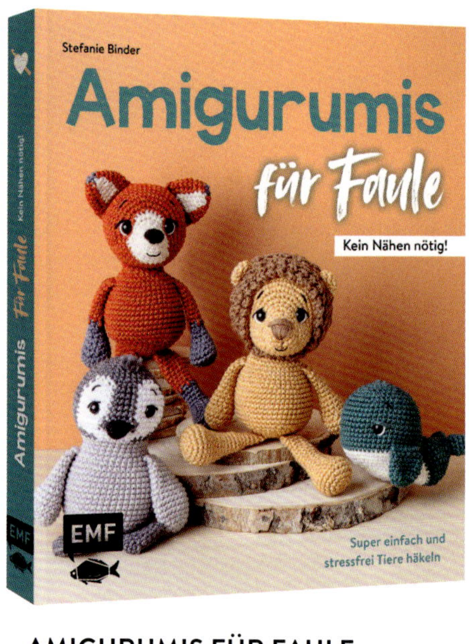

AMIGURUMIS FÜR FAULE
€ 18,00 (D), € 18,50 (A)
ISBN 978-3-7459-1783-3

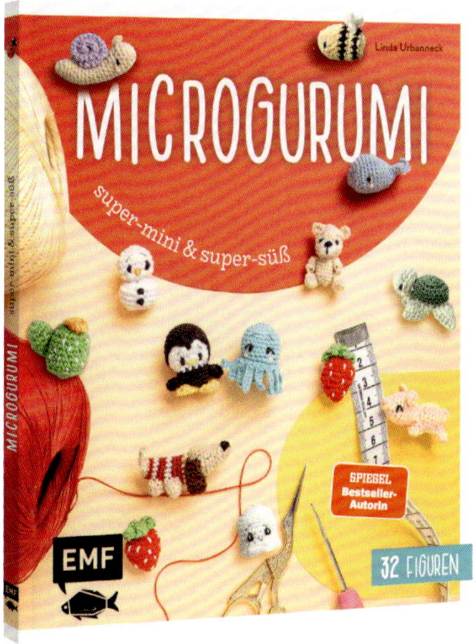

MICROGURUMI – SUPER-MINI, SUPER-SÜSS

€ 10,00 (D), € 10,30 (A)

ISBN 978-3-7459-2199-1

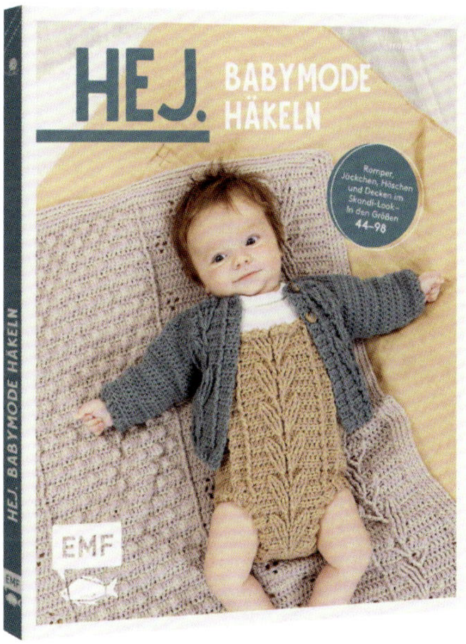

HEJ. BABYMODE HÄKELN

€ 12,00 (D), € 12,40 (A)

ISBN 978-3-7459-1558-7

IMPRESSUM

Bibliografische Information der Deutschen Bibliothek.

Die Deutsche Bibliothek verzeichnet diese Publikation in der Deutschen Nationalbibliografie. Detaillierte bibliografische Daten sind im Internet über http://www.dnb.de abrufbar.

Bei Fragen zur Produktsicherheit wenden Sie sich an:
Edition Michael Fischer GmbH
Kistlerhofstr. 70
81379 München
kontakt@emf-verlag.de

EIN BUCH DER EDITION MICHAEL FISCHER

3. Auflage 2025

Cover, Layout & Satz: Silvia Keller

Bilder: © SHOT FOTOGRAFIE, Katja Schubert, München, Stepfotos: © Elisa Ems-Domenig, Unterbergen

Illustrationen: alle floralen Illustrationen
© Stellalunart/shutterstock

Redaktion und Lektorat: Saskia Reusch

ISBN 978-3-7459-2349-0

Gedruckt bei C&C Offset Printing Co., LTD.,
14/F, C&C Building, 36 Ting Lai Road, Tai Po,
N. T. Hong Kong, China

www.emf-verlag.de